山の怪異大事典

朝里樹

はじめに

日本の国土のうち、七割以上は山地が占めていると言われています。そのため、我々日本人は山と密接に関わりながら生活してきました。

今でこそ地図が作られ、道が整備され、トンネルが掘られ、街灯が整備され、我々は山の全貌を把握し、その向こう側へと気軽に行けるようになりました。しかし二一世紀を迎えた今でさえ、山で遭難したり、野生動物に襲われたり、事故に遭うといった話は後を絶ちません。

街灯さえもない時代には、山はより危険でかつ未知の場所だったと考えられます。もちろん、人は目的の場所へ行くために山を越えたり、木材や獣の肉、皮を手に入れるために山に入ったりすることはありました。そして、そんな人たちが山の中で様々な怪異や妖怪と遭遇したという記録が残されています。

山には神がおり、天狗がおり、鬼がおり、怪火が灯り、狐や狸が人を化かす、そんな異界だったのです。そう、山は人々が暮らす生活領域の外側、人間の世界とは別の世界でした。だからそこにはどんなものがいてもおかしくなかったのです。そしてその山から、時には怪異・妖怪たちが人里に下りてくることもありました。

時に天狗に攫われ、時に山道で狐や狸に化かされ、時に神の宿る木を切ったことで山神の祟りに遭ったりしながら、それでも人々は山と関わって生きてきました。

山は恐ろしく、不可思議な世界であるとともに、多くの恵みをもたらし、他の地域とを繋ぐ重要なものだったのです。

そして光が濃くなった現在においても、山の中には怪異・妖怪たちが跋扈しています。山に棲息する動物たちの詳細が判明し、山の地理を把握するのも比較的容易になった今も、山の中で怪しいものに遭遇した話は連日のように語られています。

例えば、山の中に打ち捨てられた廃墟は多くの場合心霊スポットとして扱われます。例えそれが経営していた会社の都合によって営業が難しくなった物件だったとしても、人はそこに殺人事件があった、自殺者がいたといった不吉な要素を加え、中に入れば幽霊と遭遇してしまうかもしれない、そんなストーリーを作り上げてしまいます。山中にぽつんとある人のいない廃墟、その不気味な姿がそんな想像力を働かせるのかもしれません。

他にも山の両側を繋ぐトンネルや、何の変哲もない山道にも化け物は出現します。山中の神社や寺院で何かと遭遇したり、登山の最中に不思議な現象に遭ったりすることもあります。

もちろん、そういった体験談の中には個人が創作したものもあるでしょう。しかし、現在の日本人にとっても実は山の中というものは異なる世界なのかもしれません。

そして、この事典はそんな日本の山を舞台に語られた怪異・妖怪たちを集めた事典です。

事典の構成は地方ごとになっており、各項目は山のどこに出現したかによって分類されています。

山に現れたとされ、具体的な場所が語られていない、もしくは山そのものが怪異と化している場合は「山」。

山道など、人が通行するために使われていた道に現れたものは「山道」。
山頂部分に当たる峠を舞台にした場合は「峠」。
山中の川や池、滝など、水に関係がある場所の場合は「水場」。
岩や岩山など、山に関連する巨大な岩や、石にまつわる怪異の場合は「巨岩」。
山中や山間、麓などに広がる人里が舞台の場合は「山村」。
山の中に建てられた人が住む家が舞台の場合は「家屋」。
登山道に設置された山小屋にまつわる話は「山小屋」。
山中に建てられた神社の場合は「神社」。
山中に建てられた寺院の場合は「仏閣」。
山中に存在する墓場にまつわる怪異の場合は「墓場」。
山道や山の中に建てられた、何かを祀る祠にまつわる話の場合は「祠」。
炭鉱や廃鉱炭鉱が舞台の場合は「炭鉱」。
鉱山や廃鉱山が舞台の場合は「鉱山」。
かつて姥捨が行われていたという話が残る山は「姥捨山」。
山の上に建てられた城が舞台の場合は「山城」。
山の両側を繋ぐ形で掘られたトンネルは「トンネル」。
山を舞台に合戦が行われたり、戦争の跡地になった山は「戦場跡」。

火山が舞台であり、火山の要素が含まれる場合は「火山」。

山中にある自然にできた洞窟が舞台の場合は「洞窟」。

といった形で分けられています。

また、舞台となる時代も日本神話の時代から、現在に至るまで幅広く収集しました。

興味のあるジャンルや地域から探していただいても構いませんし、山にどんな怪異・妖怪がいるのかを調べてみる目的で読んでいただいても、創作の糧としていただいても構いません。

そして何より、この日本の山々に、どんな不思議なものたちがいるのか、それを知り、興味を持っていただくきっかけとなれば何よりの幸せです。

朝里樹

目次

近畿地方

中国・四国地方

九州・沖縄地方

北海道・東北地方

北海道

赤岩の龍神　洞窟

近代に目撃された天に昇る白龍

　小樽市にある赤岩山には、現在も白龍神社と呼ばれる神社が残されているが、その由来は明治二二年（一八八九年）に修験僧が洞窟で修行をしていた際、天に昇る白龍を見たためとされている。

　この赤岩にある洞窟には昔から白龍が棲むと伝えられ、洞窟は白龍殿と呼ばれている。かつて漁師が洞窟に侵入した際には、目を赤い火のように光らせる白龍に吹き飛ばされたという話も残る。

　また明治時代、開拓長官として北海道にやってきた黒田清隆という人物が、迷信の打破を理由としてこの赤岩に向かって船の大砲を撃ち込んだ事件もあったが、この砲弾は外れて祝津の浜の漁師の家にいた娘に当たったという。

　更科源蔵・安藤美紀夫著『日本の伝説17 北海道の伝説』、小樽郷土史研究会編集『おたる歴史ものがたり』等に載る。

動く山　山

カップルが目撃した山の異常現象

　北海道のある沼でカップルがボートに乗っていたときのこと。気が付くと周りの山が動いて見えた。ボートが止まっている状態でもそれが続き、よく見れば沼の周りに植えられた並木や林はそのまま、山だけが移動している。

　気分が悪くなり、カップルはボートを降りたが、地面に足をつけるともう山は動いていなかったという。

　2ちゃんねる（現5ちゃんねる）オカルト板に立てられたスレッド「∧∧山にまつわる怖い話Part14∧∧∧」に平成一六年（二〇〇四年）一一月一一日に書き込まれた怪異。

ウペペサンケ山の怪　山

殺人犯を見破った子ども

　鹿追町と上士幌町に聳えるウペペサンケ山。この山は開拓期に起きたという怪談の舞台になっている。

大正時代、開拓民のとある夫婦には六歳の息子がいて、三人で暮らしていた。

ある年、雪が降った日の夜遅くに戸口を叩く音がしたので父親が戸を開けてみると、年の頃二五、六歳の見知らぬ青年がおり、熊狩りに来て仲間とはぐれたので一晩泊めてほしいという。

青年を家に入れてやると、物音に起きてきた息子が青年の背後に回り、「こわいよう、こわいよう」と言って泣き出した。

泣いている息子をなだめていると、いつの間にか父親はその青年が消えていることに気付いた。それから一時間後、落ち着いた息子に聞いてみると、息子は青年の背中に血だらけの女の顔が浮かび上がっているのを見たのだという。

翌朝、村の連中がやってきて、昨晩村で殺人事件があり、犯人が山に逃げ込んだという知らせがあった。

父親が表に出て確認してみたが、青年の足跡は既になく、あの青年の足取りはその後も分からなかったという。

上村信太郎著『山の不可思議事件簿』に載る。この類の怪談は全国で語られており、山の温泉宿を舞台にすることが多い。

主に、ある男が山の宿にやって来て一晩泊めてほしいと言うが、それを見た子どもが泣き出すため、帰ってもらう。後に子どもに聞いたところ、その男の背中に血だらけの女がいたと言う。翌朝警察などが来て、近くで女を殺した男がおり、現在逃走中であると語られる、という展開になっている。

この話は女の幽霊が背中にいるのではなく、背中に女の顔が貼り付いていたという部分が珍しい。

ウレポロクルカムイエカシ 山

ヒグマへと姿を変えた老爺

八雲町と長万部町の間にルコツ岳という山がある。アイヌの人々には、この山を舞台にしたこんな伝説が残されている。

昔、この山の近くに住んでいた人々の中で最も年老いた老爺が、お祝いに呼ばれたきり帰って来なかった。

そこで彼の家族が心配してその足

跡を辿ると、ルコツ川に沿ってルコツ岳を登っていたことがわかった。その足跡は次第に人間のものではなくヒグマのものに変わっていたため、きっとこの老爺はヒグマに姿を変えたのだと考え、彼の家族はそれ以上追うのをやめた。

それから彼らは家に帰ったが、夢に老爺が現れ、自分は年老いて天に昇ったルコツ岳の主に代わり、この山の主になったのだと伝えた。

以来、老人はウレポロクルカムイエカシ（足跡の大きい神なる翁）と呼ばれるようになった。熊が獲れないときにはこの神に祈ると、熊が獲れるようになると信じられるようになったという。

更科源蔵著『アイヌ伝説集』に載る。

大石の沼の竜神 水場

用水工事を中止させた竜神の怒り

大野町（現北斗市）の毛無山の中腹には、大石の沼と呼ばれる沼がある。この沼には竜神が棲んでいると古くから伝えられているが、それに纏わるこんな話がある。

明治初めの頃、大野平野一面を水田として開発した影響で水不足が起こり、沼から水を引っ張ってくる提案がなされた。

沼には竜神が棲んでいるからと反対意見も上がったが、結局用水工事がおこなわれることとなった。しかしあと一日で開通するという日、突然大雨が降りしきり、雷鳴が轟いた。これは竜神様の怒りだと人々は恐れおののき、慌てて工事を中止した。

それからというもの、水争いをすると竜神が怒ると伝えられ、この辺りに住む人々は協力して水を使うようになった。そして今でもこの沼は毛無山の中腹に残っている。

合田一道著『北海道おどろおどろ物語』にある。

オササンケカムイ 山

男を攫う女の裸族

札内川上流、札名岳の山奥に住んでいたというアイヌとは違う不思議な人々。アイヌよりも浅黒い肌をしており、普段は服を纏わず生活する種族とされ、冬になると獣の皮を纏ったという。アイヌに残された話だと、基本的に女性で構成されるオササンケカムイは種族を維持するために時折アイヌの男を攫い、自分たちの居住地に連れ去って生涯返さなかったという。

チカップ美恵子著『森と大地の言い伝え』による。同書によれば、この裸族の人々は山に住む先住民族だったと記されている。

また、チカップ美恵子氏の伯父である山本多助氏の著作『オッパイ山カムイ・ユーカラ』では裸族伝説としてこれとほぼ同様の話が載っているが、それによればオササンケカムイは女性だけの種族というわけではなく、男の裸族も存在しているようだ。それなのになぜアイヌの男性を攫っていたのかは不明である。

お産狐 山

狐の出産を助けた産婆

昭和四〇年（一九六五年）頃、歌志内市でのこと。ある産婆の元に男がやって来て、妻が産気づいたのですぐ来てほしいという。そこで産婆が男について行くと、どんどん山の方に向かっていく。ようやく家に辿り着き、赤ん坊を取り上げると、家では早速お祝いの膳が出され、産婆もご馳走になって帰った。

しかし翌朝起きると、産婆は体が毛だらけになっていることに気付き、もらった金は木の葉になっており、狐に騙されたことが分かったという。

松谷みよ子著『狐をめぐる世間話』に載る。

オタモイ海岸の怪 水場

自殺の名所となった遊園地の跡地

小樽市にある海岸、オタモイ海岸。断崖絶壁が続くこの海岸には、かつて遊園地があった。

昭和一一年（一九三六年）に建設された「オタモイ遊園地」は戦争の影響で閉園。その後、再開の計画が立てられたものの、主要な施設である「龍宮閣」と名付けられた旅館が漏電により全焼したため、その歴史を閉じた。

そして現在、オタモイ海岸は心霊スポットとして恐れられるようになった。その断崖絶壁の地形から自殺の名所となり、多くの心霊現象が起きると噂されている。海から白い手が出て手招きしていた、何者かの声が聞こえた、といった話がよく聞かれるようだ。

　古くは人々を楽しませるために遊園地まで造られたオタモイ海岸は、心霊スポットにその歴史を塗り替えられようとしている。

　しかし、オタモイ海岸は物理的に危険な場所も多い。心霊現象を求めて立ち入り禁止エリアに入り込んでしまう人間も多いというが、それは心霊よりも危険な場合が多いので、やめよう。

鬼首山　山

善神と魔神の争いから生まれた山

　夕張市にある鬼首山。この山には、その名の由来となった以下の話が伝えられている。

　夕張岳にはかつて善神と魔神が棲んでおり、度々争いを起こしていた。ある時、夕張に棲む蛇神が夕張川をせき止めて湖を造り、そこを棲み処にしようと考え、魔神に協力を求めた。

　そのため魔神は川岸の土を固めて石にし、川に投げ込んでその流れをせき止め、川はたちまち氾濫した。善神はこれに怒り、魔神の棲む西の山を爆発させた。

　そのため魔神は首だけを残して胴体が地面に埋まってしまい、そのまま動けなくなった。これが今でいう鬼首山なのだという。

　合田一道著『北海道おどろおどろ物語』に載る。

カムイサップ　山

雷は北方の神が降りた証

　アイヌでは雷のことをカムイサップと呼ぶことがある。十勝アイヌに伝わる伝承では、雷とは北方の山にいる神が大地に向かって降りてくる現象なのだと考えられており、非常に恐れられていた。

　吉田巖著『杖のみたま』に載る。日本では雷とともに雷神が地上に落ちて来るという話が多い。

狩勝《かりかち》峠の幽霊　峠

轢死した女子高生の霊の叫び声

　南富良野町と新得町の境にある狩

勝峠。昭和三七年(一九六二年)頃のこと、赤平市の高校生五、六人が狩勝峠に出掛け、鉄道の鉄橋を渡ろうとしていた。その途中、列車が走ってきたため、高校生たちは端によってうずくまったり、橋げたに掴まったりしてそれを避けたが、一人の女生徒は足がすくんで動けなくなり、そのまま列車に轢かれて死んでしまった。彼女の体は真っ二つに轢断されていたという。

それからというもの、この峠の鉄橋を列車が通ると、運転手はどこからか「やめて!」「とめてー」という声を微かに聞くようになった。これは事故死した女生徒のものではないかといわれている。

松谷みよ子著『現代民話考3 偽汽車・船・自動車の笑いと怪談』に載る。

旧小別沢トンネル

トンネル

札幌の三大心霊スポットのひとつ

札幌市において代表的な心霊スポットとして語られる旧小別沢トンネル。このトンネルは戦前に造られたが、当時、過酷な労働条件で強制的に働かされた人々によって掘られたトンネルであり、その内壁には作業員の死体が埋まっている。そのため、このトンネルでは多くの幽霊が目撃されるという。

これがよく知られる心霊スポットとしての旧小別沢トンネルだが、実はこのトンネルは当時この地域に住んでいた住民たちの中から有志の者たちを集め、生活のために自ら手作業で掘ったトンネルであり、強制労働の末に生まれたトンネルではない。このためそもそもの前提条件が崩れるのだが、どうしてか札幌市内では三大心霊スポットのひとつに数えられている。恐らく元々は誰かが作った話だったものの、手作業で掘られた小さなトンネルの雰囲気が、そんな話に説得力を持たせてしまったのだろう。

ちなみに北海道には実際に内壁から人骨が発見された常紋トンネル(当該項目参照)があり、そちらと混同されて語られている可能性もある。

佐藤の山の幽霊

山

地蔵によって成仏した幽霊

北海道南部にある更別村には、か

つて佐藤の山と呼ばれる場所があった。昭和八、九年(一九三三、三四年)頃、この佐藤の山にある三叉路で幽霊が出現した。この幽霊は鉄道建設の工事で犠牲になった人や、鉄道事故で死んだ人の霊ではないかと噂された。昭和一〇年(一九三五年)、人々はこの幽霊たちを救おうと地蔵を建てた。すると幽霊たちは現れなくなったという。

合田一道著『北海道おどろおどろ物語』に載る。

三《さん》毛《け》別《べつ》羆《ひぐま》事件の祟り　山

八人が死亡した最悪の獣害事件

三毛別羆事件は現在の苫前郡苫前町三渓、当時の苫前村三毛別で発生した獣害事件で、一頭のヒグマにより、開拓民として北海道に移住してきた七人の人々が殺害され、三人が負傷した。これは現在でも日本最悪の獣害事件として記録されている。この事件現場は今でも三毛別山の入口に残り、犠牲になった人々の慰霊碑も立てられている。

大正四年(一九一五年)一二月九日から一四日にかけて三毛別に住む人々を恐怖に陥れたこのヒグマは、人々の決死の捜索により発見され、一人のマタギによって射殺された。こうして三毛別羆事件は終わり、解体されたヒグマはその場にいた人々によって煮て食われた。

しかし、この時狩りに参加していた苫前村三線(現在の苫前町香川)の鍛冶屋の息子が、その夜から家人に噛み付くなどの乱暴を行うようになり、その凶暴性は日に日に増していった。そこで彼を寺に連れて行ったところ、間違いなく殺されたヒグマの祟りであると宣託を下された。このため近親縁者が集まり、一心に祈りを捧げたところ、症状は治まった。これには人々も死後も止むことないヒグマの悪業に恐れ戦いたという。

木村盛武著『慟哭の谷 北海道三毛別・史上最悪のヒグマ襲撃事件』にある。

勝軍《しょうぐん》地蔵　戦場跡

官軍に矢の雨を降らせた地蔵

北海道にある勝軍山。この山にはアイヌの首長タナサカシと蠣崎義広との戦いの際、戦勝祈願のために山に建てられた地蔵がある。この地蔵は勝軍地蔵と呼ばれ、蠣崎義広が戦いに勝利した後、その勝利に因んで勝軍山と勝軍地蔵の名がつけられたと伝えられている。

　この戦い以来、松前では火事が起こる前兆として山が鳴動するようになった。

　またこんな話もある。明治元年（一八六八年）頃の箱館戦争で官軍が松前城に入ったとき、城の背後にある勝軍山から多数の矢が飛んできて官軍に大きな脅威を与えた。

　松前城の陥落後、官軍が勝軍山を調べると弓矢を引いた形跡はなかった。

　このことから矢を降らせたのは勝軍地蔵の仕業とされて地蔵の目が削り取られ、海に投棄されたが、地蔵は翌年猟師の網にかかって戻ってきた。それから地蔵は松前町の阿吽寺に祀られたという。

　小林成光著『北海道縁起物語』に載る。

常紋《じょうもん》峠の幽霊

峠

列車に飛び乗る労働者の霊

　遠軽町と北見市の間にある常紋峠。昭和一〇年（一九三五年）頃、鉄道がこの峠を登る際、男が走って来てひらりと列車に飛び乗る、という光景がよく見られた。しかし駅に着くとこの男の姿はなく、人々は線路工事で殺されたタコ部屋労働者の霊だろうと考えた。そのため同情する人はいても怖がる人はいなかったという。

　松谷みよ子著『現代民話考3 偽汽車・船・自動車の笑いと怪談』に載る。

　この常紋峠の下を通るトンネルが常紋トンネルだが、このトンネルの工事の際、タコ部屋労働者の死者が大勢出た。詳細は常紋トンネルの幽霊の項目を参照。

常紋トンネルの幽霊

トンネル

人柱となったタコ部屋労働者の霊

　現在、北海道のＪＲ石北本線において遠軽町と北見市とを結ぶ常紋峠の下を通る常紋トンネル。このトンネルでは様々な怪談が語られていたが、その一部が事実だったことで知られている。

話は明治時代まで遡る。

明治四五年（一九一二年）、この鉄道の工事が着工されたが、常紋トンネルの工事に携わった多くの人々が死亡した。労働者たち、いわゆるタコと呼ばれた人々は近くに建てられた飯場に監視付きで収容され、ろくな食事も与えられずに一日中酷使されるという生活を送っていた。

彼らは病気になっても治療を受けられず、動けなくなった者は一定の場所に監禁され、死体はまとめて穴に埋められた。また生きた人間を埋めて人柱にしたという話も囁かれた。

そのためか、常紋トンネルが開通するや否や、列車に乗った客からこのトンネルを通った際に怪現象が起きるという噂が語られるようになった。

このため、祟りを鎮めようとトンネルの近くに歓和地蔵尊が建てられたが、怪異は一向にやむ気配は見えなかった。

それから半世紀以上も経った昭和四五年（一九七〇年）、常紋トンネルの壁の裏側に埋まった人骨が発見され、実際にトンネル内で人柱にされた労働者がいたことが明らかになった。その後、さらに掘り起こしが進められ、計一〇人分の人骨が見つかった。

のちに常紋トンネルに殉職者追悼碑が建立された。しかし死んだ労働者たちの怨念が消えたわけではないようで、今でも常紋トンネルでは幽霊たちが出現するという。

合田一道著『北海道おどろおどろ物語』に載る。怪談として語られていた話が事実だったことが分かるという衝撃の展開を迎えた場所だ。

祖母の袖引き　山

遭難から孫を救った祖母の霊

インターネット上で語られた話。

ある男性が高校生の時、父親と北海道の樽前山から風不死岳へ縦走しようとしていた時、霧が出てきて父親とはぐれてしまった。

コースからも外れてしまい、どうすればいいかと右往左往していると、クッと袖を引っ張られる感触がした。しかしその方向には誰もおらず、ただ引っ張られる感覚だけがあった。

男性がその引っ張られる方向に進んでみると、そこで父親と再会することができた。そして山小屋に泊まることとなったその夜、彼はあの袖を引っ張られる感触を昔から知っていることを思い出した。

それは男性が幼い頃、何か変なことをしようとしたり、危ないところに行こうとしたりした時、彼を止めるために祖母が袖を引っ張るときの感触と同じだった。

男性の祖母は既に山で亡くなっていた。しかし男性は小さい頃と同じように祖母が助けてくれたのだ、そう思ったという。

2ちゃんねる(現5ちゃんねる)オカルト板に立てられたスレッド「山にまつわる怖い話」に、平成一五年(二〇〇三年)三月四日に書き込まれた怪異。

大雪山のオロク

山小屋

深夜の山小屋で会話する死体

北海道の大雪山での話。冬にこの山を登っていた男性が、吹雪に遭遇して避難小屋に入った。小屋には先行者が二人おり、奥の方で寝息を立てていた。

男性も夕食を済ませると眠ることとし、床に横になったが、何時間か経ってから話し声で目が覚めた。

どうやら先行者の二人が会話をしているらしく、小さく笑い声も聞こえてくる。男女二人のパーティのようであった。男性は明日起きて目が覚めたら話しかけてみようと考え、また眠りについた。

翌朝、男性は物々しい雰囲気の中で目覚めた。一〇人ほどの人々が避難小屋に入って来た。その人々は、避難小屋にいた二人の先行者が「オロク」(古い登山用語で死体のこと)だという。

話を聞くと、二日前に救助の要請があり、天候が安定してから救助にやってきたが、見つけたときには既に二人の凍死体があった。そこで遺体を山から降ろそうとしたが、再び天候が悪化したため、一時的にこの避難小屋に死体を置き、下山。そして今日改めて死体を収容するために小屋に来たのだという。

しかし男性は、昨夜二人が会話する声を聞いていた。そこで男性が救助隊にあの二人はカップルかと聞くと、頷いて「新婚旅行だったんだ」と答えたという。

2ちゃんねる(現5ちゃんねる)オカルト板に立てられたスレッド「^^山にまつわる怖い話Part12^^^」にて語られた怪異。

大雪山の山男　山

凶暴な山男の好物はタバコ!?

北海道中央部に聳える大雪山。アイヌの人々は、この山には山男がいると考えていた。この山男は非常に足が速く、熊でもなんでも追いかけて素手で殺してしまうほど力が強かった。そのため大雪山に登る場合、アイヌの人々は必ず山男が好きな煙草を持って行った。山男に遭遇した際には火のついた煙草を渡すと気を落ち着かせて人を殺すようなことはしないのだという。

更科源蔵著『アイヌ伝説集』に載る。アイヌには山に出現する人型の妖怪としてキムンアイヌ、キムンクルなどと呼ばれるものたちが伝わっているが、共通する特徴として煙草を好むというものがある。この山男もそれらの一種だったのだろう。

泰平山の竜灯《りゅうとう》　山

山の神の下へ通う竜神

上ノ国町にある泰平山には、満潮の夜になると日本海の海底に棲む竜神が山の頂にいる神の元に通うという伝説がある。

この海岸には「神の道」と呼ばれる道があり、泰平山の洞窟へと繋がっているのだという。また、走る竜灯を見かけたという村人も多いようだ。

更科源蔵編集責任『北海道 大地の祈り』に載る。

立待《たちまち》岬の武士　峠

武士の霊が追いかけてくる

北海道函館市にある函館山の南東に位置し、津軽海峡に突き出た岬である立待岬。

夜になってからこの岬に行く途中にある坂に行くと、武士が走って追いかけてくるという。

久保孝夫著『女子高生が語る不思議な話』に載る。なぜ武士が出現するのかは不明のようだ。

十勝岳の二ツ岩

巨岩

山の神の怒りから岩にされた娘

空知郡上富良野町には二ツ岩と呼ばれる岩があるが、その名前の由来としてこんな話が残されている。

いつの時代かは不明だが、なんらかの理由で追手から逃げながら必死に十勝岳を登っていた若者が、途中意識を失ってしまい、夢うつつの中で一人の美しい娘に助けられた。

夢から覚め、再び立ち上がった若者が山を登っていると、一人の翁の住む家に辿り着いた。

若者はしばらくそこに滞在していたが、ある日翁が「ここに長く住むべきではない。明日西に伸びた尾根を下って右へ右へ行け」と言った。

そして夜が明けると翁も家も消えており、若者は岩の上に眠っていた。ふと見ると岩棚に小さな包みが置いてあり、中にはまばゆく光る砂金が入っていた。

若者は翁に言われた通り進んだが、日が暮れかかる頃、あの夢うつつで助けてくれた娘とそっくりな娘が住む屋敷に辿り着いた。若者はそこでしばらく夢のような日々を過ごした。

しかし娘は暑い日が続くと何時間かどこかへ姿を消したため、不思議に思ってその後をついて行くと、無数の蛇が蠢く沼に入って行った。

若者は娘が蛇の精だと気付いたが、愛情は消えず、娘に「連れて逃げて」と頼まれたためともに逃げ出した。

そこに沼の蛇が群れを成して襲い掛かってきたが、あの翁が残した砂金を撒くと黄金の霧となって蛇たちに降りかかり、その群れを谷底へと落とした。しかし蛇たちは谷底からまだ追ってきて、力尽きた若者と娘はその場に倒れた。

若者が神に助けを求めると、地面から轟音が鳴って岩がせり上がり、熱湯が湧き出してきて蛇の群れを押し流した。

この隙に二人は助け合いながら先に進んだが、十勝岳は娘を魔性の女と見なし、噴煙で包んで岩にしてしまう。

若者は七日七晩泣き続け、そのまま岩になってしまった。これが十勝岳に残る二ツ岩なのだという。

合田一道著『北海道おどろおどろ物語』による。

豊浜トンネルの魔人

トンネル

落盤事故ののちに現れた魔人の顔

北海道の国道229号、古平町と余市町を繋ぐ豊浜トンネル。海岸沿いの山に通されたこのトンネルは、平成八年(一九九六年)に大規模な落盤事故が起きたことで知られている。

この事故で二〇人が死亡し、現在は慰霊碑が建てられている。

この事故の救出作業の際、岩盤を除去するために発破が行われたが、この二度目の発破の際、崩れた岩盤に魔人の顔のようなものが現れたと騒ぎになったことがある。

古平町にはアイヌに伝わる魔人の伝説があり、その魔人が祟ると言われていたという。

怪奇伝説探究倶楽部編『日本「祟り・呪い」地図』に載る。アイヌに伝わる魔人もしくは魔神となると、ニッネカムイと呼ばれる鬼のような神の伝説が各地に残っているが、古平町に残る伝説もそうなのか不明。

七曲りの狂女

山道

斬られた狂女が密使を狂わせる

北斗市にある曲がりくねった七曲がりという道には、こんな伝説が残っている。明治元年(一八六八年)のこと。

戊辰戦争で旧幕府脱走軍が蝦夷地へ侵攻していた折、松前藩清川陣屋の守将が福山城へ密使を送った。その密使が豊川の山道に差し掛かったところ、一人の若い女が彼に近付いてきた。

娘は錯乱しているのか、大声で密使に絡んできた。はじめは無視していた密使であったが、あまりにもしつこく絡んでくるため、ついに刀を抜いてこの女を斬り捨てた。

すると突然今まで一本道だった道が動き出し、幾重にも曲がりくねった。密使は恐れ戦きながらも前に進もうとしたが、一向に山を抜けることができなかった。

そのうち密使は精神に異常をきたし、あらぬことを口走りながら走り回り、足を滑らせて渓谷に落ち、死んでしまった。

これは後に「七曲りの狂女」と呼ばれる伝説として語られるようになったという。

合田一道著『北海道おどろおどろ物語』による。

ヌプリコルカムイ　山

人間と子どもをもうけたヒグマ

沙流郡平取町と新冠郡新冠町にまたがる幌尻岳。

アイヌの伝説によると、この山にはヒグマの神がおり、ヌプリコルカムイ(山を支配する神)と呼ばれていた。このヒグマはいつの頃か人間の女性と恋をし、子どもを作った。そのヒグマの子孫は今も千歳に残るという。

更科源蔵著『アイヌの伝説』にある。ヌプリコルカムイはヒグマを表す言葉のひとつとしてもよく使われる。

パウチチャシ　山

淫魔が群れて暮らす奇岩スポット

上川郡上川町にある層雲峡。大雪山の麓にあるこの峡谷には奇岩が並ぶが、これはパウチという妖怪が造り出したチャシ(砦)だとアイヌの人々に伝わっていた。

更科源蔵著『アイヌ伝説集』に載る。パウチは淫魔とも訳される存在で、これに憑かれると、男も女も裸で踊り狂うようになってしまうという。

そんなパウチたちが砦を造り、群れで暮らしていたというのだから、非常に恐ろしい場所だったのかもしれない。

函館山の回る女　山

山頂で目撃された足のない女

函館市の市街地西端に聳える函館山では、こんな体験談が語られている。

ある雨の日、二人の若者が天体望遠鏡で景色を眺めていると、函館山の頂上で髪の長い白い着物を着た女が傘も差さずにくるくると回っているのが見えた。

また、その女の下半身に目をやってみると、足がなかったと語られている。

久保孝夫著『女子高生が語る不思議な話』に載る。

函館山の夜泣石　山

上人によって成仏した母子の霊

函館市に聳える函館山。この山には夜泣石と呼ばれる石がある。その伝説はこのようなものだ。

鎌倉時代、永仁四年(一二九六年)のこと、日蓮宗の僧侶である日持上人が函館を訪れた、この時、日持は函館山近くの宿に泊まったが、深夜になると女と子どもの声が聞こえてくる。そこで宿の主人に何か心当たりはないか尋ねてみると、昔、ある悪い武士が函館山の大石の前で赤子を背負った女を殺し、石の側に埋めた。それ以来泣き声が聞こえるようになったと教えられた。

そこで日持上人が登山してお経を上げ、石面にお題目を記すと、それ以来泣き声は止んだという。

北海道庁編『北海道の口碑伝説』に載る。

日高山脈の大鹿　山

一〇頭分の重さがあった鹿

北海道で唯一の山脈である日高山脈。この山には、とてつもなく巨大な鹿が現れたという伝説がアイヌに伝わっている。

ある時日高山脈から轟音が聞こえたため、十勝アイヌが日高山脈の山頂に向かうと、川岸に巨大な鹿が佇んでいた。今まで見たことのない獲物に十勝アイヌは喜び、一斉に矢を放ってこれを倒した。

しかし全く反対側で日高アイヌもまたこの鹿に矢を放っていた。十勝アイヌと日高アイヌは鹿の所有権のため談判を行ったが、その結果、十勝アイヌと日高アイヌで等分に分けられることになった。

そうして半分に分けられた大鹿の亡骸であったが、それでも普通の鹿の五頭分の重さがあったというから、元々は普通の鹿一〇頭分の重さはあった巨大な鹿だったと考えられる。

千葉章仁著『十勝のアイヌ伝説』に載る。

一〇〇キロばあちゃん　峠

四つん這いで車を追いかける老婆

北海道の支笏湖に通じる峠を夜中

に車で走っていると、後ろから変な音が聞こえることがある。バックミラーを見ても何も映らないが、その音は次第に近づいてくる。

そして峠の下り坂にさしかかると、その音が真横から聞こえるようになる。横を見てみると、なんと老婆が四つん這いになって走って付いてきている。怖くなってスピードを上げても引き離すことができず、ついに時速一〇〇キロになっても追いかけてくる。

この時、峠の先にあるトンネルまでその老婆に追い抜かされることがなければ何事もないが、もし抜かれてしまうと事故を起こしてしまうという。

池田佳代子・他著『走るお婆さん』に載る。

北炭夕張新炭鉱跡地 炭鉱

死者九三名のガス突出事故で閉山

夕張市にかつてあった炭鉱、北炭夕張新炭鉱。この炭鉱では昭和五六年(一九八一年)に発生したガス突出事故で死者数九三名を出す大惨事を起こし、その一年後に閉山した。

そのためか、この炭鉱跡地では事故の犠牲者の霊が出るなどと噂されている。

凄惨な事故が起きた場所が心霊スポットとして扱われるのはよくあることだが、北炭夕張新炭鉱ガス突出事故は実際に起きた事故であり、犠牲者も実在している。そのため安易に犠牲者たちを心霊として扱うのはやめよう。

ポネオプウングル 山

山霊となった八人が落雷から守る

ポネオプ、これは現在の北海道上川郡清水町にある羽帯(はおび)という地域の名前の由来となったアイヌの地名だ。アイヌに伝わる話では、この場所に住む人々はポネオプウングルと呼ばれたが、いつの頃かその中から八人が山へ出かけて行方不明になり、とうとう帰ってこなかった。

そのため人々は彼らは山霊と化したのだとして諦めたが、以来この地域では雷鳴が激しいとき、「ポネオプウングル　サンミツボ　エシタップクネルアンネ(ポネオプの住人の後裔であることは疑いがない)」と唱えると落雷で死ぬことはないと伝えられるようになったという。

工藤梅次郎著『アイヌ民話』による。羽帯の辺りには三角山、別称として羽帯山と呼ばれる山があるが、ポネオプウングルたちが消えたのはこの山だろうか。

幌尻《ぽろしり》岳の白熊

水場

大風をあやつる白熊の神

日高山脈の幌尻岳には、かつて白い熊がたくさん棲み付いていたと伝えられている。この白熊はアイヌの人々に神と呼ばれて敬われ、これを獲ろうとする者はいなかったという。

またこの山の頂には大きな沼があり、風がなくてもいつも波が立っていた。白熊はこの波の音が聞こえる辺りまで行くとその姿を見ることができたが、もし人間がこの白熊を見るとその瞬間に大風が吹き、木の葉のように山の麓まで吹き飛ばされてしまう。

しかし不思議なことに、飛ばされた人々に怪我はなかったと言われている。

更科源蔵著『アイヌ伝説集』に載る。

丸山の大蛇

山

漁師に信仰された大蛇の霊力

戸井町(現函館市)の丸山という山には、大蛇が棲んでいると伝えられていた。

この山と大蛇は漁師に信仰される神でもあり、大蛇が棲んでいると考えられている穴にはよく卵がお供えされたという。不思議なことに、供えた卵は三〇分ほどすると消えてしまうそうだ。

またこの山で蛇を見たら早死にする、山で躓いて転んだりすると家の者に不幸がある、という言い伝えもあったようだ。

久保孝夫著『津軽海峡圏の昔話』に載る。この山の頂上付近には今も丸山龍神宮という祠が残る。

小林成光著『北海道縁起物語』にはこんな話が載せられている。明治初期、木こりが丸山の付近に小屋を建て、そこに寝泊まりして仕事をしていた。

この木こりがある晩鋸と斧を研いでいると、小屋の側の竹藪が風も無いのにざわざわと鳴った。小屋の外に出てみると、屋根の上に大蛇がいた。木こりは夢中で斧で蛇を切りつけて倒した、という話が載る。

木こりはすぐに山を下り、近くの村人にこのことを話した。翌日、村人が現場に行くと、鳥の大群が小屋に集まり、大蛇はもはや骨だけになっていた。

またこの木こりはこの日から一週間後に病死したという。

ヤケドの治療 炭鉱

大ヤケドの生肌をはいだ狐

夕張市で炭鉱業が盛んだった昭和初期の話。開拓民として本州から渡って来た男性が爆発事故に見舞われ、全身ヤケドの重傷を負った。

昔のことだったので、男性はろくな治療もされず、全身包帯に包まれて妻の待つ飯場の一部屋に担ぎ込まれた。

付き添っていた医師は、「今夜を乗り切れば命は助かるだろう。何かあれば呼びに来なさい」と言って、自宅の場所を教えて引き揚げてしまった。

妻が看病するうちに真夜中になり、ふと気が付くと玄関に人の気配がする。出てみると、大勢の人間が立っていた。彼らは男性と一緒に働いている仲間だと告げ、看病の手伝いをしたいと言う。

心細かった妻はほっとして彼らを中に入れた。彼らは一人ずつ男性に話し掛け、励ましては部屋の中に座って、妻にも優しい言葉を掛けてくれたため、女房はすっかり安心してしまった。

しばらくすると、その中の一人が「自分は医術の心得がある、診察してやろう」と申し出た。見れば、炭鉱で働いているとは思えない立派な紳士だった。

紳士は「私は幸いヤケドの治療法に長じている」と言い、やがてその治療が薄暗がりの中で始まった。

紳士は「ヤケドは、焼けこげた皮膚を取り除いてやるのが一番の治療法だ」と説明し、男性の身体を包んでいる包帯を取り除くと、男性の皮膚を無造作に剥ぎ取り始めた。

男性はあまりの苦痛に絶叫し、「いっそ殺してくれ」と泣き叫んだ。妻ははじめうろたえていたが、あまりの凄まじさに、自分も耳を塞いで泣き叫び始めた。

紳士は「ここが辛抱じゃ。すぐ楽にしてやる」と声を掛けながら、眉ひとつ動かさず作業を続ける。

しばらくすると男性の絶叫は治まり、静寂が戻った。

紳士は女房にすぐに元気になるよと声を掛け、席を立った。夜が明けそうな時間になっていた。

部屋に戻ると、今まで大勢いた客がいなくなっている。挨拶もせずに帰ってしまったのかと思いながら、妻は男性の枕元に腰を下ろしたが、そこには蝋のような顔色をした男性の亡骸があった。

騒ぎを聞きつけた隣人に連れてこられた医者は、男性を見るなり「誰が患者をいじった！」と怒鳴った。


男性の体には無造作に包帯が巻かれており、それを取ると無惨に生皮を剥ぎ取られた遺体があった。

その後警察が呼ばれたが、あの夜家に来た者たちは、紳士を含め誰もこの町にも、近隣にもいないことが分かった。

話を聞いたある人が、「それは狐の仕業だろう」と言ったそうだ。狐にとって、人間のかさぶたやヤケド瘡は霊薬になるとされるためだという。

その後、男性の妻がどうなったのか、それを知る者はいないという。

2ちゃんねる(現5ちゃんねる)オカルト板に立てられた「^^^山にまつわる怖い話Part11^^^」スレッドにて、平成一六年(二〇〇四)年四月八日に書き込まれた怪異。

夕張山地の謎の獣 山道

体の大きさを変える謎の獣

北海道中央部に聳える夕張山地を自動車で走っていた男性が目撃したという不思議な獣。真夜中、その男性が山の中を車で走っていると、残雪の上に子猫ぐらいの大きさの、真っ白な体毛で耳の長い生き物と遭遇した。見た目は兎に似ていたが、歩き方は猫に似ており、不思議に思っていると、今度はその獣が柴犬ぐらいの大きさに変わり、雪の上を走り始めた。しばらくこの獣は車と並走していたが、最後には虎ほどもの大きさになり、体は半ば透き通ったようになって、岩から飛び降り、どこかへ行ってしまったという。

2ちゃんねる（現5ちゃんねる）オカルト板に立てられたスレッド「∧∧山にまつわる怖い・不思議な話Part26∧∧」に平成一八年（二〇〇六年）五月五日に書き込まれた話。

雄別《ゆうべつ》炭鉱　炭鉱

ゴーストタウンの幽霊目撃例

阿寒町（現釧路市）には、かつて雄別炭鉱と呼ばれる炭鉱があり、炭鉱業が盛んだった。雄別地区には一万五千人以上の人口があったが、炭鉱会社が資金繰りに失敗し、突然炭鉱は閉山。その結果、雄別地区に住んでいた人々はそこを離れざるを得なくなり、たった数年で無人地区となってしまった。造られたばかりの公共施設や娯楽施設も放置され、ゴーストタウンと化したが、やがてこの地区では幽霊が絶えず目撃されるようになる。

この廃墟で肝試しをした若者たちが変死した話も語られているようだ。

現在の釧路市にこの炭坑跡が存在するのは確かだが、多数の幽霊が出てもおかしくないような大事故は起きていない。むしろゴーストタウンになった原因は企業の資金繰りの失敗による突然の閉山である。住んでいた人々は阿寒町の中心部や他の地方に流出しただけであり、死人が出たわけではない。

しかし人の住まなくなった町というのはどこか恐ろしい雰囲気を醸し出すものであるため、それが心霊スポットとしての噂を生んだのだろう。

青森県

赤倉の大人《おおびと》　神社

村人を助けた岩木山の鬼

弘前市にある岩木山。この北東側に赤倉沢周辺には大人、鬼などの妖怪たちの伝説がいくつも伝わっている。

特に赤倉の大人、赤倉鬼神などと呼ばれる鬼の話が有名。この鬼は、里に来ては親しくなった弥十郎という人の仕事を手伝うなどしていたという。

しかし弥十郎の妻がこの鬼の姿を見てしまったため、二度と姿を現さなくなった。その時に鬼が置いて行った鍬と蓑笠を祀ったのが今の鬼神社であるとされる。

弘前市のホームページによる。現在も鬼神社は存在しており、赤倉の大人は時代を越えて人々に親しまれている。

東岳と八甲田山の喧嘩 山

岩木山のこぶとなった東岳の首

東岳と八甲田山は、かつて互いに喧嘩をしたという伝説がある。

この時、八甲田山が刀で東岳の首を切ったが、その首は西へ飛んで行って岩木山にくっついた。今岩木山にあるこぶはこの東岳の首なのだという。

とよだ時著『日本百霊山』に載る。

あそべの森の鬼 山

命を助けられた鬼の娘

弘前市にある岩木山。この山は元々「あそべの森」と呼ばれる小さな森で、鬼が棲んでいたという。この噂は都にまで届き、花若麿という人物がこの地に赴き、奥州勢を集めてこの鬼を退治した。

そして麓に下ると百歳にもなる老婆がおり、これからは決して悪さをさせないので、娘は助けてほしいと懇願した。そのため誓約書を書かせ、そこに棲むことを許したという。

とよだ時著『日本百霊山』に載る。岩木山の赤倉には大人と呼ばれる鬼がいた伝説も残されている。詳細は赤倉の大人を参照。

歩くラッパ 山

ラッパが道案内をして迷子を救う

青森県の森林公園に現れたという妖怪。ある少年が迷子になったとき、泣きながら歩いていると、茂みからラッパの音が聞こえ、近付いてみるとラッパが開いた口の部分を上にして歩いていた。少年は泣いていたことを忘れ、ラッパをつかまえようとしたが、中々つかまらない。そうしているうちに、少年は両親がいる小道に飛び出したという。

そのままラッパの正体は分からないままだったそうだ。

2ちゃんねる(現5ちゃんねる)オカルト板に立てられたスレッド「∧∧山にまつわる怖い話Part30

＜＜＜」に平成一八年（二〇〇六年）一〇月一七日に書き込まれた不思議な楽器。

カローラ山荘

山小屋

精神病患者の隔離施設跡

八戸市にかつてあった廃墟、カローラ山荘。この山荘は既に取り壊されているが、かつては心霊スポットとして知られていた。

元々は精神病患者の隔離施設として使われてきた場所で、山荘のあった周りには名前の由来となったインドの迦楼羅《かるら》の他、地蔵や鬼の像など様々な像が立っている。

囁かれていた噂としては、夜になるとこの場所で死んだ精神病の患者が幽霊となって現れる、というものがある。またこの場所では遺族の許可を取った上で患者の死体を周辺の土に埋めており、その死体がゾンビのように蘇るという話もある。

しかし実際に患者の死体を土地に埋めていたという記録は見当たらず、あくまで噂に過ぎないようだ。

旧久栗坂トンネル

トンネル

火の玉や女性の霊の目撃例が多発

青森市にある旧久栗坂トンネル。旧善知鳥（うとう）トンネルとも呼ばれ、善知鳥峠を通るこのトンネルは現在侵入できないようになっているが、心霊スポットとして知られている。

トンネル付近を火の玉が飛ぶ、女性や交通事故で死んだ人間の幽霊が現れるなどと言われている。当時車でこの場所を訪れることができた頃は、女の霊が天上から降ってきて四つん這いで追いかけてくるという話もあったようだ。

首いるか

山

山中にある顔に紙が貼られた地蔵

恐山に纏わる怪異のひとつ。恐山の山中には顔に紙が一枚貼られた地蔵があり、その紙をはがすと近いうちに夢に老婆が現れ、「首いるか、首いるか」と尋ねられる。これにいらないと答えると、老婆に首を切られ、そのまま現実でも死んでしまうのだという。

渡辺節子・他編著『夢で田中にふりむくな』に載る。紙の下にある地蔵の顔は何の変哲もない地蔵の顔だとされる。また地蔵と夢の中の老婆の関連性は不明である。

村上健司編著『日本妖怪散歩』による。

坂上田村麻呂に纏わる伝説は多い。有名なものでは、中部地方の鈴鹿山に纏わる大嶽丸や鈴鹿御前の伝説がある。詳細は当該項目参照。

三本柳温泉

温泉

鬼の首から湧き出た温泉

弘前市の岩木山の麓にある三本柳温泉。この温泉は、平安時代初期の征夷大将軍、坂上田村麻呂が蝦夷を平定するために訪れた際、岩木山の鬼を退治し、その首を切断して地蔵森に埋めたところ、その場所から湧き出した温泉なのだという伝説が残されている。

城ヶ倉大橋

谷

谷底を見ると引きずり込まれる

青森市にて城ヶ倉渓流を跨ぐ日本一の長さを持つ上路式アーチ橋。観光名所としても知られるこの橋だが、その高さから飛び降り自殺が多く、そのためか心霊スポットとしても噂されている。また夜にこの橋から谷底を見るとあの世に引きずり込まれる、といった話もあるようだ。

大きな橋というのはどうしても飛び降り自殺が大きくなり、心霊スポットとして扱われやすい。アメリカ合衆国のゴールデン海峡に架かるゴールデン・ゲート・ブリッジも観光名所であるとともに自殺の名所となっており、心霊体験がよく語られている。

杉沢村

山村

一人の青年が村人を皆殺しに？


青森県の山中に杉沢村という廃村がある。こんな怪談を聞いたことがあるだろうか。

この杉沢村は昭和初期には村人が消えたが、自然消滅した訳ではなかった。一人の村人が突然発狂し、村人を全員殺害して自らも命を絶ったため、村ごと消えてしまったのだ。これを知った周辺の自治体の人々は、事件を覆い隠すため地図からこの村を消し、最初からなかったものとした。しかし今でもこの村は青森県の山のどこかに存在しており、迷い込んできた者の命を奪うのだと伝えられている。

実際にこの村を訪れた者がいたが、この村へ向かう途中の道路には「ここから先へ立ち入る者、命の保証はない」と書かれた看板があり、村の入口には朽ちた鳥居と髑髏《どくろ》のような形の石があるのだという。

また村の家々はまだ残っているが、その壁にはかつての惨劇を物語るように血がこびりついており、車で迷い込んだ際にはフロントガラスに血で染まった真っ赤な手を激しく打ち付けられる、といったことがあったようだ。

この村には殺された人々や自殺した殺人犯の怨霊がさ迷い続けており、村に入った人は殺されるか、無事に逃げることができても数日後にはどこかに失踪してしまうなどという。

インターネット上を中心として二〇〇〇年代には広まっていたこの怪談であるが、地元青森県では一九九〇年代後半には既に語られていた記録がある。

青森県には実際に南津軽郡に杉沢村という村はあったが、後にほかの自治体と合併して大杉村になっており、現在は青森市の一部になっている。もちろん村が全滅したという記録はない。一部地域には「杉沢」という地名が残っているため、そこから杉沢村の名前が使われるようになったのかもしれない。

実在する事件としては、昭和一三年（一九三八年）の岡山県で起きた津山事件との類似性がよく語られる。この事件では一人の犯人によって集落の人間三〇人が一夜にして殺害され、犯人も自ら命を絶った。現在語られる杉沢村の怪談はこの事件の顛末と似通っていることが多い。

一方、青森県で実際に起きた大量殺人事件として、青森県新和村一家七人殺害事件の影響が語られることもある。

昭和二八年（一九五三年）に発生したこの事件では一人の男性が実家に猟銃を持って侵入し、一家七人を殺害した。しかし殺害されたのは村全体ではなく一つの家の人々であり、犯人も自殺していない。

このように様々な説がある杉沢村の怪談であるが、先述した津山事件を元とした事件が作中に登場する横溝正史の小説『八つ墓村』もある。何度か映像化もされているこの作品が杉沢村伝説の生成に関わった可能性も否定できない。

スペース21　廃墟

幽霊目撃情報がある廃ホテル

岩木山の麓にある廃ホテル「スペース21」。本来は温泉施設であったようだが、現在は廃墟だけが残されている。

この施設はかつて経営不振で廃業になったが、その際にオーナーが自殺したという噂があり、廃墟に入るとその幽霊が出現するなどと言われている。また解体工事が行われた際に死亡事故が起きたという噂もあるが、どちらも真偽は明らかではない。

丹後日和　山

岩木山の神となった安寿姫の恨み

弘前市にある岩木山。この山に丹後国（現京都府）の人が登ると山が荒れると言われており、それを丹後日和と呼ぶ。この由来は、江戸時代の類書『和漢三才図会』によれば、以下のようなものだという。

永保元年（一〇八一年）、奥州の領主であった岩城判官正氏は京で讒言に遭い、西国に流された。

彼には安寿姫と厨子王という二人の子があったが、母とともに落ち延びて越後の直江浦に至ったところで山岡太夫に勾引され、丹後由良の山椒太夫に売り渡される。この山椒太夫の元で安寿姫は酷使され、ついには責め殺されてしまう。厨子王は何とか逃げ延び、帝の助けを得て出世する。

亡くなった安寿姫は岩木山の神として祀られた。安寿姫を殺した山椒大夫が丹後の人間であったことから、これ以来、岩木山に丹後の人間が入ると天候が荒れるようになったという。

寺島良安著『和漢三才図会』、とよだ時著『日本百霊山』に載る。

八甲田山

山

世界最大級の山岳遭難事故の山

青森県に聳える複数火山の総称である八甲田山。明治三五年(一九〇二年)一月、日本陸軍第八師団の歩兵第五連隊が青森市街から八甲田山の田代新湯に向かう雪中行軍の途中で遭難し、訓練への参加者二一〇名中一九九名が死亡した、八甲田山雪中行軍遭難事件の舞台となったことで知られている。

そのためか、この山では今でも不可思議な現象や存在と遭遇した体験談が後を絶たない。

例えばこんな話がある。若いカップルが雪中行軍遭難記念像の銅像を夜に車で見に行ったところ、女性がトイレに行きたくなったため、男性に車で待つよう頼んでトイレに行った。すると日本陸軍の歩兵隊が現れたため、男の方は恐ろしさから車を発進させ、女をその場に残して山から出てしまう。

一方、女の方はトイレの中で一晩中その行進の足音に苛まれ続けた。翌日、朝になってから男が八甲田山に戻ってみると、髪が真っ白になり、精神が壊れてしまった女を発見したという。

また謎の白い球が浮かんでいたという話も多い。

近年では平成二六年(二〇一四年)五月一七日の深夜、無人の別荘から一一九番通報があり救急隊が出動したという事件があった。

この電話の向こうからはザーザーという雑音しか聞こえず、今も電話が発信された原因は不明である。

しかし風のいたずらといった説のほかにかつての歩兵隊が助けを求めて電話を掛けたのではないかという噂がまことしやかに囁かれている。

また丸山泰明著『凍える帝国』においては、山中で兵士に道を聞かれた、肩を叩かれた、といった体験談が記録されている。加えて同書では、他にこの雪中行軍隊が遭難した直後から既に亡霊の足音が聞こえたという怪談が語られていたことが記されている。

またこの遭難事件が起きた背景について、松谷みよ子著『現代民話考2』においてこう記されている。

当時、八甲田山は旧暦の一二月一二日を中心にした一ヶ月を「山の神の季節」と呼んでおり、この時期に山に入ると山の神に取り殺されると考えられていた。そして日本陸軍がこの山に入らんとしたのがその季節の真っただ中であったため、地元の年寄りたちは止めようとしたが、陸軍はそんな迷信に惑わされてたまるかと出発し、遭難してしまったという。

岩手県

赤い衣の大坊主　山

衣を羽ばたかせて空に飛び去る

遠野市の山の中での話。ある猟師が大木の下で魔除けの縄を三方に張り巡らし、鉄砲を抱えてまどろんでいたときのこと。深夜、物音に目を覚ますと巨大な僧侶のような姿の何者かが、赤い衣を羽のように羽ばたかせて襲い掛かって来た。そのため猟師が鉄砲を放ったところ、この大坊主は衣を羽ばたかせて夜の空を飛び、姿を消したという。

柳田國男著『遠野物語』に載る。

愛宕明神　山

顔が赤く目が輝いた異形の神

遠野市の愛宕山には、愛宕明神という神がいると伝えられている。ある若者が夕方道を歩いていたとき、愛宕山の方から下って来る背の高い者がおり、誰だろうと思いながら近づいてみると、道の角でばったりとでくわした。相手は非常に顔が赤く、目が輝いている大男で、いかにも驚いた様子で若者を見ていた。これは山の神だと思い、若者は後ろも見ずに走って逃げかえったという。

柳田國男著『遠野物語』に載る。同著者の『遠野物語拾遺』においては、愛宕山の神は火防の神であるという話が載っている。ある時、某家で火事があったとき、愛宕明神が和尚の姿になって現れ、手桶の水を小さな杓で汲んで火にかけただけで火を消してしまったと記されている。

愛宕山の裏山の幽霊　山

男児の行方不明事件が発生

こちらは盛岡市にある愛宕山。こ

の愛宕山には裏山と呼ばれる山があり、動物の霊が出現すると言われている。またこの場所で男児が行方不明となり、遺体が見つかったことからその幽霊が出るとも言われている。

この山で男児の行方不明事件が実際にあったのかは分からない。仮に事実だとすれば、遺族がいるはずなので安易に心霊などと言うことは止めた方が良いだろう。

岩手山に消えた女　山

姿が見えても追いつけずに消えた

盛岡市で按摩をしていた人物が、こんな話をしたという。

かつて、盛岡市に住んでいた男の女房がある夜に失踪した。男は半狂乱になり、仕事もせずに女房を探し回ったが、ある時岩手山の中腹にある網張温泉まで行った際、何の気なしに夕暮れ時に外を見たところ、女房が宿からわずかに隔たった山の根笹の中に腰より上を出して立っていた。すぐに追いかけて捕まえようとしたが、目に見えているのにその姿が次第に遠くなり、笹原づたいに峰の方へ影を没してしまったという。

柳田國男著『山の人生』に載る。

御犬の経立《ふったち》　山

正面と後ろで見え方が違う狼

遠野市で語られた妖怪。御犬とは狼のことで、ある雨の日、遠野市にある小学校から小学生が帰るとき、二ツ石山(二ツ岩山)を見ると、岩のところどころに狼がうずくまっていた。

やがて狼たちは首を下から押し上げるようにして代わる代わる吠えた。この狼たちは正面から見ると馬の子ほど大きく、後ろから見るとなぜか小さく見えた。またこの狼たちの吠える声ほど恐ろしい声はなかったという。

柳田國男著『遠野物語』に載る。柳田國男も参加した民俗学研究所編『綜合日本民俗語彙』によれば、経立は動物が年老いて霊力をそなえたものだという。

また、『遠野物語』では狼ではなく猿の経立についても語られている。詳細は当該項目参照。

大猛丸《おおたけまる》　山

坂上田村麻呂に退治される

　岩手県北西部に聳える岩手山。この山にはかつて大猛丸という鬼が棲んでおり、赤頭の高丸とも呼ばれていた。

　この鬼の館は岩手山の奥地にあり、山の麓にある葛根田渓谷を出城とし、人々に危害を加えていた。

　延暦一六年（七九七年）、これを知った坂上田村麻呂が大猛丸を退治しにやって来たが、当時の岩手山は霧が深く、地形の分からない田村麻呂は大猛丸のところまで辿り着くことができなかった。そこで配下の霞ヶ原忠義という人物に先に偵察に行かせ、地形を把握してから一気に攻め立てた。

　これには大猛丸もたまらず逃げ出したが、追い詰められてついに退治されたという。

　とよだ時著『日本百霊山』に載る。

　坂上田村麻呂が対峙した鬼の伝説は各地に残り、大嶽丸、悪路の高丸といった鬼が知られる。

　これらの鬼は別の鬼とされることが多いが、岩手山の伝説では大猛丸と赤頭の高丸が同じ鬼とされているようだ。

金鶏山の呪い　山

盗掘者は奥州藤原氏の祟りに遭う

　平泉町にある人工の山、金鶏山。平安時代末期、藤原秀衡によって造られたこの山には雌雄一対の鶏の像が埋められているとされ、それらの像は金でできているという。他にも大量の金が埋められているという話もあり、盗掘を試みる者が後を絶たない。

　しかしこの山には源頼朝によって滅ぼされた藤原氏の怨念が今も残っているのだという。

　記録に残るものでは昭和五年（一九三〇年）、この山の頂上付近が盗掘され、壺や甕などが発見されたが、財宝の発見はなされず、首謀者はその後すぐに死亡したという。またこの地では度々落武者の行列が目撃されているという話もある。

　怪奇伝説探究倶楽部編『日本「祟り・呪い」地図』に載る。

蜘蛛息子

山

蜘蛛と人間の子の親孝行

遠野市に伝わる話。

あるところに貧乏な父と娘が暮らしており、娘は毎日山に入って薪などを採って生活の糧としていた。

そんなある日、一三歳になった娘がいつも通り山に入ると、美しい若者がやって来て毎日ここに来れば薪を買ってやるというため、その通りにしたところ、本当に若者は毎日そこに現れ、薪を買って行った。

そして一〇日ほどが過ぎた日、若者は娘が自分の子を妊娠したこと、そして自分の正体が蜘蛛であることを告げ、大蜘蛛の姿に変化して山奥へと消えた。

娘は驚いて家に帰り、このことを父親に話したが、父親は仕方ないと言い、子を産むように勧めた。それから娘は一人の子を産んだが、その姿は上半身は人間で、下半身は蜘蛛というものだった。

父と娘はその子を大事に育てたが、息子は一四、五歳になった頃、「こんな体に生まれたため、人に見られたくないし、外に出て働くこともできないから、床板に穴を開けておくれ。俺はそこに入って手仕事でもしたい」と言った。

不憫に思った娘の父が言う通りにしてやると、蜘蛛息子は床板の穴から上半身を出して細工物を作るようになった。

これを近所の子どもたちに渡すとたいそう喜び、その親たちが礼として米や金銭を持ってくるようになった。

また蜘蛛息子は他にも木で神仏の像なども作るようになり、それも評判になった。

そして彼が二〇歳ばかりになった頃、長者の娘が病にかかり、どんな治療をしても回復する目途が立たなかった。

しかしそれを聞いた蜘蛛息子は、この病には山麓の岩間から湧き出る清水を使えば良いと言い、それを聞いた長者がその通りにすると、娘の病はたちどころに癒えた。

このようなことがたくさん起き、貧乏だった父娘の家は、蜘蛛息子のおかげで長者になったという。

佐々木喜善著『老媼夜譚』に載る。

猿岩トンネル

トンネル

岩壁から無数の腕が現れる

奥州市にある猿岩トンネルは正式名称を猿岩隧道といい、現在は胆沢ダムの中に沈んでしまっているが、かつてはよく知られた心霊スポットだった。

トンネルは一部岩肌が露出しており、照明もなく道は狭かったという。

このトンネルでは、岩壁から無数の腕が現れる、少女の霊が出現する、白い車で入ると行方不明になったり、霊に狙われる、などという話がよく語られている。

現在もダムの水量が減ると、トンネルが顔を出すという。

猿の経立

山小屋

女を攫う謎の類人猿

遠野市の鉱山で炭を焼いて生計を立てていた者がいた。ある日、この炭焼きが小屋で寝転がり、笛を吹いていたところ、小屋の入口から何者かが侵入してきた。驚いてそれを見ると猿の経立で、炭焼きが起き上がると逃げて行ったという。

柳田國男著『遠野物語』に載る。

同書によれば、猿の経立は人によく似ており、女色を好み、人里の女性をよく攫うのだという。また松脂を毛に塗り込んでおり、その上に砂をつけているため、毛皮は鎧のように硬く、銃弾も通さないという。

同じく遠野市の六角牛《ろっこうし》山に現れた話もあり、この時も猟師がオキという鹿笛を吹いているとそれめがけて現れ、吹くのを止めると去って行ったと記されている。

またこの地域では「六角山の経立が来るぞ」と言って子どもを脅したという話もある。

柳田國男も参加した民俗学研究所編『綜合日本民俗語彙』では、経立は動物が年老いて霊力をそなえたものと記されている。

猿ではなく狼の経立が現れた話もある。詳細は御犬の経立の項目参照。

三面大黒《さんめんだいこく》

山

三つ顔に一本足の化け物

遠野市、花巻市、宮古市の境に聳

える早池峰《はやちね》山の主は、三面大黒という、三つの顔に一本の脚を持った怪物だと伝えられている。

柳田國男著『遠野物語拾遺』に載る。

田老鉱山跡

鉱山

亡くなった坑夫の霊がさまよう

宮古市にある廃坑、田老鉱山。昭和46年(一九七一年)に閉山した鉱山だが、今でも社宅の廃墟が残っている。

ここには今でも亡くなった抗夫たちの霊が出るという。

鉱山は事故が多発する傾向にあるためか、心霊スポットとして扱われることが多い。

しかしこの鉱山は現在明星大学田老キャンパスになっているため、勝手に入ると不法侵入となるので注意が必要だ。

チョーメンコ

谷

夕暮れ時に現れる妖怪

岩手県の南西部を流れる和賀川が作る深い渓谷に出現する妖怪で、姿かたちは不明。しかし夕暮れ時に子どもたちがこの渓谷で遊んでいると、必ずこのチョーメンコが出現するという。

千葉幹夫編『全国妖怪事典』にある。

夕暮れ時に子どもをさらう妖怪は日本各地におり、名称も様々だが、総称として隠し神が使われることが多い。これもその一種だろう。

堤流しの幽霊

山小屋

堤跡から聞こえてくる唸り声

昭和初期のこと、浄法寺町(現二戸市)の山奥にある炭焼小屋で、ある男性が夜中に人が唸るような音を聞いて目覚めた。

この唸り声は毎晩続いたため、人に聞いてみると、この小屋がある場所はかつて堤があった場所で、堤流しをしていた人が足を滑らせて死んだ場所だから、そのせいだろうという。そこでお祓いをしてもらうと、ぴたりと不思議な音は聞こえなくなったという。

松谷みよ子著『現代民話考5 死の知らせ・あの世へ行った話』に載る。

「堤流し」がどのような職業なのか不

明だが、恐らく堤防を管理する仕事だったのではないかと思われる。

デンデラ野

姥捨山

口減らしで老人が追いやられた

遠野市には、蓮台野(れんだいの)と呼ばれる場所があり、デンデラ野とも呼ばれている。

かつてこの地域では、六〇歳を過ぎた人間は皆このデンデラ野に追いやるという風習があった。しかし老人たちもそれだけでは死ぬこともなく、昼間は里へ下りて農作業などをして暮らしていたという。

柳田國男著『遠野物語』に載る。

いわゆる姥捨山の話だが、『遠野物語』に見られるように、老人たちはデンデラ野に送られても生活できる環境が整っていたようだ。またデンデラ野以外にもこういった場所は複数あったという。

しかしその姥捨という情報に起因してか、現在ではこの場所が心霊スポット扱いされており、老人の幽霊が出現する、という話もある。幽霊を作り出すのは、当時死んだ人々ではなく、情報に左右される生きた人間たちなのだろう。

遠野の山神の祟り

巨岩

警告を無視したことで命を落とす

遠野市における話。昔、山のことに明るい鳥御前と呼ばれる男性がいた。

ある時、鳥御前が続石と呼ばれる珍しい石のあるところの少し上の山の岩陰で、赤い顔の男女が二人で何か話しているのに出くわした。彼らは鳥御前が近づいて来るのを見て手を広げ、帰るように警告する手つきをしたが、鳥御前はそれに構わず進み、近づいた。

すると女の方は男の胸に縋るような動きを見せたが、鳥御前はこれを面白がり、腰から刀を抜いて打ちかかる真似をしたところ、男の方に蹴られて失神してしまった。

それからしばらくして鳥御前とともに山に入った仲間が彼を見つけ、介抱したところ、意識を取り戻した鳥御前は彼に一部始終を話した後、「このようなことは今までになかった。俺はこのために死ぬかもしれん。

このことは外の者には誰にも言うな」と言った。

　それから鳥御前は三日程の間、病に苦しんでそのまま死んでしまった。彼の家族は突然の死に困惑し、山にある寺に相談したところ、鳥御前は山の神たちが戯れているところを邪魔したため、その祟りを受けて死んだのだろうと告げられたという。

　柳田國男著『遠野物語』に載る。

跳ぶ女

山道

山道で進路妨害をする女

　久慈市の三日町の辺りに住む人が、朝のまだ暗いうちに自転車を走らせていると、女がひとり前方を行くのに出会った。そこで右から追い抜こうとすると女も右に行き、左に行くと女も左に行く。声を掛けても返事をしないため、癪に触って轢いてやろうと自転車のスピードを上げると、女はその前を跳ねてとんで行き、そのまま山へ入って行ったという。

　今野圓輔著『日本怪談集　妖怪編』に載る。この話は戦前のもののようだが、現代に入ってよく語られる高速で走る老婆や女の怪異を連想させる怪談だ。

砥森山《ともりやま》の貉《むじな》

山小屋

眠り込んで尻尾を出す

　岩手県の宮守村（現遠野市）での話。この村に砥森山と呼ばれる山があるが、この山に造った小屋で一人の男性が火に当たっていたところ、老婆が小屋を訪れた。そこで火に当たりたいと言うので当てさせたところ、眠ってしまい、尻尾を出した。貉が化けたと分かった男性は、火を吹きかけて逃げてきたという。

　松谷みよ子著『現代民話考11　狸・むじな』に載る。

鍋倉城跡の座敷わらし

山城

夜に学校の教室で遊ぶ子ども

　遠野市にかつてあったという鍋倉城。現在、この場所には鍋倉公園が建設されているが、その山の麓にはかつて小学校があり、城の倉をそのまま校舎として使っていた。

　この学校では、毎晩九時頃になる

と白い着物を着た六、七歳の童子が玄関から入って教室へ行き、机や椅子などの間を潜って遊んでいたという。これは座敷わらしだろうと学校の人たちは話していたようだ。

佐々木喜善著『遠野のザシキワラシとオシラサマ』による。学校に現れる座敷わらしの例は多いが、この座敷わらしは城が健在だった頃にも現れていたのだろうか。

早池峰山の大坊主

山小屋

餅と間違えて焼き石を食べて死ぬ

遠野市、花巻市、宮古市にわたる早池峰山。この山に初めて山道を造ったのはある猟師であったが、この猟師が半分ほど道を開いて山の中腹に仮小屋を造り、休憩していたときのこと。小屋の外から中をしきりに伺うものがおり、確認してみると大坊主であった。大坊主はやがて小屋の中に入って来たが、珍しげに餅を焼いているのを見ていたかと思うと、我慢ができなくなって手を伸ばしてきて餅を食った。猟師も恐ろしいので自ら餅を与えたところ、腹いっぱいになると帰って行った。

翌日、猟師が小屋にいるとまたもこの大坊主がやってきたため、餅によく似た白い石を二つ三つ混ぜて炉の上で焼いていたところ、餅と一緒にこの石を食い、驚いて小屋を飛び出していった。その後、この大坊主の死体が谷底で見つかったという。

柳田國男著『遠野物語』に載る。

早池峰山の七不思議

山

山中で起きる怪火と怪音

遠野市、花巻市、宮古市にわたる早池峰山には、七不思議が伝わっている。

それによればこの山では天灯と呼ばれる怪火、竜灯と呼ばれる怪火、田植え場から聞こえる早乙女の声、竜ヶ馬場というところから聞こえてくる馬の声、鶏頭山から聞こえる鶏の声、安倍貞任の軍勢の音、河原坊の誦経の声の七つの怪火と怪音が伝わっているという。

とよだ時著『日本百霊山』に載る。

早池峰山の白馬

神社

左耳が欠けた神社の馬形

早池峰山にはかつて白馬が現れたという。東禅寺の和尚がこの山に登ると白馬が出現したので、その姿を描き写そうとしたが、左耳を描き終わらないうちに白馬は消えてしまった。この絵を御神体にしたのが早池峰神社境内にある駒形神社で、奉納する馬形は今も左の耳がないという。

とよだ時著『日本百霊山』に載る。

防空壕の呼び声

山

死んだ父の声で一命をとりとめる

第二次世界大戦最中の昭和二〇年（一九四五年）、釜石市での話。

ある女性が娘を背負って山の防空壕に逃げ込んだところ、艦砲の直撃を受けて山が崩れ、ほとんどの人が生き埋めになった。

もうこれまでかと思ったとき、「顔を上げろ！　顔を上げろ！」という去年病気で亡くなったはずの父親の声が聞こえた。

女性が我に返って顔を上げると、顔の上にわずかな空間があって息をすることができた。

数時間後、憲兵に掘り起こしてもらい、娘とともに一命をとりとめたという。

松谷みよ子著『現代民話考6　銃後・思想弾圧・空襲・沖縄戦』に載る。

松尾鉱山跡

鉱山

夜中に聞こえる足音とノック音

かつて松尾村に存在した松尾鉱山。一九世紀末に採掘が始まり、昭和四四年（一九六九年）には閉山されたが、今も鉱山労働者が住んでいたアパート群が廃墟として残されている。

現在、この建物の中で心霊現象が多発すると言われている。夜になると足音がしたり、ノック音が聞こえるという話が有名。

また亡くなった抗夫の霊も出るという。特に大浴室は数多の霊が出現するとされ、危険な場所だと言われている。

鉱山は事故が多発する傾向にあるためか、廃鉱は心霊スポットとして扱われることが多い。特にこの場所は社宅アパートをはじめとして、従業員が多かったことから商店など様々な施設が併設され、一種の町のようになっていた。このため人がいなくなった空虚な空間とのギャップがそういった恐ろしい噂を生みやすいのかもしれない。

マヨイガ　山

富をもたらす無人の大屋敷

遠野市には、マヨイガと呼ばれる不思議な屋敷の怪異が伝えられている。

かつて、ある女性が家の門の前を流れる川に沿って蕗を採っていたが、良いものが見つからなかったため次第に山深くに入って行った。すると立派な黒い門の屋敷があり、怪しく思って門の中に入ってみると、大きな庭に紅白の花が一面に咲き誇り、鶏がたくさん歩いていた。また庭の裏の方に回ると牛小屋や馬舎があり、たくさんの牛馬が飼育されていた。

しかし人の姿は一向に見つからず、仕方ないので玄関から家に入ってみると、次の間には朱色と黒のお椀が多数置いてあった。また奥の座敷には火鉢があり、鉄瓶の湯が沸いていた。

しかしやはり人の姿はなく、もしや山男の家なのではないかと恐ろしくなり、女性は急いでこの家を出て自分の家に帰った。このことを人に語っても本当のことと思う者はいなかった。

またある日、家の近くの川で洗い物をしていると、川上から赤い茶椀が流れてきた。そのあまりの美しさに拾ってみたが、これを食器として普段使いしたら汚したなどと叱られると思い、ケセネ(米などの穀物)を量る器とした。するといつまでもケセネは尽きなくなり、この家はそれから裕福になったという。

遠野ではこのような山中で出合う不思議な家をマヨイガと呼び、この家に行きあたった者は家の中にある什器、家畜などをひとつ持ち出すと良いと伝えられている。なぜならそれを授けるためにマヨイガは現れるからだとされる。

しかしこの女性は大変に無欲で何も持ち出すことがなかったため、赤い椀が自ら流れてきて彼女の手元に届いたのだという。

柳田國男著『遠野物語』に載る。マヨイガは「迷い家」とも書かれる。

同書には他にもマヨイガに纏わる話が載るが、こちらではある男性がやはりマヨイガに迷い込み、何も取らずに帰って来た。しかしこの男性が婿に行った家ではマヨイガのことが知られており、ここに行って椀や膳の類を持ち帰れば長者になれると言って、男性に案内させてマヨイガに行こうとした。しかしマヨイガは一向に現れなかったという。

薬師岳の大男 岩

迷い人を救った三人の男

遠野市に立つ薬師岳にハネトという家の主人が登った時のこと。

ハネトの主人が山から下りてきて言うには、山の頂上には大きな岩があり、その岩の上に大男が三人いた。男たちはハネトの主人を見て気色ばんだが、ハネトの主人が早池峰山に登ろうとして道に迷ったと言うと、「ならば送ってやる」と言って麓まで送ってくれた。そして目を塞げと言われたため、その通りにすると、たちまち大男たちは消えてしまったという。

柳田國男著『遠野物語』に載る。

ヤマセの声 山

人の声とともに吹く風

遠野市で語られているという話。

遠野市の山峡には時折ヤマセがやってくる。これは春から夏にかけて太平洋側から来る冷湿な風のことで、ヤマセが来ると遠野盆地はまるでドライアイスの煙の中に沈んだように白く覆い包まれるという。

そしてこのヤマセの中から時折人の声が聞こえることがあり、それも一人のものではなく、複数人が会話している声がはっきりと聞こえるという。これは山の精霊なのではないかなどと地元の人々の間で言われている。

2ちゃんねる(現5ちゃんねる)オカルト板に立てられた「∧∧山にまつわる怖い・不思議な話Ｐａｒｔ60∧∧」に平成24年(二〇一二年)二月二一日に語られた怪異。

夢の狐

山道

妻の夢に舞い込んだ漁師

遠野市での話。ある漁師が山道を川沿いに歩いていると、前方から自分の妻が歩いてきた。しかしこのような夜中に一人で歩いているはずがない、化け物が妻に化けたに違いないと考えた漁師は、魚切包丁でこれを刺し殺した。

しかし、しばらく待っても妻の死体は姿を変えなかったため、不安になった漁師は仲間に妻の死体の側にいてもらい、自分は家に走って帰った。そこにはやはり妻が待っており、夢の中で誰とも知らぬ者に脅され、殺されたと話した。そこで元の場所に引き返してみると、漁師らが見ている前で妻の死体は狐の死体に変わった。

夢の中で野山を歩く時、この獣の体に意識が憑依することはよくあることなのだという。

柳田國男著『遠野物語』に載る。

宮城県

オートバイに化けた狐

山村

気が付くと桐ケ崎山にいる

女川町での話。この町にあった村に何者かがオートバイに乗ってやって来て、一人の男に「迎えに来たぞ」と声を掛け、乗せて走った。

しかし、気が付くと男は桐ケ崎山という山におり、いつのまにか日が昇る時間になっていたが、オートバイに乗ってからの記憶がなかった。そのため狐に化かされたのだと思ったという。

松谷みよ子著『狐をめぐる世間話』に載る。

狐の化け玉

山

悪戯好きの狐を小僧が懲らしめる

大洗坊山にはかつて化けて町に出ては人に悪戯する狐がたくさんいたという。

これに困った町の人々が寺に相談すると、その寺の小僧が狐を退治すると約束をした。

小僧は町の菓子屋と豆腐屋から味噌饅頭と油揚げを大量に買い込み、

大洗坊山に行って、それらと狐の化け玉を交換することに成功した。そのため、それ以降狐は人を騙すことができなくなったという。

松谷みよ子著『狐をめぐる世間話』に載る。

笹谷峠の怪

峠

交通事故が多発する県境の峠

山形県と宮城県の境にある笹谷峠は紅葉で有名な場所だが、心霊スポットとして語られることも多い。

この場所は交通事故が多発しており、その原因が霊によるものだという噂がある。

またカーブに女の霊が現れる、落武者が出現する、といった話もあるようだ。

またこの峠は阿古耶姫と老松の精の悲恋伝説の舞台となったことでも知られている。

白石川の大ウナギ

水場

美しい姫に化けて機を織る

蔵王連峰を水源とする白石川の上流には、川の主として大ウナギがいるという。

この大ウナギは美しい姫に化け、淵の水底で機を織っているらしい。今でも淵の付近でチャーン、チャーンという機を織る音が聞こえてくることがあると言われている。

今野圓輔著『日本怪談集 妖怪編』に載る。

空飛び猫

山

虎の声で鳴き、翼で空を飛ぶ

宮城県の山に現れたという妖怪。

明治時代、馬鞍村(現石巻市)の深山で、全身黒色で背中に翼のある、姿は猫のような獣が生け捕りにされた。

この怪物は虎のような声で鳴き、翼を使って空を飛ぶことができたという。

湯本豪一編『明治妖怪新聞』に載る。同書によれば、これは明治一七年(一八八四年)一二月六日付の『絵入朝野新聞』に掲載された記事だという。

太白山トンネル

トンネル

人身事故が多発した廃線

仙台市の太白山を抜けるトンネル、太白山トンネル。

かつて秋保鉄道が通っていたトンネルだが、人が徒歩で入り込んで撥ねられる、という人身事故が発生していた。

現在、秋保鉄道は廃線となっており、このトンネルは使用されていない。

しかし、いまだにここで自殺した人や事故に遭った人の霊がよくあらわれるという。またトンネルを抜けると別の世界に繋がっているという噂もある。

田代峠の怪

峠

幽霊もＵＦＯも目撃される

宮城県と山形県の県境に位置する田代峠。この場所は心霊スポットとして知られるほか、ＵＦＯの目撃談も多発する不思議な場所だ。

また昭和五〇年（一九七五年）には中公論社の雑誌『婦人公論』に高橋コウという人物が息子とともにこの峠を訪れた際の不思議な話が掲載されている。

記事によると、峠を歩いているとふいに緑色のガスに包まれて洞窟に導かれ、中に「金星発動機五十二型昭和十九年三菱航空機株式会社」と刻まれたプレートがあった。奇妙な光景に恐怖を覚えたコウ氏が洞窟を出ると、緑色の光線を浴びて失神。気が付くと峠の樹海にいたが、帰ってみると四日も行方不明になっていたと聞かされたという。

この体験談は、現在「高橋コウの手記」という名前で知られているが、ＡＳＩＯＳ著『謎解き 超常現象３』によれば、実際に手記を書いたのも田代峠に行ったのも高橋コウ氏ではなく、彼女の夫の邦安氏であり、さらに息子も同行していなかったようだ。そのため、この手記の内容には相当の創作が入っていると考えられるという。

またこの峠はインターネット上で語られた怪談、ヤマノケの舞台であるという説もある。ヤマノケの詳細は当該項目参照。

富山観音

仏閣

坂上田村麻呂伝説が残る地

宮城県松島にある富山の山頂には富山観音と呼ばれる観音堂がある。ここは大同年間(八〇六～八一〇年)に坂上田村麻呂が慈覚大師作の観音菩薩像を祀ったことが始まりだとされる歴史あるお堂だが、心霊スポットとしても知られている。

かつてこの場所で自殺者が発生し、その霊が出るという話や、ここにある鐘を鳴らしたあと車に戻ったところ、車のエンジンがかからなくなった、といった体験談がある。

鳴らした鐘というのは恐らく県の文化財に指定されている梵鐘だと思われる。

歴史ある場所なので、ここでふざけるならば幽霊よりも祀られている神仏の怒りの方が怖いように思うが、どうなのだろう。

飛鶴の城

山城

伊達政宗を手こずらせた空飛ぶ城

館山という山にはかつて城があり、山ごと空を飛んだという。その伝説は以下のような内容だ。

伊達政宗が出羽奥羽に君臨していた時代、渋谷何某という小大名が立山の城に籠っていたが、政宗はこの城を落とせないでいた。

なぜならこの城を攻めようにも、一夜明けると別の場所に城が移動しているということが多々あったためだった。

ある時、この城のことを知るという武者が政宗の元に注進に現れた。聞けば、この山は鶴の形をしているため、山ごと城が飛ぶのだという。そして政宗はこの武者が飛ばなくなる方法を知っていることに感づき、それを教えれば褒美をやると焚きつけた。

そこで武者は山の一方を切り崩した。これは山の翼に当たるところで、このために山は飛ぶことができなくなり、政宗は城を落城させることができた。

しかし政宗はこの城の秘密を注進した武者を主人を裏切った人間だとして斬り捨ててしまったという。

三元社編『旅と伝説』(通巻三六号)に載る。

二つ口がある女

山小屋

二匹の狸が一人の女に化ける

ある樵《きこり》が山小屋で作業をしていたところ、真っ暗な闇夜の晩に若い女性が訪ねてきた。道に迷ったので泊めてほしいというため、小屋に入れてやると、だんだん居眠りをし始めた。

しかし不思議なことに、あくびをする声が上半身と下半身、両方から聞こえる。そこで側にあったマサカリで女を叩くと、上半身は死んだが、下半身の方は逃げてしまった。

これは二匹の狸が一人の女に化けていたためだという。

松谷みよ子著『現代民話考11 狸・むじな』に載る。

疱瘡婆

山

死体を掘り出して食べる老女

宮城郡七ヶ浜村の山に潜んでいたという妖怪で、文化年間（一八〇四～一八一八年）の初期、七ヶ浜村で疱瘡が大流行し、多数の死者が出たとき、この死者を埋めた墓に現れては死体を掘り出し、食らっていたという。そのためいつしか疱瘡婆という化け物がいて、死人を食うために疱瘡を流行らせた、という噂も発生した。

そんなある時、村の名主の子ども三人が病死し、名主はこれを疱瘡婆に食われまいと猟師に毎晩見張らせたところ、疱瘡婆は猟師に気付いて山へ逃げて行き、それ以来墓荒らしは起きなくなった。

それから数年後、町で買い物をしていた老婆が山を眺めていた際、突然失神した。彼女に訳を聞いても決して口を開かなかったが、さらに数年が経ち、彼女がいうことには、山に顔が赤く、頭が白髪で、身の丈三メートルもある老婆のような姿の化け物がおり、あれが疱瘡婆だと思い、恐怖のあまり気を失ったのだと話したという。

只野真葛『奥州波奈志』（柴田宵曲編『奇談異聞辞典』収録）による。

貉《むじな》の大入道

山道

約二・四メートルの大男

ある男性が自分の村へ帰る途中、

近道のため山道を通っていると、八尺(約二・四メートル)もある大入道がごうごうと火を焚いて火に当たっていた。

そこで男性が持っていた手斧を振り回しながら通り過ぎると、いつの間にか大入道の姿は消えていたという。これは貉の仕業であったということだ。

松谷みよ子著『現代民話考11 狸・むじな』に載る。狸や貉、狐などが大入道に化ける話は全国に存在している。

貉《むじな》の腹太鼓 山小屋

夜に鳴り響く太鼓の怪音

宮城県にある小梁川山での話。炭焼きをするため、炭焼きの夫婦がこの山の炭焼き小屋に泊まった。ある夜、夫が山を下りて食料を買いに行き、妻が一人になった。

この時、小屋のすぐ近くから太鼓の音がしたため、妻は慌てて近くの別の炭焼き小屋に逃げ込んだ。そこで男たちがその周囲を調べて見たが何もおらず、この音は「貉の腹太鼓」であるとされた。これは貉が出す音なのだという。

松谷みよ子著『現代民話考11 狸・むじな』に載る。

八木山橋の怪 谷

谷底から手招きする白い手

仙台市の八木山と青葉山を結ぶ八木山橋。この橋では多数の自殺者が発生しており、心霊スポットとしても知られている。

平成二八年(二〇一六年)にテレビ番組で紹介されてから全国的に有名になったが、それ以前から地元で自殺が多発する場所として知られており、現在は自殺防止のための高いフェンスに加え、有刺鉄線や鼠返しが設置されている。

この場所では自殺者の霊が出現するほか、自殺をするつもりで赴いたわけではないのに、誘われるように飛び込んでしまったという体験談が多く語られている。

他にも谷底から伸びる白い手が手招きしている、自殺をしようとフェンスによじ登っている霊の姿が見える、といった話もあるようだ。

ヤマノケ

山道

白肌・片足・首無しの化け物

宮城県と山形県の県境にある山道に現れたという怪異。白い肌で片足と首から上がなくなった人間のような姿をしており、目や鼻など顔のパーツが胸に付いているとされる。「テン……ソウ……メツ……」という言葉を発しながら両手を滅茶苦茶に動かし、体全体を震わせて片足で跳んでくるという不気味な動きをするとされ、女性に取り憑く特徴を持っている。

これに取り憑かれると人格がヤマノケに乗っ取られるのか、「はいれたはいれたはいれたはいれた」、「テン……ソウ……ソウ……メツ……」という言葉を繰り返す、顔が不気味に変化するなどの異常な状態に陥る。そしてヤマノケに憑かれた場合はヤマノケを体から四九日以内に追い出さねばならず、それを過ぎると一生正気に戻ることはなくなるとされる。

インターネットで語られた比較的新しい怪異であり、2ちゃんねる（現5ちゃんねる）オカルト板の「死ぬ程洒落にならない怖い話を集めてみない？157・1」スレッドにて平成一九年（二〇〇七年）二月五日に書き込まれたものが初出と思われる。同スレッド内ではその正体は山の霊的な悪意の総称であり、ヤマノケは「魑魅」とも呼ばれるという話が出てきている。（魑魅については該当項目参照）。また女性にだけ憑くのは「山だから」とのことらしい。ヤマノケの名前は「山の怪」「山の化」を表しているという説もあるが、現在のところ正確なことは不明。

秋田県

院内銀山

鉱山

墓地や地蔵が並ぶ心霊スポット

雄勝郡院内町（現湯沢市）にあった鉱山、院内銀山。江戸時代から数えて、三〇〇年以上にわたり採掘作業が続けられていたこの鉱山だが、昭和二九年（一九五四年）には閉山となった。この鉱山の坑内は現在立ち入り禁止となっているが、長い歴史の中、事故などで亡くなった人々の数は多く、明治三九年（一九〇六年）には坑内火災で百名以上の坑夫が亡くなるという事故も起こっている。このため、山には死者を供養するための墓地、地蔵などが並んでいる。

そのためか、この場所を訪れた人が幽霊を見たという話が絶えない。車でこの場所を訪れると幽霊に車を叩かれる、写真を撮ると必ず幽霊が写る、といった話が囁かれている。

これは立ち並ぶ墓石や事故の記録から、多くの死者があったことを連想させることにもよるのだろう。しかしこうした人々の犠牲は、決してその場所を心霊スポットにするためにあったのではない。

この地域を発展させるため、そして人々の生活を豊かにするために命を懸けて働いていた坑夫たちがいた結果なのだということを忘れてはならない。

大阿仁村山の神

山小屋

女神によって妖怪にされたマタギ

秋田県には小玉鼠《こだまねずみ》という鼠の妖怪が伝承されているが、大阿仁村(現北秋田市)にはマタギが小玉鼠にされた話が伝わっている。

昔、一二月一二日の晩、大吹雪の日に美しい女が七人のマタギが滞在している山小屋を訪れた。しかしそのマタギたちは禁忌である山に女が入ってきて、山小屋を使おうとしていることに怒り、追い払ってしまった。

それから女は別の山小屋に行ったが、そこのマタギたちは親切で、女を泊めてくれた上、その女のお産を手伝ってやった。

実はその女は山の神で、女を泊めた山小屋のマタギたちはそれ以来、獲物を見つけると必ずその獲物を捕ることができるようになった。しかし女を追い出した方の山小屋にいたマタギたちは山の神の祟りに遭い、小玉鼠という妖怪にされてしまったという。

武藤鉄城著『マタギ聞き書き』に載る。小玉鼠については当該項目を参照。

カゴ山の八郎伝説

水場

嫉妬した女神によって大蛇に

上小阿仁村に聳えるカゴ山。この

山には、八郎という名前のマタギが大蛇になった伝説が残されている。

八郎の妻は非常に嫉妬深い人で、八郎が泊まっている山小屋に非常に美しい女がいるのを見て嫉妬に狂い、八郎を蛇体にすることを企てた。そして八郎がイワナを食うよう、八郎がいつも米を研ぎに行くカゴ山の下の大淵にイワナを放った。

八郎が妻の企て通りにイワナを捕まえて食っていると、異常な喉の渇きを覚えたので、川の水を飲んだ。すると、水面に映っている自分の姿が大蛇になっていることに気付いた。

八郎はそのまま川渕にいたが、そこに猟に出ていたマタギ仲間が戻ってきたため、彼らに別れを告げ、カゴ山の下の大淵に沼を造って棲んだ。

その後さらに下って七座《ななくら》村(現能代市)の辺りに沼を造ったが、天神様にその堤を破られ、最後は八郎湖(八郎潟)に移り棲んだのだという。

武藤鉄城著『マタギ聞き書き』に載る。同書によれば、山小屋に現れた美しい女は山の女神だったと記されている。

八郎という人間が竜になった伝説は東北地方に広く分布し、これもその一種と考えられる。

八郎が竜になる理由は、イワナを捕った際、仲間の分のイワナを食ってしまったからだと語られることが多いが、そこに嫉妬深い妻の存在が関わってくることは少ない。

また八郎が竜となった後に棲み付くのはカゴ山ではなく十和田山の十和田湖や、秋田県西部の八郎潟であることが多い。

狐の木伐り

山

山中に響く木を切る音

太田町(現大仙市)での話。ある人物が仲間と二人で近所の山に山菜を採りに行ったときのこと。

他には誰もいないのにどこからか木を切る音が聞こえてきた。すると仲間がこれは狐が木を切る音だと答えたという。

松谷みよ子著『狐をめぐる世間話』に載る。

木を切る音だけが響くという怪異は全国にあり、この音を出すのは天狗や狸など様々に語られる。

黒沢の大女　山

巨大化する赤子を抱いた女

現在でいう、秋田県の美郷町黒沢。かつて奥羽山脈の麓の辺りを一人の人物が通ったとき、異常に背の高い女がギャーギャーと泣く赤子を抱えて現れたことがあった。

この女は近付くにつれて巨大化し、傍まで来ると見上げるばかりに大きくなった。そのため、驚いて逃げると今度は目の前が泥の海と化したという。

武藤鉄城著『マタギ聞き書き』による。

近付くと巨大化する妖怪は見越し入道、見上げ入道などといって全国に伝承があるが、黒沢で目撃された妖怪は珍しく女性の姿をしていたようだ。

小玉鼠　山

体を破裂させる鼠の妖怪

檜木内村(現仙北市)でマタギをしていた人物の話では、その周辺の山に小玉鼠なる妖怪が出現したという。

これはハツカネズミが膨らんだような姿をしているが、どういうわけか鉄砲のような音を立てて自ら体を破裂させる鼠で、肉片が飛び散る。

これが破裂するのは山の神の機嫌が悪いときであるから、その音を聞いたら山から戻らなければろくな目には遭わないと伝えられていたようだ。

サカブ　山

吉祥をもたらす山の神の声

阿仁マタギたちに伝わる怪異。熊狩りの際、どこからともなく神秘的な声が聞こえるといい、それは山の神の声なのだと伝えられている。

武藤鉄城著『マタギ聞き書き』に載る。

同書によれば山の神のサカブ(呼び声)は吉祥であり、声の方向に進むと必ず獲物がいるのだという。また、東方から聞こえるものが最も良いと考えられているようだ。

武藤鉄城著『マタギ聞き書き』による。

猿の生皮をくれる鬼人 山

何かを伝えようとした怪物

明治時代、白山村(現秋田市)に現れたという妖怪。この村に住む炭焼きの伝助という人物がいつものように山に入り炭を焼いていると、山奥から身の丈七尺(約二・一メートル)はある鬼のような者が現れた。手足の爪は長く、裸に木の葉を巻いていたという。

この鬼人は何かを言いたそうに伝助に近付いてきたが、伝助は恐れをなして一目散に逃げてしまった。

しかし炭を持ち帰るのを忘れたため、恐る恐る山に入ると、またあの怪物が現れ、しきりに手真似をして何かを伝えようとしていたが、最後に猿の生皮を二枚投げてそのまま山深く逃げ去った。

伝助はほっと胸を撫でおろし、村の者たちにこのことを話すと、若者たちはその怪物を生け捕ってやろうと山に入ったが、一切出会うことはなかったという。

湯本豪一編『明治妖怪新聞』に載る。同書によればこれは明治一七年(一八八四年)九月五日の『東京日日新聞』に掲載された記事だという。

三吉鬼 山 村

幸も不幸ももたらす大酒飲みの鬼

三吉鬼は東北地方に広く伝わる鬼で、秋田の人里に現れ、勝手に酒を飲んでいったという。この時無理に代金を請求すると仇をなし、そのまま放っておくと酒代よりも高い額に相当する薪を家の前に置いていってくれたと伝えられている。

この三吉鬼の背景にあるのが、太平山の三吉神社に祀られる三吉霊神の信仰だという。三吉霊神は秋田で生まれた守護神で、力の神、勝負の神、勝利成功・事業繁栄の神であるとされる。

只野真葛著『むかしばなし』に載る。また太平山三吉神社に伝わる話によれば、この神は元々藤原鶴寿丸三吉という人間で、名君であったが、他の豪族にねたまれ領地を追い出された。そのため大平山に籠って修行し、ついに神となった。この神はよく人の姿になって現れ、人を助けたとされ、それが三吉鬼という心優しい鬼の伝承が生まれるきっかけになったという説がある。

白岩岳の鼠 山

災害を予知する小鼠

白岩岳には、不思議な鼠の話が伝わっている。この山では山小屋にはハツカネズミほどの大きさの小さい鼠がいるもので、もしこれがいなくなると何か異変が起こるという。

実際にこの鼠が山小屋からいなくなったことがあったが、その際には雪崩が発生し、山小屋にいた八、九人の人間が全滅したと伝えられている。

武藤鉄城著『マタギ聞き書き』に載る。

千秋公園の怪 山城

心霊スポットとなった城跡

江戸時代、羽後国秋田郡久保田の神明山に築かれた久保田城。その城跡は現在、秋田市の千秋公園として整備され、市民の憩い場となっている。

その一方、この場所は心霊スポットとしても知られている。江戸時代の城跡であるため時代を経た幽霊が多いのかと思いきや、近現代の幽霊が出現するらしい。

この公園では自殺が多発しており、トイレやあずまやでは自殺者の霊が出現すると噂されている。また公園内にある池に幽霊が現れ、生きている人間を引きずり込もうとするという話もあるようだ。

茶臼峠の怪 山

上半身だけの女が這いずる峠

男鹿市にある茶臼峠。この峠の付近にはかつて営業していた葬儀屋や火葬場の建物が残っており、それが原因か様々な幽霊が出現する場所として噂されている。

特に有名なのは下半身を欠損した女性の幽霊が出現するという話で、この場所を通る者を這いずりながら追いかけてくるという。

また「お化け標識」なる標識があるとされ、通り過ぎるとバックミラーに映る標識が振り向くと語られている。

天狗の鼓

山

正直者にだけ聞こえる吉祥の音

荒瀬村(現北秋田市)では、阿仁マタギたちの間で「天狗の鼓」と呼ばれる吉相が伝えられている。

この音は天気の良いときに聞こえるが、正直な人にのみ届き、性根の悪い人の耳には聞こえないという。これは山の神のお使いの音で、天狗の鼓を聞いたマタギは燈明を供えたという。

武藤鉄城著『マタギ聞き書き』に載る。

山において誰もいないはずの場所から何かしらの音がする場合、天狗の仕業だとする伝承は全国各地にあるが、これもそのひとつなのだろう。

雪崩の幽霊たち

山

マタギに伝えられる禁忌の由来

北秋田市にある阿仁真木沢鉱山。江戸時代の末期の頃のこと、豊岡村(現大仙市)のマタギたちが狩りのために山に登っていた際、雪崩が起きて一人を除き皆埋まってしまった。

しかしちょうどその時刻、村の人々は狩りに行った者たちが小長柄(マタギが動物と戦う際に使う武器のひとつ)を肩に担いで山から下りてくるのを見た。これは幽霊であった。

それからというもの、この地域では小長柄を肩に担いではならないと言われている。この雪崩で生き残った人物が語ることには、狩りに行った一行が出発する際、本来は禁制とされている鶏を食ってから猟に出た。そして青シシ(カモシカ)を見つけ、捕ろうと小長柄を振り上げた瞬間、雪崩が起きたのだという。

武藤鉄城著『マタギ聞き書き』に載る。

猫に化けた狐

トンネル

背負った荷物を盗られる

山内村《さんないむら》(現横手市)にあるトンネルでのこと。ある商人がこのトンネルを通ると、後ろで飛んだり跳ねたりするものがおり、よく見れば猫であった。商人はそれを抱いてトンネルを通ったが、突然猫が腕から抜けて去って行った。すると背負ってたものをみんな取られてしまった。この猫は狐が化けたものだったという。

松谷みよ子著『狐をめぐる世間話』に載る。

保呂瀬《ほろせ》トンネル

トンネル

橋の自殺者がトンネルに現れる

五城目町にある保呂瀬トンネルは、秋田県でも有数の心霊スポットとして知られている。

このトンネルは山間部にあるが、トンネルの手前に荷背乃橋(にせのはし)という橋があり、自殺が多発している。そしてこの橋から飛び降りた人々の霊が、なぜか保呂瀬トンネルに出現するのだという。特によく知られているのがフードを着た男子高校生の霊で、トンネルの内部や橋に出現するとされる。

森吉山の山人

山

明治時代に起きた神隠し

阿仁町(現北秋田市)に住んでいた、ある女性が神隠しに遭ったという話がある。

明治の中頃のこと、一人の女性がこの町から森吉山にきのこを取りに行き、そのまま帰って来なかった。町の人々は彼女は森吉山の山人に連れて行かれたのだ、と噂したという。

松谷みよ子著『現代民話考1 河童・天狗・神かくし』に載る。現代であれば失踪事件や遭難事件として扱われるであろう事件であるが、この時代はまだ山に人とは異なる何者かが棲んでいたと信じられていたことが窺える話だ。

山形県

イタカボトケ

山村

秘かに祀られる謎の神仏

出羽の羽黒山の山裾の村々では、イタカゾンと呼ばれる家でイタカボトケというものが祀られている。この「ゾン」とは血統のことで、イタカゾンの家は「ゾンが悪い」といって嫌われる傾向にあった。

また、イタカボトケは年に一回正月に祀られ、その際には主人が正装して膳を据える。

イタカボトケの正体は明らかでないが、納戸や蔵座敷に祀られているという。これは増殖するもので、娘を嫁にやるときに箪笥の中にそっと隠して持たしていたという。

その神体はホトケイタ（戒名を書いた経木）と呼ばれるものだとされ、イタカゾンの家は資産家が多いと伝えられる。

民俗学研究所編『綜合日本民俗語彙』に載る。

イタカボトケがいかなる存在なのかは不明だが、特定の家系で祀られている、その家に富が集まる、その家の娘との結婚が忌まれるなどの共通点からいわゆる憑き物の一種と考えられ、イタカゾンは憑き物筋だと思われる。

動いた山小屋 山小屋

無傷のまま五〇メートル移動

山形県の中央部に聳える月山。この山で、山小屋がいつの間にか移動していたという話がある。

平成三年（一九九一年）のこと、スキー場にある山小屋が、元あった場所から五〇メートル以上離れた雪の中から見つかったという出来事があった。

この小屋は一切壊れていなかったことなどから、雪崩や竜巻で移動した可能性はあるものの、原因は不明とされたという。

上村信太郎著『山の不可思議事件簿』に載る。

狐の神隠し 温泉

一晩中山を歩きまわらされた少年

昭和一三、四年（一九三八、九年）頃に山形県で起こったとされる話。

小学生が瀧山と呼ばれる山に登山したが、一人が行方不明になり、先生たちが捜したが見つからなかった。

しかし翌朝になって宿泊場所である温泉に向かって歩いているのが見つかり、狐に化かされて一晩中山を歩きまわらされたのではないかと話題になったという。

松谷みよ子著『狐をめぐる世間話』に載る。

狐の馬子歌　山

笹の小枝を咥えて踊る赤毛の狐

ある若者が朝早くに草刈りのため山に登ったところ、霧の向こうから馬子歌を歌う声が聞こえてきた。はたしてこんなにうまい節回しの若衆はこの辺りの村にはいないはずだが、と歌の主を探してみると、藪の向こうで赤毛の狐が笹の小枝を口に咥え、頭を上下に振っていい声を響かせていた。

若者はしばらく歌を聞いていたが、突然畜生が何を騙そうとしているのかと怒り、いたずら半分に大声で「んまいぞっ！　若者！」と言った。すると赤毛狐はぽたりと笹の小枝を落とし、ちらと若者の方を見て、驚いてでんぐり返って消えてしまったという。

松谷みよ子著『狐をめぐる世間話』に載る。

茸の化け物　山小屋

老婆の元に現れた三人娘

秋田県と山形県の県境にある雄勝峠。この峠を舞台にした茸の化け物の話がある。

昔、山の中で一人の老婆が暮らしていた。しかし夜になると、「ばあちゃん、遊びに来たよ」とかわいらしい娘が一人、二人ほど彼女を慰めにきた。

娘たちは「雄勝峠の那須太郎さえいねば何は命はたまんねたまんね」と歌い、踊り、夜が明けると帰って行った。

あまりに不思議なので、山に修行に来た法印に相談すると、「それならば夜に茄子汁を食わせてみたら良い」と教えた。

そこで老婆がその通りにしてみると、娘たちは弱って倒れてしまった。しばらくすると、そこには毒茸がぺちゃんこになって潰れていた。これ以来、茸汁には茄子を入れるようになったという。

山村民俗の会編『山ことばと炉端話』に載る。

この類の話は全国にあり、茄子と毒茸を一緒に煮ることで、中毒が発生しないという迷信の説明になっている。

なお、実際には茄子と一緒に毒茸

を煮ても中毒が発生する事例は多いので、食べるときはきちんと茸の種類を調べるようにしよう。

首折れ女　山

自殺した姿でたたずむ幽霊

鶴岡市にある高館山。その頂上に作られた高館山展望台は、心霊スポットとして知られている。

この展望台は自殺の名所でもあり、展望台へと上る螺旋階段の途中に首が不自然に折れ曲がった女が座り込んでいることがあると言われている。これはこの展望台で自殺した女の霊なのだという。

イリサワマコト著『幽霊心霊現象大図鑑』等による。この高館山展望台では他にも多くの心霊現象が起きるとされ、落武者の霊なども出るという。

甑《こしき》山の大蛇　山

村を苦しめる大蛇を修験者が退治

山形県と秋田県に跨る甑山。山形県の真室川町には、この山に大蛇がいた伝説が残る。

甑山の男甑山には雄の大蛇が、女甑山には雌の大蛇が棲み付いており、大蛇たちは年に一度村から米を取り上げ、三年に一度娘を攫うなどして百姓たちを苦しめていた。

ある時、どこからかやって来た修験者がこの話を聞き、村人のために祭壇を造ったが、突然暴風雨になって祭壇を吹き飛ばされてしまった。

これは大蛇の仕業だと考えた修験者は村人にヨモギを集めさせ、山を燻した。すると大蛇は苦しさのあまり山を下り、沼に入ってしまった。このため沼ごと大蛇を埋めて退治したのだと言う。

山村民俗の会編『山ことばと炉端話』に載る。

甑《こしき》山の天狗　山

天狗の妻となった若返った女

秋田県と山形県に跨る甑山。この山の天狗に連れて行かれた女性の話が山形県新庄市に残されている。

大正の末頃、この町に住むフサヨという女性が突然行方不明になった。

それからしばらくして、昭和三、四年(一九二八、九年頃)、新庄祭りと呼ばれる祭りでフサヨが見つかった。

発見した人がフサヨに今までどうしていたのかと話を聞くと、今、フサヨは甑山におり、天狗の妻になったと言う。フサヨは行方不明になった当時より若返っており、年に一度天狗に脇の下から血を吸われることで若返るのだと答えた。

フサヨは血を吸われる以外に怖いことはないと言い、そのまま人込みに紛れて消えてしまった。

それからフサヨの姿を見た者はいないという。

松谷みよ子著『現代民話考1 河童・天狗・神かくし』に載る。

シャガラモガラ

姥捨山

姥捨で鳴らした鈴の音が由来

天童市の雨呼山《あまよばりやま》の中腹には、シャガラモガラと呼ばれる窪地がある。この場所には約二〇ヵ所の風穴があり、夏でも冷たい風が吹くという。

またこの奇妙な名前はかつて雨呼山が姥捨山として使われていたことに由来する。

親を捨てる際、その嘆きや恨み言が聞こえないように鈴などの鳴り物を鳴らしながら山に登ったとされ、その音からシャガラモガラと呼ばれるようになったのだという。

そのためか、この場所にいると耳に息を吹きかけられるような感触があったり、背に何かが乗って来るなどの怪現象が現在も起きると言われている。

怪奇伝説探究倶楽部編『日本「祟り・呪い」地図』に載る。

白髪山《しらひげやま》の狢《むじな》

山

山林開発を妨げる怪異現象

山形県の白髪山がまだ未開発だった時代、この山にはたくさんの狸がおり、地元の人々には狢と呼ばれていた。

この狢たちはよく山に入って来た人々を化かしたといい、特に樵が入ってくると、木が倒れる音やそれが地面を震わせる音を出し、山の開発を妨げたと伝えられる。またこうした神通力を持つ狢は毛が真っ白で歳を重ねたものだったという。

この貉が自らの尾を咥え、くるくると回ると風が起こり、がらがらと木が倒れる音がし、地面を尾で打つとドシンという木が倒れる音がした、と言われている。

松谷みよ子著『現代民話考11 狸・むじな』に載る。山で木を倒す音がするが、実際に木は倒れていないという現象は全国で伝承が残っており、天狗の仕業などとされる。この話は音を出すプロセスまで伝わっているのが珍しい。

水天狗円光坊 山

修験道の聖地・羽黒山の大天狗

鶴岡市にある羽黒山には、水天狗円光坊なる天狗が棲んでいたと伝えられている。

この天狗は位の高い天狗である大天狗のひとつに数えられ、羽黒山開運「七千日護摩行者長教」の護符に影像があり、もう一人の天狗である羽黒山三光坊とならんで向かい合って立っているという。

とよだ時著『日本百霊山』に載る。同書では、この護符が火災水災除・厄難消失と記されていることから、水天狗円光坊は水難除けの担当天狗ではないかと考察されている。

もう一人の天狗である三光坊については羽黒山三光坊の項目を参照。

また、羽黒山には全国代表四八天狗の一人に数えられる羽黒山金光坊もいる。こちらも当該項目参照。

狸の一一〇番 山

果物を狙った狸の悪知恵

庄内浜は、海辺のすぐ近くにまで山が迫っている。

ある時、この辺りでスイカやメロンなどの果物を作り始めたが、それを狙って狸が現れるようになってしまった。

そこで狸の侵入を防ぐため、カーバイトランプを吊るしておいたところ、何者かが警察に一一〇番して「庄内浜で密航船とカンテラを振って合図している者があるぞ」と告げた。

そこで警察がやって来て、地主は大目玉を食らったが、これはカーバイトランプがあるので困った狸が一一〇番をしたに違いないと信じられたという。

松谷みよ子著『現代民話考11 狸・むじな』に載る。

月山の奇怪な蛇 山

手・足・耳がある蛇に似たUMA

ある人物が月山を下りてくる途中、手、足、耳のある奇妙な蛇に遭遇した。この蛇は大きさに比べると身の丈は短く、喉首の辺りが赤身を帯びていて、トカゲのような足が四本あり、耳は狛犬のように立っていて、体の色はアオダイショウのようだったという。

松谷みよ子著『現代民話考9 木霊・蛇・木の精霊・戦争と木』に載る。

デェデェ坊 山

雪上に見つかる一本足の足跡

鶴岡市にある羽黒山に出現するという妖怪。

雪の上に飛び飛びに大きな足跡がついていることがあるが、これはデェデェ坊という一本足の巨人が雪の上を通った跡なのだと伝えられている。

『旅と伝説』通巻第一九三号による。名前は「だいだら法師」に近いが、一本足で山中を歩き回るという点は一本だたら(当該項目参照)などに似ている。

出羽三山《でわさんざん》の八咫烏《やたがらす》 山

出羽三山の開祖になった蜂子皇子

山形県の出羽三山神社には、飛鳥時代の皇族、蜂子皇子に纏わるこんな由緒が残されている。

蜂子皇子は能除太子とも呼ばれ、崇峻天皇の第三皇子であったが、父が蘇我馬子に暗殺された際、従弟であった聖徳太子に匿われて宮中を脱出、その後、由良の浜に辿り着いた。

その際、蜂子皇子は八人の乙女の招きに誘われて上陸し、観音の霊場である羽黒山を目指したが、その途中、三本足の八咫烏が現れ彼を導き、そのまま彼は羽黒山、月山、湯殿山の出羽三山の開祖となったという。

出羽三山神社ホームページ、とよ

だ時著『日本百霊山』等に載る。蜂子皇子は他にも伝説を残している。麻石の項目も参照。

天狗の道中　山小屋

夜に聞こえてきた三組の声

山形県の中央部に聳える月山。この五合目に当たる場所で山小屋の主人をしていた男性が、天狗の集団と出会ったという。

その日は客が一人もおらず、早々に寝どこに入り込んだが、目が冴えて眠れなかった。すると外から大勢の声が聞こえてきて、それが三組分ほど続いた。そのうちに眠ってしまった男性は、翌日、山を下りてきた人々に昨日の団体のことを聞いたが、誰もそんな集団のことを知らなかった。それで男性はあれは天狗の道中というものではなかったかと恐ろしくなったという。

松谷みよ子著『現代民話考1 河童・天狗・神かくし』に載る。

天狗の土俵　山

天狗が相撲を挑んでくる

山形県の黒森山の頂上には、「天狗の土俵」と呼ばれる場所があるという。そこは松林だが、一部だけ地肌が露わになっており、足を踏み入れると天狗が現れて相撲を挑んでくるという。実際にこの場所に行った人間が大男と遭遇した話もある。

岡茂雄著『炉辺山話』に載る。

羽黒山金光坊　山

四八しかいない大天狗の一人

鶴岡市の羽黒山にいるという天狗。江戸時代に作られた密教系の祈祷秘経『天狗経』では、全国の山に存在する四八の大天狗の一人に数えられる。

知切光歳著『天狗の研究』に載る。この羽黒山には水天狗円光坊、羽黒山三光坊という天狗の存在も伝えられる。詳細は当該項目参照。

羽黒山三光坊　山

カラス天狗を従える羽黒山の天狗

鶴岡市にある羽黒山には、三光坊という名前の天狗が棲んでいるという。

この天狗は羽黒山開運「七千日護摩行者長教」の護符に影像があり、もう一人の天狗である水天狗円光坊とともに並んで立っており、その下には火炎を中心に、一五匹のカラス天狗が囲んでいるという。

とよだ時著『日本百霊山』に載る。同書によれば、円光坊は羽黒山に登るため、舟で最上川を行き来する人々の安全を守護する天狗だと伝えられているようだ。

羽黒山の神隠し　山

一晩の宿で四日が経過

鶴岡市にある羽黒山では、昭和一七年（一九四二年）頃、一人の男が行方不明になるということがあった。この男は羽黒山に柴を取りに行き、そのまま四日間失踪していたが、別の山で見つかり、帰って来た。そこで何をしていたのかと聞くと、年寄夫婦と美しい娘のいる山の中の一軒家に泊まり、もてなされたという。また本人は一晩しか経っていないと認識していたという。

松谷みよ子著『現代民話考1　河童・天狗・神かくし』に載る。

不思議な場所に赴き、もてなされて帰って来たところ、現実とは時の流れが違う場所だった、という話は「浦島太郎」の竜宮城をはじめとして様々な民話や伝説で語られているが、戦前の頃にもそういった体験談が残されているようだ。

宝蔵寺の妖怪　仏閣

獣でも鳥でもない巨大なＵＭＡ

荒砥町（現白鷹町）の宝蔵寺という廃寺には、妖怪が棲みついていると古くから伝わっていた。明治時代のこと、猟師の五十公野利吉という人物が妖怪を仕留めようと猟銃を担いでこの寺に赴き、妖怪と思しきものに対し発砲した。

すると妖怪はこの寺から逃げ出してヌグイ山という山に飛んで行ったため、野利吉もこれを追って山に入り、沼で妖怪を仕留めて帰って来た。

この怪物は頭から尾まで六尺（約一・八メートル）あり、獣でも鳥でもない異様な動物であったという。

湯本豪一編『明治妖怪新聞』に載る。

同書によれば明治三一年(一八九八年)一二月一三日付けの『都新聞』に載った記事だという。

山元トンネル

トンネル

怪異現象の多発スポット

上山市にある山元トンネル、正式名称「山元隧道」は心霊スポットとして語られることが多い。このトンネルに入ると出て来られない、音を鳴らすと女が現れる、子どもを抱えた母親の霊がトンネル付近に出没する、壁から白い手が生えてくる、といった怪談が語られているようだ。

また、この場所にはかつて処刑場があったという話もあるが、処刑場の跡地などは見当たらず、あくまで噂に過ぎないようだ。

近くに同じく心霊スポットとして知られる滝不動、火葬場があり、それが相まってこの場所を有名にしているところがありそうだ。

福島県

飯《いい》豊《で》山《さん》の神隠し

山

目を離した一瞬の隙に消えた少年

福島県、山形県、新潟県に跨って聳える飯豊山。この近くの農家では、かつて長男が一三歳になると山詣でする飯豊山講という行事があった。大正初期のこと、この飯豊山講を行う途中、山で一人の少年が行方不明になった。草鞋の紐が緩んだと前の人に告げて一、二分の間のことだったという。

人々は大騒ぎして探したが、見つからず、神隠しに遭ったと伝えられた。またこの日の夜、少年の家の座敷に火の玉が飛んだともいわれている。

松谷みよ子著『現代民話考1 河童・天狗・神かくし』に載る。

飯豊連峰の怪光

山

直径二〇センチほどの浮遊する光

これはネット上で語られた怪異である。福島県、山形県、新潟県の三県に跨る飯豊連峰。ある人物がこの連峰を縦走し、下山する前日のこと。夕食を食べ終え、寝る準備を始めたとき、謎の光が林を縫うようにして近付いてきた。

　誰かいるのかと見守っていると、光が消えた。しかしその光は再び地面から一〇メートルほどの高さの場所に現れた。明らかに人が発している光ではなかった。

　さらに光は一瞬で川の上に移動し、そのままものすごい速さで川を下るように動き、やがて見えなくなった。

　光の大きさは直径二〇センチほどで、ヘッドランプのような光だったが、結局正体は分からなかったという。

　2ちゃんねる（現5チャンネル）オカルト板に立てられた「∧∧∧山にまつわる怖い話Part6∧∧∧」スレッドに書き込まれた怪異。

岩嶽丸　山

一〇の手足を持つ異形の鬼

福島県と茨城県の県境に聳える八溝山。平安時代、この山には岩嶽丸という鬼が巣くっていたと伝えられている。

　岩嶽丸は口が耳まで裂け、炎のような息を吐き、一〇の手足を持つという異形の鬼であったが、これを知った藤原資家という武将により討伐されると、千年を生きた蟹の化身としての正体を現したという。その蟹は牛のような頭を持ち、その頭からは角が生え、目は飛び出しており、一〇の手足はそれぞれ四尺七寸（約一・四メートル）もの長さがあった。体の大きさも六尺（約一・八メートル）あり、資家がこの首を切り落とすと、首が光って宙を舞ったという。資家はこの首を櫃《ひつ》に入れて都に上り、帝に献上したことでその功績により那須の守護の位を賜った。

　この資家は後の那須氏の祖となったと伝えられている。

　江戸時代の歴史書『那須記』に載る。

オンボノヤス　山

遭遇すると霧に吹かれる

田村市の山の中に出没すると伝えられる妖怪。これと遭遇すると霧に吹かれるといわれているが、その結果どうなるのか、またその姿がどのようなものなのか不明である。

　千葉幹夫編『全国妖怪事典』による。

鎌倉岳

山

疎開した少年少女が集団で失踪

田村市に聳える鎌倉岳。

東北百名山などに選ばれる有名な山だが、太平洋戦争中、山の近くに疎開してきた子どもと教師が、空襲警報を聞いてこの山に避難し、そのまま行方不明になった。そのためかこの場所に来ると寒気がするなどという。

また、付近にある常葉少年自然の家と呼ばれる林間学校では、この行方不明になった教師や子どもたちの霊が出ると言われている。

また、疎開してきた子どもたちが東京都中野区の出身であったことから、常葉少年自然の家では中野区の人間にだけ幽霊が話しかけるという話もある。

しかし現在、常葉少年自然の家は東日本大震災の影響で立ち入り禁止となっているようだ。

鑵子《かんす》転ばし

山

山中に現れる正体不明の妖怪

福島県の山に現れ、夜に通行人に向かって鑵子を転がしてくるという正体不明の妖怪。

民間伝承の会『民間伝承』四巻二号による。

鑵子は青銅・真鍮などで作った湯沸かし用の釜で、茶を入れるのに使った。

飢饉鳥

山村

凶兆を伝える山鳥

福島県南部に位置する檜枝岐村《ひのえまたむら》では、山鳥が多い年は飢饉になると信じられていた。

この山鳥は飢饉鳥と呼ばれていたという。

黒史郎著『ムー民俗奇譚 妖怪補遺々々』に載る。

同書によればこの村には他にも「ヒンヒョーンと鳴く鳥」なるものも伝わっており、これを見ると死ぬと伝えられていた。この鳥は夜になるとよく鳴き声を響かせたが、一羽で「ヒンヒョーン」と鳴くのか、二羽で「ヒン」「ヒョーン」と鳴くのかは分からないという。

兄弟稲荷の導き

神社

遭難者を道案内した謎の灯

明治末の頃、福島県側の麓から飯豊山に登っていた人が雪のせいで道が分からなくなり、凍死寸前になっていた。その時、村の稲荷様のことを心に浮かべて念じると先方に灯が見え、それを頼りに雪の中を泳ぐように歩いたところ、灯はタンタンと先を飛ぶように動き、しばらくすると見慣れた杉林に辿り着いた。そこは村の稲荷の兄弟稲荷の森と呼ばれる森で、そこから先に行くと灯は見えなくなった。これは、村の稲荷様の導きだと語られている。

松谷みよ子著『狐をめぐる世間話』に載る。

三森峠《さんもりとうげ》

峠

首なしライダーの目撃談

郡山市にある三森峠。この場所は心霊スポットとして知られている。といっても怪現象がよく起こるのは現在使われている新道ではなく、廃道になった旧道の方だと言われている。

この旧道にある三森トンネルで車のクラクションを三回鳴らすと首なしライダーを始めとした幽霊が現れる、女の幽霊が車にへばりつく、異様な叫び声が聞こえる、白い車でこの場所を訪れると不幸な目に遭う、といった話が語られている。

福島県内では有名な心霊スポットのようで、インターネットでは実際に訪れたという体験談が数多く語られている。しかしこの場所で事故や事件があったという話や自殺が多発しているという話は見られず、幽霊たちがどこからやってくるのかは不明である。

蛇穴《じゃけち》

洞窟

弘法大師が退治した怪物

福島県と茨城県の県境にある八溝山は金が取れることから、古くから金採掘のために穴が掘られていた。そのためこの山の洞窟や窪地は大蛇が棲んでいるなどとされ、蛇穴や蛇の窪などと呼ばれた。

また昔、弘法大師が全国行脚をしている途中、この山の麓を通りかかったという伝説もある。弘法大師は山に鬼や大蛇の姿になって里の人々に危害を加える怪物が棲んでいると聞き、山に登って山頂に立った。そして天に向かって「般若」の梵字を描くと、神通力が山全体に降り注ぎ、怪物はたまらず山から逃げ出したという。

とよだ時著『日本百霊山』に載る。

千貫森《せんがんもり》の宇宙人　山

空中を浮遊する修験者の目撃談

UFOが下りてくる場所、UFOの基地など、UFOに纏わる話が多い福島県の千貫森。この山を観光していたある男性が、空を見ていると修験者のような恰好をした男が空に浮いていた。男性がこの話を地元の人にしたところ、それは宇宙人じゃないかと答えられたという。

2ちゃんねる（現5ちゃんねる）オカルト板に立てられたスレッド「∧∧山にまつわる怖い話Part13∧∧」に平成一六年（二〇〇四年）九月二六日に書き込まれた怪異。通常であれば山に出現した修験者のような格好をした存在であれば天狗と呼ばれそうだが、この山では宇宙人と見なされるようだ。

種まきウサギ　山

吾妻小富士の神となった兎

福島市の吾妻小富士には、「種まきウサギ」もしくは「雪ウサギ」と呼ばれる現象がある。これは北東側山腹に白いウサギの形をした残雪の雪形が出ることで、麓の人々はこれを目印に農作業を始めたという。

この種まきウサギには伝説があり、かつて田沢村（現福島市）の兎田というところに身寄りのない子どもがおり、山奥の小さな田畑を耕して暮らしていた。この子どもは山で兎の親子を拾い、かわいがっていた。その頃日照りが続き、田植えもできず、子どもが困っていた。村人の雨乞いも意味をなさず、兎田の子どももまた裏山に登り雨が降るように祈った。

するととんびが二羽飛んでいたため、とんびに対し子どもが「とんび、ピィヒョロロ、ピィヒョロロ、目回して見せろ」と言うと、トンビが急に谷に降り、子どもが飼っていた兎を鷲掴みにして飛んで行った。子どもがとんびの飛んで行った山の方を見ると、吾妻小富士に兎の雪形が現れていた。これにより、兎が吾妻小富士の山の神になったことが分かった。

そこで子どもが「雨たもんたれ、竜王やーい」と呪文を唱えながら山を下りると、家の前の岩屋から水がこんこんと湧いてきた。そしてこの子どもは山の神のおかげか、成長すると長者になったという。

とよだ時著『日本百霊山』に載る。

天狗トカゲ　山

翼なしで飛翔する爬虫類系UMA

明治時代、磐城国の高野村(現いわき市)に現れたという妖怪。この村の小学校の生徒が、休み時間に学校の後ろにある山に登ったところ、両頭の蛇のような動物を見つけ、思わず殺してしまった。それを教員に話したところ、教員がそれではどんな動物か分からないから死骸を持ってこいと言うため、再びその山に入ると、今度はその奇妙な動物の大群が待ち構えていた。

その姿は頭は蛇のようで尾はなく、足が四本あり、指も五本生えている。その爪はべっこう色に透き通って針のように鋭く、背から腹へ掛けて細かい鱗があり、青貝のような光沢があった。また腹はわずかに赤色を帯び、奇妙なことに翼を持たないのに空中を飛び回っていたという。

大きいものでは二尺(約六〇センチ)、普通のものは六、七寸(一八～二一センチ)ほどの体を持っていたとされる。

湯本豪一編『明治妖怪新聞』に載る。同書によれば、明治一〇年(一八七七年)の『東京絵入新聞』に掲載された記事だという。

同記事には、この辺りの地域では夜中、風が吹くような音がすることを「天狗の飛行」だと言い伝えられてきたが、もしかしたらこの動物の飛行する音だったのではないかと記されている。

天狗の子別れ場　峠

天狗の親子の情を伝える

会津若松市にある滝沢峠という峠

の近くに、天狗の子別れ場と呼ばれる場所がある。この場所はかつて山の掟によって母親の天狗が会津の山から追い出され、子の天狗と別れた場所なのだという。

この場所はいつもしっとりと濡れており、時には山肌から染み出した雫が落ちる。これは母親の天狗の涙なのだと言われている。

松谷みよ子著『現代民話考1 河童・天狗・神かくし』に載る。

天狗は基本的に男性の姿で語られることが多く、女性や子どもの天狗の伝承は珍しい。

他に女天狗としては『源平盛衰記』に登場する尼天狗などがいる。また長野県の修那羅山には婆羅門女天佝なる名前の石像が残されている。詳細は当該項目参照。

沼御前

水場

男をたぶらかす美女に化けた大蛇

金山町に存在するカルデラ湖の沼沢湖、その付近に所在する沼御前神社の由来は、以下のように伝えられている。

沼沢湖がまだ沼沢沼などと呼ばれていた鎌倉時代のこと。この沼には雌の大蛇が住み、美女に化けて男を誘い込むなどして付近の村人に多くの害をなしていた。そこで当時の会津領主であった佐原義連《さわらよしつら》が大蛇を退治するため、部下を連れて沼沢沼へ赴いた。

義連は船に乗って沼の中ほどまで進み、大蛇を罵倒する言葉を発した。すると大波が起きて大蛇が姿を現し、義連は沼に飲まれてしまった。

しかしそれでも義連は負けなかった。水中で大蛇の首に組み付くと、その首に刀を突き立てて殺してしまった。

義連はいつも兜の中に観音像を秘めていたので、その加護のために無事であったのだという。

この大蛇の頭は沼の近くに埋められ、住民安堵のために社が建てられた。これが現在も金山町に残る沼御前神社なのだとされる。

燧石《ひうちいし》

祠

山の神が伝授した火おこしの方法

南会津郡にある燧ケ岳には、火打石に纏わるこんな伝説が残されている。

昔、村人たちが囲炉裏の火種を絶やしてしまい、寒さに震えていた。その時、吹雪の中白髪の老人がその家を訪れ、一夜の宿を請うた。

そのため「火がなくて寒いですが、よかったらどうぞ」と老人を家に入れた。すると老人は赤い石を取り出して村人に渡し、これを打つと火が出ることを教えた。そのため囲炉裏に再び火を入れることができたが、気が付くと先ほどの老人の姿が消えていた。

それ以来、この赤い石を燧石と呼ぶようになり、老人は山に住む神だと考え、山の名前を燧ケ岳とし、燧大権現の祠を山に建てたという。

とよだ時著『日本百霊山』に載る。

福島の廃鉱の亡霊 炭鉱

坑夫の断末魔が聞こえる廃鉱

福島県にはかつて炭鉱町として栄えた町があったが、昭和五〇年代に閉山して以降は過疎化が進み、かつての面影をわずかに残すばかりになっていた。

しかし現在も炭鉱の跡地は残っており、この廃坑に入るとトロッコの音が聞こえ、真っ黒い顔のヘルメットを被った幽霊が現れたり、声が聞こえてきたりすると言われている。

これは炭鉱で作業中に事故に遭い、死んでしまった人々の声で、特に春先には「いやだ、死にたくない」「助けてくれ」といった多くの死者の声が聞こえてくるのだという。

なぜなら、この炭鉱には家族のために働いていた人々が大勢いて、彼らは子どもの成長を楽しみにしていたが、不幸な事故で亡くなってしまったからである。

そのため、子どもが入学や進級をする春がやってくると、その無念の嘆きがより一層強く響いてくるのだという。

平川陽一著『山と村の怖い話』にある。福島県で有名な炭鉱といえば常磐炭田があるが、この炭鉱は昭和五一年(一九七六年)に閉山しており、昭和五〇年代に閉山になったという話の内容と一致する。この怪談の舞台のなったのは常磐炭田なのだろうか。

母成峠《ぼなり》　戦跡

戊辰戦争の兵士の幽霊

母成峠は戊辰戦争の戦場となったことで知られている。

慶応四年（一八六八年）、この峠において旧幕府軍と新政府軍が激突、新政府軍が圧勝したが、数十人の旧幕府軍の死者が出たという。

そのためかこの場所では今も兵士たちの幽霊が現れると言われている。

貉《むじな》のアズキとぎ　谷

村人に食べ物せがむ怪音

昭和初期から一八年（一九四三年）頃まで、山仕事を終えて谷を歩いていると、よくザックザックという音がしたという。この音は遠くから聞こえたと思えば近くで聞こえたりして、「貉のアズキとぎ」と言われていた。またこの貉は山道を歩く人に食べ物をせがむため、

このザックザックという音がついてくるときは食べ物を分けてやれるよう、普段から食べ物を残していたという。

松谷みよ子著『現代民話考11 狸・むじな』に載る。

小豆研ぎ、小豆洗いといった小豆を研ぐような音をさせる妖怪の話は全国に分布し、その正体を貉や狸とすることも多い。

八溝山の八岐大蛇　山

もう一体の八岐大蛇伝説

八岐大蛇は日本神話に登場し、素《す》戔嗚尊《さのおのみこと》によって退治されたと伝わる首と尾が八つある大蛇だが、福島県と茨城県に跨る八溝山にはこの八岐大蛇が棲み付いていたという伝説がある。

この大蛇の退治を命じられたのは素戔嗚尊ではなく那須国造《なすのくにのみやっこ》で、一度は立ち向かったものの倒すことはできなかった。そこで那須国造は信州の高山にいるという天津早駒《あまつはやごま》なる神馬を探し出し、これを乗りこなすため乗鞍岳に行って山の神に天安鞍《あめのやすくら》という鞍を借り、槍ヶ岳から天日矛《あめのひほこ》を、立山から天廣盾《あめのひろたて》を借り受け、八岐大

蛇を退治したという。
藤沢衛彦著『雪ある山山の伝説』（『旅と伝説』通巻一号収録）に載る。

Column

『遠野物語』と山

明治四三年(一九一〇年)に発表された、柳田國男が民話蒐集家であった佐々木喜善から聞いた、岩手県の遠野地方に伝わる伝承を筆記・編纂した名作『遠野物語』。

この物語は現在でも読み継がれ、多くの妖怪たちが登場することでも知られている。

そしてこの遠野地方は山に囲まれた地域であり、『遠野物語』の冒頭でも「町場三ヶ所あり。その他はただ青き山と原野なり」と語られている。そのため、必然的に山に纏わる怪異譚が数多く記録されている。

二石山に現れる犬の経立、六角牛山で猟師が遭遇した猿の経立、山の中に突然現れる屋敷である、マヨイガ、愛宕山に祀られ、時に姿を現すという山神、古くから遠野の地に伝わるというヤマハハ。そのほかにも天狗や山男、山女など、遠野の地に伝わる様々な山の妖怪たちが登場している。

これらは当時、実際に人々が遭遇し、存在を信じられていたものたちだ。もし遠野に行くことがあれば、遠い山々にその姿を想像してみるのはどうだろうか。

関東地方

東京都

飯縄《いづな》権現

仏閣

ミシュラン三ツ星の山の天狗

八王子市に聳える高尾山。この山には飯縄《いづな》大権現という天狗の伝説が伝わっている。

永和二年（一三七六年）のこと、京都の醍醐寺の僧侶である俊源大徳がこの山で修行していた際、夢の中で飯縄大権現を感得した。大徳は早速その像を彫り、権現堂に祀って修験道の道場にしたという。

この飯縄大権現の姿は顔は人で、鳶のような嘴を持ち、頭に青い蛇を乗せ、法衣を着て、背中には炎が燃え、両脇からは翼が広がり、右手に宝剣、左手に索縄を持ち、白狐に跨った荼吉尼天《だきにてん》の姿であったとされる。またこの飯縄大権現は「飯縄の神女」とも名乗ったとされ、女の天狗だという説もある。

とよだ時著『日本百霊山』に載る。

オガムモン

山

大天狗が憑依した巫女

伊豆七島の三宅島の神着村（現三宅村）には、山形県の羽黒山の大天狗が憑いた巫女がいたという。この巫女は「オガムモン」、つまり「拝む者」と呼ばれており、その顔は般若面を連想させるほど恐ろしかったという。

オガムモンの亭主は漁師と樵《きこり》の仕事をしていたが、ある時断崖に突き出した大木の枝を鋸で切断すると、その枝が空中で止まるという怪現象が起きた。そこでオガムモンに頼んで見てもらったところ、突然枝がものすごい音を立てて落ちた。

実はその木は天狗が棲み付いている木で、それを知らずに鋸を入れたために天狗が怪現象を発生させたのだという。

また村人が天狗のいる松の大木を切ったところ、完全に切断したにもかかわらず、全く大木が倒れないということがあった。そのため人々が集まって見ていると、突然音を立てて倒れ、幾人かが重傷を負ったのだという。

今野圓輔著『日本怪談集 妖怪編』に載る。

奥多摩の遭難者の霊

山

白い登山帽を被った男

平成一二年(二〇〇〇年)の四月のこと、ある青年がバイクで奥多摩を走っていた。日原林道を通過する際、日が暮れたため、広場で一夜を過ごすこととし、寝袋に入り込んだ。

そしてうとうとし始めた時、人の気配に目を覚ますと、広場の入口の左手に白っぽい帽子を被った登山者がいる。男性はそれを確認した後、そのまま眠ってしまった。

目が覚めると夜明けで、辺りは薄青い光に包まれていた。青年は広場の入口に誰かいたことを思い出し、そこに行ってみると、鉄柱が一本立っており、ビニール袋に入った一枚の顔写真が貼ってあった。

その写真の人物は昨年雲取山の方に行ったまま行方不明になった年配の男性で、写真の中には、昨夜見たのと同じ白い登山帽を被った男性が写っていた。

松谷みよ子著『現代民話考5 死の知らせ・あの世へ行った話』に載る。また奥多摩の林道では謎の光に追われたという体験談もある。詳細は奥多摩の謎の光を参照。

奥多摩の謎の光

山道

逃げる車とバイクを追いかける

これはネット上で語られた怪異である。ある人物がバイクで相模湖から奥多摩へ向から林道を走っていたときのこと。後方から林道を上がって来る謎の光と遭遇した。

恐ろしくなり、スピードを出して逃げたところ、前方に人が集まって焚火をしていたため、安堵してその人々の元に向かい、話しているうちに混ぜてもらうこととなった。

先ほどの光のことも忘れて楽しんでいると、山頂付近にあの光が現れ、男性らの元に向かってきた。

焚火をしていた人々は驚いて車に乗って逃げ出し、男性も遅れてバイクに跨り、いつもは出さない猛スピードで林道を走り出した。しかし謎の光もまるで意思を持っているかのように男性のバイクを追跡してきて、まるで遊んでいるかのように遠のいたり近付いたりする。

しばらく逃げていると、先に逃げ

た車が見えてきた。しかし自動車は大型で、明らかにバイクよりもスピードが遅く、このままではすぐに追いついてしまう。しかも追い抜けるような道幅はない。

バイクに乗った男性はイチかバチか林道の車止めに突っ込んだ。何かが当たった音がしたが、男性の体は無事だった。

あの光はどうなったのかと急いでバックミラーを覗くと、謎の光の興味の対象は自動車の方に移ったようで、焚火をしていた人々の自動車を追いかけ、そのまま見えなくなってしまった。

それから心配になった男性は光に追いかけられた自動車を探しに行ったが、ついに見つかることはなかったという。

2ちゃんねる(現5ちゃんねる)オカルト板に立てられた「∧∧∧山にまつわる怖い話Part5∧∧∧」スレッドにて、平成一五年(二〇〇三年)一二月二六日に書き込まれた体験談。

奥多摩橋　谷

歌うと現れるびしょ濡れの少女

青梅市にある奥多摩橋。この橋を歩いていると、稀に「かごめかごめ」の歌が聞こえてくることがある。

それを聞いて振り返ると、そこには全身がびしょ濡れの少女がおり、歌を聞き続けていると死んでしまうなどという。

宝島社『怨霊地図04年版』に載る。

オゴメ　山

赤子のような鳴き声をあげる怪鳥

三宅島の山中には、オゴメと呼ばれる妖怪が現れるという。この妖怪は姿は見えないが樹上で赤児のような声を出して鳴き、またオゴメ笑いという高笑いをするとされる。また、鳥の姿をしているという説もあるようだ。

民俗学研究会編『綜合日本民俗語彙』に載る。

おみたらしの主　水場

大蛇に遭遇した老女が死亡

府中市にある浅間山。この山には

おみたらしと呼ばれる湧水があり、どんな旱魃でも枯れないが、その主は大蛇であるという。ある時、おみたらしで大蛇に遭遇した高齢の女性がいたが、それ以来病気になり、亡くなってしまったと語られている。

松谷みよ子著『現代民話考9 木霊・蛇・木の精霊・戦争と木』に載る。

隠し神様 山

隠れっこで遊ぶ子どもを連れ去る

町の大部分を山林に囲まれた東京都の奥多摩町。この町には、子どもを連れ去る隠し神様と呼ばれる神が伝わっていた。これは夜に子どもが隠れっこ(かくれんぼ)をしていると、連れて行くのだという。

松谷みよ子著『現代民話考1 河童・天狗・神かくし』に載る。同書によれば、昔は炭焼きなどで大人が夜遅くまで働いており、夜に子どもにかまってやれず、遅くまで遊んでいたのだという。

旧々吹上トンネル トンネル

母娘が殺された噂が伝えられる

東京都青梅市の吹上峠の下に設けられたトンネル、旧々吹上トンネル。現在は新吹上トンネルが通り、自動車で通ることはできなくなっているが、このトンネルは心霊スポットとして知られている。

昭和三〇年代、このトンネルの近くで茶屋を出していた母子が強盗に襲われ、母親は茶屋で殺された。娘は何とかトンネルまで逃げたが、その中央辺りで追いつかれ、強盗に鉈で頭を叩き割られた。

それ以来、壁には人影のような染みが張り付き、夜中にトンネルを通ると娘の霊を目撃するという。

吉田悠軌編著『ホラースポット探訪ナビ』に載る。同書によれば事件の真偽は確かではないという。

ケセラバサラ 山

白粉で育つ福をもたらす物体

これは中野区での話である。昔、この地域にはシイヤの山と呼ばれる山があり、ある男性がこの山で白い宝珠の玉を拾った。これは白狐が千年経つと頭に載せて歩く宝珠であったが、これを持っていると家の経営がとてもよくなったという。

しかし、この宝珠は白粉を好むと伝えられていたにも関わらず、白粉をあげなかったため、いなくなってしまった。この宝珠はケセラバサラとも呼ばれており、大きさは一〇センチほどで、ふわふわしていたという。

松谷みよ子著『狐をめぐる世間話』に載る。

ケセラバサラ、ケサランパサラン、ケセランパセランなどの名前で呼ばれる白い球状の物体は東北地方を中心として近世から伝承があり、穴の空いた桐の箱に入れ、白粉をあげて育てると幸福をもたらすなどと語られた。

一九七〇年代には全国的にブームが起こり、日本中で白い毛玉が飼育された例もある。

狐とケセラバサラを結び付ける伝承もあり、狐の尾にケセラバサラがあって、狐はこれを振って人を化かすなどと伝えられている。しかし千年経った白狐が頭に載せていた宝珠、という話は珍しい。

峠 小峰峠の亡霊

昭和の誘拐殺人事件にかかわる噂

あきる野市にある小峰峠には、かつて東京・埼玉連続幼女誘拐殺人事件(宮崎勤事件)で犯人の宮崎勤に殺された少女の霊がよく出没していたらしい。しかし宮崎勤が逮捕されて以降、出現しなくなったという。

吉田悠軌編著『ホラースポット探訪ナビ』に載る。同書によれば、これはただの噂であり、発端は昭和63年(一九八八年)、宮崎勤の父親が地元紙である「秋川新聞」にこの峠でタクシーが女の亡霊を乗せた、といういわゆるタクシー幽霊の怪談の記事を書いたことだったという。この話が宮崎勤事件を通して奇妙な一人歩きを始め、峠に出る霊が宮崎勤の犠牲者であり、その記事を宮崎勤の父親が書いた、という噂が生まれたようだ。

宮崎勤事件は発生してからまだそれほど時が経っていない事件であり、遺族も存在している。安易に犠牲者の存在を使って心霊スポットなどと言うのはやめよう。

権現山の狸列車　山

進路を妨害する「消える汽車」

大正時代の品川区での話。品川駅の方面へ進む汽車が東海道線の権現山の裏手を通った時のこと。品川駅の方から汽車が走って来る。汽車は汽笛を鳴らし、危険を知らせたが、向こうはスピードを落とさず走って来る。そのため急いで停車すると、進んできていたはずの汽車が消えていた。

こんなことが何度も続くので、機関士はこれを権現山の狸の仕業と考えた。そしてある晩、いつものように向こうから汽車が来たが、停車せずに正面から衝突すると、汽車は何事もなく品川駅に着いた。

翌朝、町の人々は権現山の下で一匹の大狸がレールをまくらに死んでいるのを見つけたという。

松谷みよ子著『現代民話考3 偽汽車・船・自動車の笑いと怪談』に載る。このように狸や狐が汽車に化け、人間が走らせる汽車の運行を妨害する怪異は総称として偽汽車と呼ばれる。山間久住トンネルの偽汽車も参照。

逆さ女　トンネル

天井から現れる女の幽霊

千駄ヶ谷トンネルに出現する怪異。このトンネルを車で通ると天井から女の霊が落ちてくる、もしくは天井から逆さに下がっているとされる。話によっては車を追いかけてくる場合もあるようだ。

逆さまの女　山道

フロントガラスに現れる女の幽霊

奥多摩の山道を車で走っていると現れる怪異。突然車に覆いかぶさるようにして出現するとされる。この女はフロントガラスから運転手に向かって逆さまにぬっと現れ、運転手と目が合うとにやりと笑って上に引っ込む。しかし運転手が慌てて止めて車の上を見ても、既にそこには何もいないという。

常光徹著『学校の怪談』による。トンネルでもない場所で一体どこから降ってくるのか、謎が多い怪異だ。

白貉《しろむじな》の幻　山

山に消えていく謎の男と女

ある小学生が友達と山に薪拾いに行ったときのこと。

夕暮れ頃に休んでいると、近くでカチンカチンと木を切る音がした。振り向くと薪を背負った大男が一生懸命斧を振っていたため、子どもたちが大声で呼んだが、男は無視して薪を背負い、去って行った。男を追って行くと、杉山の辺りで消えてしまったという。

これと同じころ、学校の裏山の畑でも肥溜めを担いだ女が目撃され、やはり消えてしまった。

それからひと月ほど経ち、猟師が大きな白貉を獲ったところ、その幻も見られなくなったという。

松谷みよ子著『現代民話考11　狸・むじな』に載る。

滝山城　山城

戦国時代の兵の霊が現れる

八王子市に中世に築かれた滝山城。北条氏照の居城であったこの城は、戦国時代、武田信玄の攻撃により落城寸前となった。そのため氏照は居城を八王子城に移したという。

今でも八王子市に跡地が残るが、ここでは戦死した兵の霊や、着物姿の少女の霊が現れるといった噂が語られているようだ。

テンジ　山

離島に伝わるいたずら好きの妖怪

八丈島には、山に現れる妖怪としてテンジ、もしくはテッジメという妖怪が伝えられている。この妖怪は神隠しを行うとされ、テンジに連れ去られたと思われる子どもが山の麓に立っていた、といった事件が起きたと伝えられている。

松谷みよ子著『現代民話考1　河童・天狗・神かくし』に載る。

一方、テンジが人を助けた民話も残っている。村上健司編著『妖怪事典』によれば、八丈島で山番が山荒らしや山火事を防ぐため、山の頂に小屋を造って暮らしていたが、そこにテンジが現れて色々といたずらをしていた。ある日、美しい娘に化けたテンジがやってきたため、山番が腕を取って小屋に入れようとすると、その手は竹だった。そこで山番が竹を切ると、テンジは悲鳴を上げて逃げて行った。

次の晩、テンジが腕を返してほしいと騒ぐため、竹の棒を投げてやると、テンジはひゃっひゃっひゃっと笑いながら去って行った。

しばらく後、島が大旱魃により飢饉になり、山番も食うものが無く、ぐったりしていると、あのテンジが現れ、山芋や山ぶどうをどっさりと小屋の中に投げ入れた。これにより山番は命を繋ぐことができ、テンジに感謝したという。

同様に八丈島にはテッジという異様に長い乳房を持つ老婆の妖怪がいるが、これがテンジと同じものだという説もある。

戸を叩く狸 家屋

後ろ向きで転がり込んできた狸

東京都での話。山の中にある家で女性が一人で留守番していると、その女性の名前を呼んで戸を叩く狸がよく出たという。

ある時、そっと戸を開けてみると、狸は後ろを向いて尾で戸を叩いていたらしく、勢い余って後ろ向きに家の中に転がり込んできたと語られている。

松谷みよ子著『現代民話考11 狸・むじな』に載る。

トンネルの化け猫 トンネル

ミミズを食わされた老人

これは八丈島での話である。明治の頃、一人の老人が隣村に出掛け、その帰りにトンネルを通っていると、どうしてか歩いても歩いても出口に辿り着かなかった。

そのうち、トンネルの中で一人の女と出会い、彼女の家に連れて行ってもらってうどんを御馳走になったが、しばらくして全て吐いてしまった。

実は老人が食べていたのはミミズで、彼は猫に化かされていたのだという。

松谷みよ子著『現代民話考10 狼・山犬・猫』に載る。同書によれば八丈島には他にも多く猫が人を化かす話が残っているが、これは八丈島に狐や狸など一般に人を騙すとされる動物がおらず、その役割を猫が担ったためなのだという。

七ツ石 巨岩

平将門と影武者の最期の地

東京都と山梨県の県境にある七ツ石山。

この山の名前の由来になっている尾根上の七つの石には、平将門とその影武者が俵藤太(藤原秀郷)に射殺された後、石になったという伝説がある。

将門は平安時代、朝廷に対する叛乱者となって承平天慶の乱を起こし、最後には秀郷に討たれたと伝えられる武将だが、この山に伝わる伝説では、承平天慶の乱において将門たちはこの七ツ岩に陣取っていたという。

将門を追ってきた秀郷は三頭山に登り、そこから将門を狙ったが影武者のせいで狙いを定められない。そこで秀郷が日ごろから信仰する成田山の不動様に祈ったところ、影武者は六体の藁人形であり、朝、顔を洗う際に湯気が立って白い息を吐くのが将門であると教えられた。

そこで秀郷は翌朝、将門に狙いを定め、白い息を吐く将門に向かって矢を放った。この矢は将門を貫き、直後、七人の将門はみな岩になってしまったという。

とよだ時著『日本百霊山』に載る。

ニケツで走る霊ライダー 山道

足がないライダーが並走してくる

奥多摩周遊道路には両足のないライダーの霊が出現する。さらにこのライダーはバイクで走っている人間と並走してくることが多く、後ろに女の霊を乗せていることもあるという。

宝島社『怨霊地図04年版』に載る。

女房に化けた貉《むじな》 山小屋

猟師を騙そうと女房に変化

ある猟師が山小屋にいると、女房が子どもを背負ってやって来た。そして「あんたがいないから泣いてしょうがない」と言うが、こんなところに女房が来るわけがないと猟師が火のついた棒でぶってみると、女房の正体は大きな古狢で、抱いていた子どもは木の枝を逆さにしたものだったという。

松谷みよ子著『現代民話考11 狸・むじな』に載る。

猫の神隠し　山

猫と共に一夜を過ごした子ども

これは八丈島での話である。明治の頃、ある夫婦が七歳の子どもに赤ん坊を背負わせ、山畑に仕事に向かっていたときのこと。ふと振り返ると子どもが二人とも消えていた。夫婦は夕方まで探したが見つからず、翌日、村の人々とともに鉦《かね》と太鼓で探し歩いたところ、子ども二人は山の中にじっと座っており、その側から猫が逃げて行ったという。

松谷みよ子著『現代民話考10 狼・山犬・猫』に載る。子どもたちが山で迷った後、猫と一緒にいただけの話にも見えるが、八丈島は狐や狸がいないことから猫が山中で人を化かす動物として考えられていた。そのため、この神隠しも猫の仕業と考えられたのだろうか。

八王子城跡　山城

秀吉による小田原攻めの激戦地

八王子城は、北条氏の本城であった小田原城の支城である。天正18年（一五九〇年）、豊臣軍によって落城させられた。現在も八王子市に史跡として城があった頃の名残が残されている。

この落城においては小田原征伐に向けた見せしめのため、という目的もあり、他に例を見ない殲滅戦が行われた。城に残っていた婦女子は自刃、もしくは御主殿の滝へ身を投げて命を絶った。そのため滝は三日三晩にわたって血に染まったという伝説も残されている。

そんな凄惨な歴史が残る場所だからか、今でもこの場所で心霊現象に遭遇したという話が後を絶たない。うめき声やすすり泣きの声が聞こえる、鎧武者の霊が現れた、といった話が語られている。

避難小屋の女

山小屋

黒髪の束を残して消えた女の幽霊

東京都と山梨県に跨る三頭山。ある男性が友人と二人でこの山に登ったときのことである。

川の左岸を流れに沿って歩いていると、突然開けた場所に出て、炭焼き小屋が目に入った。老人が一人その小屋の側に座っており、会釈して前を通り過ぎると、途中で道がなくなっていたため、戻って老人に道を尋ねた。

すると老人は「そんな道はない」と言うため、近くの避難小屋に泊まると伝えると、今度は「あそこに泊まるのはよせ、絶対やめろ」と言う。

しかし日没も迫っていたため、二人は別のコースからその小屋へ向かった。

翌日のコースを確認し、眠りにつくと数時間後、人の気配に気付いて一人が目を覚ました。時間は午前一時過ぎ、暗い小屋の中で耳を澄ませると、ぶつぶつと話す女の声が聞こえる。また床をこするような音がしたため、その女が動き回っているのが分かった。恐ろしくなって隣で眠っている友人を起こすと、同時に女の気配が消えた。

翌朝、明るくなってから女の声が聞こえた方を見てみると、そこに大量の長い黒髪が束になって散らばっていた。震え上がった二人は急いで小屋を出て、山を下りた。

それから数年後、二人がこの山を再訪し、あの炭焼き小屋に行ったところ、窯は崩れており、周囲は荒涼とした風景に変わっていた。また麓の人にその炭焼き小屋について聞いたが、誰もあの小屋にいた老人のことを知らなかったという。

2ちゃんねる(現5ちゃんねる)オカルト板に立てられたスレッド「∧∧山にまつわる怖い話Part37∧∧」に平成二〇年(二〇〇八年)四月二一日に書き込まれた話。

紅葉山の狐

山

日清戦争の日本軍の勝利を伝える

千代田区の皇居には紅葉山という山があるが、日清戦争の頃、日本軍がどこかの町を占領するなど勝報を上げる前日になると、そこにいた狐がいい声で鳴いたという。このため勝利を知らせる狐として知られていた。

松谷みよ子著『狐をめぐる世間話』に載る。

養沢渓谷の幽霊　山

深夜に死亡した遭難者と遭遇

ある中学生が奥多摩の養沢渓谷にキャンプに来た時のこと。

夜になり、テントで眠っていると、山から誰かが下りてくる足音がした。時刻は午前二時過ぎで、こんな時間にどうしたのだろうとテントの窓から見てみると、Tシャツに短パンを履いて、ナップザックを背負って運動靴を履いた男が歩いていた。


それから朝になり、米を買いに山を下りて米屋の主人に昨日見た人間のことを話すと、米屋の主人は新聞を見せた。

そこには前日遭難した男のことが記されており、中学生が昨夜見た男と同じ格好をしていた。しかし既に死体が見つかったと米屋に言われ、それが幽霊であったと気付いたという。

松谷みよ子著『現代民話考5　死の知らせ・あの世へ行った話』に載る。

呼ばわり山　山

行方不明者が見つかるといわれる

八王子にある今熊山は、「呼ばわり山」と呼ばれている。


この山の歴史は古く、第二七代天皇の安閑天皇の妃が行方不明になった際のこと、天皇の夢枕に神が現れ、今熊山の神に祈願すれば妃の行方が分かると伝えられた。そこで天皇が今熊山に勅使を送り、山頂で三度回って妃の名前を呼んだところ、無事に妃を発見できたという。

その伝説から人々はこの山を「呼ばわり山」と呼び、行方不明になった人や紛失した物があったとき、大声でその名前を呼ぶと見つかると言われている。

一方、この山は子どもを親元から「呼ばわり」、連れ去ってしまうという言い伝えもあるようだ。

とよだ時著『日本百霊山』に載る。

茨城県

池の主

水場

池に現れた頭が鯉ほどの大蛇

茨城県のある山にある池での話。一人の男性がこの池を訪れると、澄み切った水の中に鯉が数匹泳いでいた。

しばらくその景色を見つめていると、「オゥゥゥ」という声が聞こえ、鯉が飛び跳ねる音がしたため、驚いてそちらを見に行った。

すると真っ黒な尻尾のようなものが見え、腹だけ食われた鯉の死骸が浮かんできた。

不思議に思い、その周囲を見ていると、今度は真っ黒な蛇が男性の方を見つめていた。その大きさは、頭だけで鯉一匹ほどもあったという。大蛇はしばらく男性を見つめていたが、静かに水の中に消えて行った。

後日、男性は改めてその池に行ってみたが、そこにあったのは澄み切った池ではなく、濁った池であったという。男性はあれは池の主だったのだろうかと語っている。

2ちゃんねる(現5ちゃんねる)オカルト板に立てられたスレッド「∧∧山にまつわる怖い・不思議な話Part38∧∧」に平成二〇年(二〇〇八年)六月一日に書き込まれた話。

池や沼の主が蛇である、という話は本州や北海道において広く語られている。

茨城のジェイソン村

廃墟

一家心中した母子の怨念

つくば市の山奥にはジェイソン村と呼ばれる廃墟群がある。この場所ではかつて一家心中があった、母と娘が殺し合った、娘が首吊りをし、母親がその後を追った、などの話があり、今でも親子の霊がいると言われている。

また近くの工場では、母子の怨念のためか頻繁に死亡事故が起こっていたという。

宝島社『怨霊地図04年版』に載る。この村の廃墟とされる場所は実際には工場跡で、村ではなかったようだ。

火事を知らせる狐

山

怪音の三日後に火事が発生

神栖町(現神栖市)での話。この地域ではこれから火事があることを稲荷山の狐が知らせる、という話が伝えられていた。

昭和三二年(一九五七年)頃、ある女性が学校の宿題を深夜までしていた時、妙な鳴き声が聞こえ、それから三日後に近所で火事が発生した、ということがあったという。

松谷みよ子著『狐をめぐる世間話』に載る。

このような例は他にもあり、東京都練馬区の寺にいた狐が火事を知らせたため、「火消稲荷」と呼ばれた、などの話が伝えられている。

加波山の白猿

山村

娘を食らう白猿を退治した犬

茨城県の中心部にある加波山の麓には、シッペイ太郎と呼ばれる犬の伝説が残されている。

昔、ある役人が山の麓に来た時、一軒の家で娘と両親が泣いているのを見かけた。事情を聞くとこの村では毎年、化け物に娘を一人差し出すことになっているが、次はこの娘の順番なのだという。

役人はこれを聞いて化け物の様子を隠れて探ったところ、真夜中になって白い大きな化け物が現れ、「丹波国のシッペイ太郎に知らせるな」と歌いながら踊っていた。

役人はこれにより化け物がシッペイ太郎なる者を怖がっていることを知り、丹波国に探しに行くと、シッペイ太郎という名前の犬を見つけた。役人はその犬を借りて、加波山の麓の村まで赴き、娘の代わりに箱に隠れて生贄のためのお宮に運ばれた。夜中になり、箱を囲んで化け物たちが踊り始め、箱を開けると、シッペイ太郎が飛び出して化け物たちをみな食い殺してしまった。この化け物たちの正体は巨大な白猿だったという。

とよだ時著『日本百霊山』に載る。シッペイ太郎と呼ばれる犬が生贄になる娘の代わりに箱に入り、猿の化け物を食い殺すという話は日本各地に伝わる。またシッペイ太郎ではなく早太郎であったり、疾風太郎であったりと地域によって名前が異なる場合もある。

首洗いの滝

水場

助けを求めるカーラジオからの声

岩間町の難台山の麓には、首洗いの滝と呼ばれる滝がある。これは南北朝時代、難台山城に立て籠もった小田五郎藤綱とそれを攻める上杉朝宗の戦いにおいて、自刃した藤綱の首を洗った滝だと伝えられている。

この首洗いの滝に向かう山道を車で走っていると、カーラジオから突然雑音が流れ、それに混じって「助けて……」という声が聞こえてくるという。このためか、事故を起こす車がこの辺りでは続出しているとも言われている。

宝島社『怨霊地図04年版』に載る。恐らく助けを求めているのは小田五郎藤綱ではないと思われるが、誰がその声をカーラジオから漏らしているのかは不明である。

黒い血の大岩

巨岩

大勢の武士が下敷きになる

笠間市のある山の散策道の脇には大きな岩がある。この岩は戦国時代、上から落とされたもので、下敷きになって死んだ武士が何人もいたという。そのためか近寄るとうめき声のようなものが聞こえ、岩肌から黒い血がじわじわと染み出してくるという。

宝島社『怨霊地図04年版』に載る。

同書によれば、この散策道の横にある池をカメラで撮ると、若い娘が出てきて池に引きずり込まれるという話も載せられている。この娘はかつて戦に巻き込まれ、犠牲になった霊なのだという。

地獄沢

水場

村人が皆殺しにされた「生瀬乱」

小生瀬村（現大子町）で、江戸時代初期に村人が皆殺しにされるという事件が起きた。これは生瀬乱と呼ばれ、原因は年貢の取り立てに来た役人に年貢を出したところ、また別の役人が来て年貢を出せと言うため、偽物だと判断して村人たちが殺害したことによる。実は偽物は先に年貢を取り立てに来た方で、本物の役人を殺してしまった村人たちは水戸藩の怒りに触れ、突然村を兵たちが襲い、皆殺しにしてしまったと伝えられる。そして、村人たちが追い詰められて殺されたこの小さな沢を地獄沢と呼ぶようになった。

そのためか、この場所には今でも農民たちの霊がさ迷っているとされ、命乞いをする村人や、首から上がない霊などが出現するという。

宝島社『怨霊地図04年版』に載る。

多良崎城跡の地縛霊 山城

バイク事故が多発する古戦場

ひたちなか市にかつてあったという多良崎城。現在は小山として跡が残るのみだが、鎌倉時代末期から南北朝時代初期にかけて造られた城で、現在は心霊スポットとしても知られている。

ここには戦死した武将や足軽などの霊が地縛霊と化して漂っているとされ、さらにその霊が霊を呼び寄せるため、周辺の道路でも霊が出没するという。

また城跡に行く途中の道でバイク事故が起きたことがある。この事故では男女二人乗りのバイクが事故に遭い、女性だけが死亡したため、この女性と思しき霊が何度も目撃されている。

またこの場所はその霊に祟られたため、以降何度もバイク事故を誘発するようになったといわれる。

怪奇伝説探究倶楽部編『日本「祟り・呪い」地図』に載る。

筑波山の謎の登山者 山

同じ登山者が三回追い抜く

ネット上で語られた山の怪異。ある男性が恋人とともに筑波山に登ったときのこと。平日であったためほとんど人の姿はなく、二人は淡々と山道を進んでいた。

だがある時、一人だけ同じ道を登っている登山者がいることに気が付いた。大学生ぐらいの若い男性で、青いジャージを着て、登山靴を履き、大きなリュックを背負っていた。

この登山者は普通の登山者と違い、少し登っては道を戻ったり、大きな岩によじ登ったり、藪の中に入るなど、あえて訓練でもしているかのような動きをしていた。

この登山者はある時男性を追い抜いて行ったが、その際に小声で「こんにちは」と言ったため、男性も挨拶を返した。その登山者の足は速く、不思議な登り方をしているにも関わらずすぐに見えなくなった。

それから男性は恋人とともに黙々と山道を登っていたが、再び耳元で「こんにちは」という声が聞こえた。振り返るとあの登山者がまた男性を追い抜いて行く。

そしてその登山者が脇道に入り、見えなくなったと思った瞬間、三度耳元で「こんにちは」という声が聞こえた。

さすがに怖くなり、恋人の方を振り返ったが、彼女は特に気にもしていない様子だった。

そのまま二人は開けた場所に辿り着いたため、そこで休憩することにした。その時、男性は恋人にあの登山者のことを話したが、恋人はそんな人はいなかったと語った。

それ以降、男性があの登山者に会うことはなく、山頂に辿り着き、ケーブルカーで下山した。あの登山者が何者だったのかは、今も分からないままだという。

2ちゃんねる（現5チャンネル）オカルト板に立てられた「∧∧∧山にまつわる怖い話Ｐａｒｔ７∧∧∧」スレッドに平成一六年（二〇〇四年）二月二七日に書き込まれた体験談に登場する怪異。

夜刀神《やとのかみ》　山

見ると一族が滅ぼされる蛇神

体は蛇でありながら頭に角があり、その姿を見る者があれば一族郎党皆滅ぼされ、子孫を継ぐこともできなくなるという蛇神。常陸国（現茨城県）の行方郡（なめがたぐん）に数多く棲み着いていたという。

第二六代天皇である継体天皇の時代、箭括（やはず）氏の麻多智（またち）という人物が郡より西方の谷にある葦原を開墾し、新田を造成した。しかしこの時、夜刀神が群れをなして現れ、開田を妨害した。

そのため麻多智は大層怒り、鎧を身に着けてそれらを打ち殺して追い払い、山の登り口まで行って境界の証として杖を立てた。そして夜刀神に対し「ここから上は神の土地とすることを認めよう。しかしここより下は人の田であることとする。これより先は私が神を祀る司祭となって永久に汝を祀ろう。だからどうか祟らないでくれ、そして恨まないでくれ」と言った。

それから社が建てられ、実際に夜刀神は代々祀られたという。

奈良時代の地誌『常陸国風土記』に載る。同書には夜刀神についての記述がもうひとつある。

後の第三六代天皇、孝徳天皇の時代に壬生連麿(みぶのむらじまろ)がその谷を占領して池の堤を築かせたところ、夜刀神が池の椎の木に群れをなしていつまでも去らなかった。これを見た壬生連麿は激怒し、「この池に堤を造ったのは民のためである。いずれの神が天皇の威徳に従えないのか」と叫び、そして工事のために駆り出されていた民に「目に見える魚や虫の類は、憚ることなく悉く打ち殺せ」と命じたため、夜刀神たちは逃げ隠れたという。

神奈川県

あとおいこぞう

山道

ただ人のあとを追う子どもの妖怪

神奈川県の丹沢山地には、あとおいこぞうと呼ばれる子どもの姿をした妖怪が伝わっている。

これは四〜一〇歳ぐらいの年齢で、絆、毛皮、襤褸(ぼろ)のむしろなどを身に纏った子どもの姿で現れ、山に入った人間の後を付けてくるという。しかし言葉を発したり、物音を立てたり、人に危害を加えたりはしない。足跡を残すこともないという。

また、たまに後ろではなく前に現れ、道案内をするように歩くこともあるようだ。

山村民俗の会編『山の怪奇 百物語』に載る。

同書によれば、これは振り向くと木や岩の陰に隠れてしまうが、何度も現れる場合には岩や切株の上に握り飯や飴玉などを置いてきたという。

あとおいこぞうは人間の霊の成れの果てと考えられており、もしついてきたあとおいこぞうが自分の亡くした子どもの霊だったら、と思って人々は食べ物を置いてきたのだとされる。

また丹沢の山ではやまこぞうと呼ばれる山霊が現れたと伝えられ、あとおいこぞうと区別されていたようだ。詳細はやまこぞうの項目を参照。

山 大山の雷獣

雷とともに現れた鼬に似た妖獣

神奈川県の中心部にある大山には、雷獣が現れたという話がある。明和二年(一七六五年)のこと、大山に雷とともに雷獣が落ちてきた。これは猫よりも大きく、姿は鼬(いたち)に似ているが鼬よりも黒く、鋭い爪が五本生えていたという。

明治時代の国語辞典『和訓栞(わくんのしおり)』に載る。

水場 おとぼうが淵

仏像へと姿を変えたヤマメ

神奈川県愛甲郡にある仏果山(ぶっかさん)には、おとぼうという名前のヤマメの伝説が残っている。ある男性が淵で四尺(約一・二メートル)もあるヤマメを釣り、これを背負って土山峠を登っていた。

すると突然ヤマメが「天狗坊やー、おとぼうはいま仏さまを背負われていくぞ」と叫んだ。

これに驚いた男性が驚いてヤマメを放り出したところ、たちまち仏像に変わって坂を転がり落ちて行き、淵に入ってヤマメの姿に戻ったという。

とよだ時著『日本百霊山』に載る。

「おとぼう」と呼ばれる魚の話は他の地域にも伝わっているが、その正体はヤマメではなくナマズであることが多い。

トンネル 広沢寺《こうたくじ》温泉のノビアガリ

トンネル内に現れた人の形になる煙

厚木市の広沢寺温泉の近くには素掘りのトンネルがあるが、平成元年(一九八八年)、ある夫婦が友人たちと車でこのトンネルを通った際、怪異が発生したという。

自動車がトンネルに入った瞬間、トンネルの脇から煙が吹き上がり、人の形になった。

そのまま車を走らせると何事もなく突き抜けることができたが、帰りに同じトンネルを通った際にも同様の煙が出現した。これは人型になったあと、どんどん上へと大きくなっていったが、また無視してそのまま通り過ぎると、何も起きなかったという。

　これはノビアガリという妖怪ではなかったかと夫婦は語ったという。

　松谷みよ子著『現代民話考3 偽汽車・船・自動車の笑いと怪談』に載る。

　ノビアガリは日本全国に伝わる妖怪で、歩いている人間の前に現れると、見ているうちにどんどん背が高くなり、見上げれば見上げるほど巨体になっていくとされる。その正体は狸やカワウソなどの動物とされることが多い。

サエノ神　山

寿命を知る道端に祀られる神

　丹沢山での話。ある旅人がこの山で夜を迎えた際、夜露をしのぐために道端のサエノ神の祠で夜を明かすことにした。

　夜も更けたころ、どこからともなく誰かが会話する声が聞こえてきて、旅人はじっと耳を澄ませた。

「お～いサエノ神、そろそろ行こうや」

「いや～今日はダメだ。お客人が来てるんでな、今日のところはみんなで行ってくれや～」

　しばらくするとまた声がした。

「サエノ神よ～今帰ったぞ～」

「どうだったんだ?」

「あ～男だったよ。だが、あれは一五までの運命だ。最期は川で果てる事になるな～」

　その翌日、旅人が近くの村を歩いていると、昨夜生まれた子がいるという。そこでその両親に昨日のことを話し、子どものためにサエノ神を大切にするよう勧めた。

　やがてその子どもは釣りが好きになり、毎日のように山に釣りに入って行ったが、一五の歳に釣り竿を壊して帰って来ることがあった。

　そして少年は、両親にこう話した。

「今日、おかしな事があった。川で弁当を食べていたら、上流から一人の男の子がやってきて、お前は、本当なら今日で命が終わる運命だ。だが親が信心深いので、六〇になるその時まで命を預ける』って言われた」

2ちゃんねる(現5ちゃんねる)オカルト板に立てられたスレッド「＾＾＾山にまつわる怖い話Ｐａｒｔ６＾＾＾」に平成一六年(二〇〇四年)二月一四日に書き込まれた話。

サエノ神は「塞の神」と書き、道祖神とも呼ばれる。村境や峠などに祀られる神で、他から侵入して来る悪いものを防ぐ神と考えられていた。

侍トンネル

トンネル

通ると刀で斬られた傷跡が生じる

鎌倉市の山奥にある、今は使われていないトンネルに纏わる怪異。このトンネルの壁面には何故か侍の絵が描かれており、その絵を見るためにトンネルに入った人間は、トンネルから出た際に倒れてしまう。そしてその体には刃で斬られたような傷跡が数多に生じているという。

そして人がこのトンネルを通り抜けるたびに侍の絵に色がついていくとされる。

不思議な世界を考える会著編『怪異百物語10』による。侍トンネルがどのトンネルなのかは不明だが、埼玉県川口市には同様に侍トンネルと呼ばれるトンネルがあり、こちらはトンネルの壁面に侍の顔が浮かび上がってくると語られる。

生藤山《しょうとうさん》の大天狗

山

森での殺生を咎められた男

東京都と神奈川県に跨る生藤山。この山について、陣馬山で茶屋を営む老人が子どもの頃に父親から聞いたと、こんな話を語ったことが記されている。

恐らく大正から昭和の時期、その父親がまだ若かった頃にこの山に入って鳥を獲ろうとしたが、獲物が見つからなかったため切株を枕にして眠っていた。

物音がして目が覚めると、木のように太い足をした天まで届くほど大きな天狗がおり、森で殺生をすることを咎めた。

恐ろしくなり、若者は謝って山から下りたが、この話を息子にしてしばらくすると、四一歳の若さで亡くなったという。

工藤隆雄著『新編 山のミステリー』に載る。

丹沢山塊の一つ目小僧

山村

人間には目がないと勘違い

神奈川県にある丹沢山塊の西部地域には、一つ目小僧がいたという伝承がある。

昔、初めて山から人里に下りてきた一つ目小僧は、座頭を見て人間には目がないのだと勘違いした。次の日、山仕事に来た樵《きこり》にいたずらを仕掛けようと近付いたところ、なんと目が二つもある。もっと驚いたことに、樵が背負っている目籠には何百も目があると恐れおののいたという。

山村民俗の会編『山ことばと炉端話』に載る。同書によれば、他にもこの地域では一つ目小僧が村を回り、争いをしている人間を見つけると帳面に付けておいて、次の夏に厄病を振りまく、という話もあったようだ。

塔ノ岳の亡霊

山道

トラックを呼び止めた二人の女

昭和二七年(一九五二年)のこと、神奈川県の丹沢山地南部にある塔ノ岳で、山頂から下山していた女性二人が足を滑らせ玄倉川(くろくらがわ)に落ち、死亡するという事故が起きた。

それからほどなくして林道工事のトラックが林道を進んでいると、前方に白ブラウスにズボンという出で立ちの二人の女性が立っており、運転手の方に一生懸命手を振っていた。

女性たちは「おじさん乗せてよ、乗せてよ」と頼むため、運転手が車を止めて乗せようとすると、突然二人の姿が消えてしまった。

その二人の服装は、塔ノ岳から下山する途中に死んだ女性二人が最後に着ていた服装と同じだったという。

松谷みよ子著『現代民話考3 偽汽車・船・自動車の笑いと怪談』に載る。

塔ノ岳の雷神

巨岩

雷神が住む穴がある大岩

神奈川県の塔ノ岳の頂上には、塔のような形をした大岩があり、尊仏岩と呼ばれている。この尊仏岩には大きな穴が空いているが、穴の中に雷神が棲んでいると言われており、雨を降らせたいときにはこの穴に棒を突っ込んで雷神を怒らせたという。
とよだ時著『日本百霊山』に載る。

道了薩埵《どうりょうさった》 仏閣

空飛ぶ天狗になった僧侶

道了薩埵は室町時代の僧侶だが、明神ヶ岳にある大雄山最乗寺を守るため、天狗になったという伝説がある。

道了は師匠の了庵慧明（りょうあんえみょう）が最乗寺を建立することを聞き、近江の三井寺から天狗の姿になって飛んできて、神通力を使って谷を埋めたり、岩を持ち上げて砕いたりして寺の建設を手伝った。そして了庵慧明がこの世を去ると、寺を護るために天狗の姿になって山中に飛び去ったという。以来、寺の守護神としてこの寺に祀られている。

大雄山最乗寺のホームページに載る。この寺院の周囲には道了が天狗となった後の姿の石像が置かれており、五大誓願文を唱え、火炎を背負い、右手には柱杖《ちゅうじょう》、左手に縄を持ち、両手両足に幸運の使いの蛇を従え天狗に化身し、白狐の背に立つ姿をかたどっている。またこの他にも大天狗、小天狗の石像も置かれているようだ。

名越トンネルの老婆の霊 トンネル

トンネル内に血の雨を降らせる

鎌倉市にある名越トンネル。このトンネルに夜一二時頃に入ると、老婆の霊が出現するといわれている。この霊は自動車と並走し、窓にへばりついてきたりするという。またトンネルの上から血の雨を降らせたりするが、トンネルを抜けると老婆は消えてしまうという。

松谷みよ子著『現代民話考3 偽汽車・船・自動車の笑いと怪談』に載る。

肌色の球体 山道

車を追いかけてくる謎の物体

東京都と神奈川県の県境に位置する陣馬山に現れたという怪異。この山のガードレールと道路の隙間には、人の顔が映る場所があるといわれている。

そこで何人かの学生たちがこの幽

霊を見ようと真夜中にそこへ出かけたが、霊は見えなかった。しかし帰り道、学生のうちの霊感の強い一人が車を追い掛けて来る肌色の丸い物体を見たという。

不思議な世界を考える会編『怪異百物語6』による。肌色の球体が一体何者だったのかは不明である。

伯耆坊《ほうきぼう》　山

日本を代表する八天狗の一人

神奈川県の中心部にある大山には、伯耆坊という天狗がいると伝えられる。

元々、この山には相模坊と呼ばれる天狗がいたが、平安時代の末期、香川県の白峰に移ってしまい、鳥取県の伯耆大山から伯耆坊が大山に移って来たという。

とよだ時著『日本百霊山』に載る。

伯耆坊は大山伯耆坊とも呼ばれ、日本を代表する八天狗の一人に数えられる。

貉《むじな》の帯　山

歩く人の前に帯を下げる悪戯をする

藤沢市では昔、山に入ると貉に化かされると言われていたという。この辺りに住む人が夜に寂しい道を歩いていると、長い帯が垂れてくるということがあった。

これは貉が帯を下げてくると言われていたが、だからと言って何があるわけでもなく、ただ帯が下がってくるだけだったという。

今野圓輔著『日本怪談集 妖怪編』に載る。

やまこぞう　山

風に乗って遊びにやってくる山霊

神奈川県の丹沢山地には、やまこぞうと呼ばれる山霊が伝わっている。これは寒い季節になり、西風や北西風が高い山脈から吹き下ろしてくるようになると、この風に乗ってやまこぞうが里に遊びに下りてくると伝えられていた。

山村民俗の会編『山の怪奇 百物語』に載る。

栃木県

安倍ヶ城

山城

福をもたらす幻の城

栃木県北部にある男鹿岳には、かつて山頂近くに安倍貞任が立て籠もったという安倍ヶ城の館址《たてし》が、今もどこかに残されていると伝えられている。

この安倍ヶ城には様々な伝説が残り、貞任が金塊を埋め、それを発見した者は多くの富を得る、雨が降る日には、門を閉める音が遠くまで聞こえる、城の主が気に入らぬ人間が見れば石になってしまう花がある、といった話があった。

ある時、男鹿山の麓の集落にいた平吉という男がその安倍ヶ城を一目見たいと山に登り、そのまま帰って来なくなった。彼には早百合という美しい嫁がいたが、平吉が帰って来ないことを心配した早百合は毎日山の麓をさ迷い、人々に平吉の行方を聞いたが、ある時、ついに決意して自分も男鹿山へと分け入った。

そこで平吉の名を呼びながら歩いていると、突然開けた場所に出た。日は既に傾きつつあり、早百合は疲労のため近くにあった岩に腰掛け、泣き続けた。

そしてもう帰らねばと腰を上げたところ、突然前方の谷の岩のところに館がぼんやりと現れた。早百合は気を取り直すと、そこに走って行った。

館の横には金色の草花が生えており、館の中には大石を並べた牢があった。これを見た早百合はここは村に伝わる安倍ヶ城に違いないと考え、その中を探していると、平吉の後ろ姿が見えた。

そこで声を掛けたが、どこからともなく鶏の声が聞こえ、早百合の目の前が真っ暗になった。気が付くと、早百合は休憩のために腰かけた石に座っていた。

夢でも見たのかと早百合が諦めて帰ろうとしたとき、地面にきれいな石があることに気が付き、それを拾って帰った。そして家に戻ってそれを見てみると、石は金の塊に変わっていた。

それから早百合は金塊を売り、また平吉の帰りを待った。

しかし山で金を拾ったと知った村

人たちは金探しに夢中になり、我も我もと山に入るようになった。ある日のこと、一人の猟師が早百合の後をつけて山に入り、安倍ヶ城の景色を見たが、いざ入ろうとすると山崩れの音がして、目の前で早百合と館の姿は消えてしまった。

それから猟師は山中を探し回ったが、結局館を見つけることはできず、村に帰った。

すると早百合が既に帰ってきており、平吉に会いに行ったという。そのため狩人は無駄足をした腹いせに早百合の悪口をあることないこと言いふらした。そのために村にいられなくなった早百合は、平吉に会いに行くと言って山に入って行った。

そしてあの館に入った時、目の前に突然美女が現れた。早百合はこの女性は館の主であると考え、平吉を返してくれるように頼んだ。すると美女は平吉を連れてきて、彼に帰りたいかどうかを尋ねた。

平吉は館の主である美女に館に残れば不老不死のまま楽に暮らせるが、村に戻ればそれはなくなり、館で身に着けた色々な技も失われてしまうと告げられたが、なおも早百合のために家に帰ることを望んだ。

それを聞いた美女は夫婦の心に免じ、平吉にここで身に着けた技を忘れないことを約束し、もう二度と夫婦に会うことはないと告げて、消えてしまった。

それから平吉と早百合の夫婦は村に帰り、幸せに暮らしたという。

山村民俗の会編『山の怪奇 百物語』に載る。

柳田國男の『遠野物語』に出てくるマヨイガのような話だが、安倍ヶ城の話も『遠野物語拾遺』に載せられている。この話では城の中は大石を立て並べて造った室であり、昔は雨の降る時など、この城の門を閉める音が遠くの人里まで聞こえた、といった話が記されており、男鹿山の安倍ヶ城の話と共通する描写がある。このことから、男鹿山の安倍ヶ城の話は『遠野物語』や『遠野物語拾遺』の話を組み合わせて生まれた話なのではないかと考えられる。

大田原城 山城

夢に出た白蛇によって築城

大田原市の龍体山にかつてあった

という大田原城。この山と城には、名前の由来としてこんな伝説が残っている。

昔、身分が高い武者が落武者となり、家来とともに逃げている際、ある家で一夜の宿を求めた。

その晩、武者が眠っていると、夢の中で白蛇が自分に向かってお辞儀をする光景を見た。

翌朝、武者は家来とともに家の主人に礼を言って旅路を急いだ。そして村はずれに来たとき、目の前に蛇の形をした丘があったため、ここに城を築いて永く住んだ。

この丘が龍体山であり、城が大田原城であったという。

三元社編『旅と伝説』(通巻三五号)に載る。

臥牛城

山城

敵が近づくと牛の姿に変形する城

那須烏山市の烏山にかつてあったという烏山城は、那須与一によって築かれたと伝えられ、様々な伝説を残している。

まずこの城の誕生について。与一が那珂川の東の山に城を築こうと考えた際、四天王像を四方に埋めて天神地祇を祀って幣束を立てた。しかし数万羽もの鳥が恐ろしい叫び声を上げながら現れ、幣束を山の山頂に移した。

さらにある夜、与一の夢に白髪の老人が現れ、幣束が移された山に城を築くことを勧めた。

それにより与一は山にて築城を始め、数十頭の牛を屠って城の礎の下に埋めた。殺された牛の血は川ができるほどで、その川はやがて透明な水となり、清水川と呼ばれるようになった。

こうして完成した烏山城は不思議な力を持ち、敵が近づくと臥した牛の姿に変形し、唸り叫んで大地を震わせたため、臥牛城とも呼ばれた。また敵勢が城門まで来ると城内に巨大な亀が出現し、水を吹いて濃霧を生じさせ、敵を惑わした。

これにより那須家の者たちは敵を難なく撃退することができたが、那須家が衰えると城も不思議な力を失ったという。

三元社編『旅と伝説』(通巻三五号)に載る。

義山法印
山

妖術を使う不老不死の僧侶

栃木県の日光山には、鎌倉時代、義山法印という僧侶がいたという。この僧侶は歳をとらず、様々な術を使うことができた。その由来として以下のような話が伝わる。

ある時、義山が日光の山奥で熱心に修行をしていると、空中から光り輝く雲のような物体が下りてきた。義山がこれを見ていると、中からこの世の者とは思えない異人が現れ、義山を雲の中に招く。そこで義山がついて行くと、そこで異人から不思議な法を伝授されたという。

それからというもの、義山は歳をとらなくなり、雲を起こして雨を降らす、風を呼ぶといった数々の術を使うようになったという。

とよだ時著『日本百霊山』に載る。

旧須花トンネル
トンネル

作業着姿の幽霊に追いかけられる

現在、栃木県の佐野市と足利市を繋ぐ須花トンネルの近くには、現在使われていないトンネルが二つある。

これは明治トンネル、大正トンネルなどと呼ばれているが、このトンネルには事故で亡くなった人々の血痕が未だ消えずに付着しており、知らずにトンネルに迷い込むと作業着姿の霊に追いかけられるなどという。

宝島社『怨霊地図04年版』に載る。

靴を取り返す霊
トンネル

靴を拾うと現れるスーツ姿の幽霊

矢板市にある矢板トンネルには、頭を七三に分けたスーツ姿の男の霊が出るという。

この霊はトンネルに向かう途中に落ちている左足用の靴を拾うと髪を掻きむしりながら現れ、靴を取り戻してトンネルの中に走り去っていくが、よく見ると左足が透けているとされる。

宝島社『怨霊地図04年版』に載る。同書には、このトンネルには他にも左足のない女性の霊が現れ、目が合うとしばらく動けなくなるという話も載る。

華厳の滝

水場

若者たちが次々に身を投げる

日光市の男体山の麓にあり、日本三大名瀑のひとつにも数えられている華厳の滝。

この滝は観光地として有名なほか、自殺の名所としての側面も持っている。

その発端は明治三六年(一九〇三年)五月二二日、一六歳の少年が家を出て学校へ行くと言ったまま日光へ向かい、翌日この滝から滝壺へ向かって身を投げた。そして彼が残した遺書には哲学的な苦悩の末に自殺を選んだことが記されており、それが報道された後、影響された若者たちがその後を追うようにして華厳の滝に身を投げた。その人数は四年間で、未遂を含め一八五人に達したという。

怪奇ミステリー研究会編『呪われた日本地図』に載る。同書によれば、この滝では今でも自殺者が年間数人は発生しているという。

またこれらの理由からか、ネット上ではこの場所を心霊スポットとして扱う場所も多い。それによれば華厳の滝で写真を撮ると無数の顔が滝に映っている、人数が増えている、といった心霊写真に関わる話が多いようだ。

他にも自殺者の霊が出る、という話や、ここに来ると霊に誘われて自殺したくなる、といった類の話も多い。

庚申山の山人

山

山中で暮らす謎の一家

日光市にある庚申山では、江戸時代、天狗とも仙人ともつかぬ不思議な人々が目撃された。

鈴木大三郎弘覚という医師がこの山に登ったとき、人も来ないような谷川の岩陰で不思議な親子が水浴びをしているのを目撃した。この人々は長い髪を後ろに垂らし、腰の周りに木の葉のようなものをつけているだけの裸の姿をしていて、夫婦と子ども一人の計三人がいたという。弘覚らが見ているうちに彼らは木立の中に消えて行ったが、弘覚を案内していた人は三〇年前にも彼らを見たが、そのときは夫婦しかいなかった、と話したという。
とよだ時著『日本百霊山』に載る。

殺生石

巨岩

鳥羽上皇をたぶらかした妖狐

那須岳の南側にある山麓である那須高原。この場所には殺生石と呼ばれる石があるが、これは平安時代、この地で討伐された九尾の狐が変化したもの、という伝説がある。

室町時代に描かれた御伽草子『玉藻の草子』などでは、以下のように語られる。

平安時代も末期の近衛天皇の時代（一一四二〜一一五五年）、天皇の父である鳥羽上皇の元に美しい女性が現れた。この女性は化生前と名乗り、その容貌、そして類まれなる博識さからたちまち上皇の寵愛を得る。

しかし清涼殿で管絃の宴を催した際、化生前は雨風で燈火が掻き消え、辺りが闇に覆われたとき、その身から真昼のような光を放ち、辺りを照らした。

このため、化生前は鳥羽上皇から玉藻前という名を賜るが、この日以降、鳥羽上皇は病に伏せるようになる。

この病の原因を探るため、陰陽師の安倍泰成を呼び、占わせたところ、彼はその原因は玉藻前にあると告げた。そしてこの正体を暴くため、泰山府君の祭が行われることとなり、玉藻前はその御幣を取る役目を担うことになる。

そして祭の日、祭文が読み上げられる中、玉藻前は姿を消してしまった。その正体は九尾の狐だったのだ。

この妖狐を退治するため、上総介広常、三浦介義純という評判の武士が集められた。彼らは郎党を集め、那須野へと逃げた九尾の狐を追ったが、狐は神通力を駆使し、中々捕まらない。

そこで上総介は駿馬に毬を付けて走らせ、その毬が落ちるところを射る訓練をし、三浦介は犬を狐に見立て、それを射る訓練を行った。

そして二人は再び九尾の狐討伐に赴いたが、それでも狐を倒すことはできなかった。そのため二人は神の加護を念じ、ついに九尾の狐を退治することができた。

この九尾の狐の体からは様々な宝物が出てきた。またその死骸は空の舟に載せられ、流されたという。

それから時が経って南北朝時代、玄翁という和尚が那須野に立ち寄ると、そこに苔むした大きな石があった。この石には何かしら由来があるのだろうと考えた玄翁が、近くにいた美しい女性に石のいわれを聞くと、彼女はこう答えた。

この石は殺生石と呼ばれ、人や鳥、獣が近づけば命を奪われる石なのだと。そしてその由来として鳥羽上皇に仕えた玉藻前という狐の顛末を語り、その執心が石になったのだと言った。

そこで玄翁はこの女性こそがその玉藻前の化身なのだと気付き、彼女を成仏させることを約束する。そして石に向かって仏事を行い、玉藻前の霊を救ったという。

殺生石の物語は能『殺生石』でも知られている。

玉藻前の伝説は古くは一五世紀に成立した『神明鏡』にあり、この時点で殺生石について言及されており、玉藻前の霊であると記されている。

一方、同じく一五世紀頃に成立した『下学集』では玉藻前自身が矢で射られるのを避けるために石に変化したとされており、執心や霊が石になったとする、先に上げた文献とは異なっている。

この玉藻前自身が石になるというパターンは近世の『絵本三国妖婦伝』などでも踏襲されており、近年はこの形で語られることが多い。

いずれにせよ殺生石は動物を一瞬で殺害するほど強い毒を放つ石として描写されており、近世における松尾芭蕉の紀行文『おくのほそ道』において、芭蕉が殺生石の元を訪れた際には、蜂や蝶の死体が地面を覆うほどに積み重なっていたと記されている。

これは現在では、殺生石の周囲で火山性ガスが噴出しており、それが原因で動物が命を奪われたのではないかと考えられている。

東光坊 山

徳川家康の化身とされる天狗

東光坊は日光山にいるという天狗で、江戸時代初期にこの山に移って来たというが、その正体は江戸幕府初代将軍徳川家康の化身であると言われている。

この山には元々日光坊という天狗がおり、日光山の天狗たちを治めていた。

しかしこの日光坊がいなくなり、新参の東光坊がやって来たことで天狗たちは東光坊の言うことを聞かず、頻繁に騒ぎを起こしていた。

しかし文政八年(一八二五年)、江戸幕府第一一代将軍徳川家斉が日光を参拝することになり、その前年の文政七年(一八二四年)、「将軍が日光へ参詣するため、参詣中は日光山の天狗は京都の鞍馬山、愛宕山、遠州の秋葉山、九州の英彦山に分散されよ」と高札を掲げた。さらに日光の前山である古峰ヶ原の隼人坊という天狗の名前を借り、山中に高札を立てたという。

とよだ時著『日本百霊山』に載る。

飛銚子

山

山の鬼が遊ぶおもちゃ

栃木県の日光山の男体山や女貌山などの高峰で、修行者がよく見たという怪異。その姿は鉄製の小さな銚子に似ているが蓋はなく、山の鬼が好んでおもちゃにしたという。

民俗学研究所編『綜合日本民俗語彙』に載る。

日光坊

山

霊山・日光山に棲んでいた天狗

栃木県の日光山には、かつて日光坊という天狗が棲んでいた。この天狗は元和三年(一六一七年)に群馬県の妙義山に移った。そして日光坊が去った後にやって来た天狗が東光坊という天狗だったが、この天狗は徳川家康が死後天狗に化身したものだと言われているという。

とよだ時著『日本百霊山』に載る。

東光坊については当該項目参照。

古峰神社

神社

大火事の類焼を防いだ火伏せの神

鹿沼市にある古峰神社。この神社は火伏せの神社として知られており、家を守る信仰があつい。

ある人がこの神社に祈祷をし、その札を家に貼っておいたところ、隣町で火事が起きて火の手が迫った際、突然風向きが変わって家は無事だったという。

松谷みよ子著『現代民話考1 河童・天狗・神かくし』に載る。

またこの神社は天狗でも有名で「天狗の社」とも呼ばれているが、同書には古峰で天狗と遭遇した話も載せられている。

それによれば昭和五〇年頃(一九七五年頃)、嵐の日に古峰ヶ原に泊まった人物がいたが、外が霧に覆われた夕方ごろ、その霧の中に天狗を見たという。

他にも金を貸し借りしたいときに何月何日に自宅の何々の木の枝に返すと約束し、その通りにすると、その金は天狗によって相手の元に運ばれ、ただちに領収書が郵便で来るという話もあったという。

深山ダムの女の霊　水場

女の幽霊の髪で黒くなる水面

那須塩原市の深山ダム。このダムにある人造湖で、女性が足を滑らせて溺死したという噂があり、それ以来、周辺で女の霊が目撃されるようになった。

また夜になるとこの人造湖は黒く濁るが、これは水が濁っているのではなく、死んだ女性の黒髪が浮かんでいるためそう見えると言われている。

もしこの時に湖に手を入れると、たちまち黒髪が手に巻き付き、湖底に引き摺り込まれてしまうのだという。

宝島社『怨霊地図04年版』に載る。

群馬県

赤いヤッケの女　山

顔が半分に割れた血まみれの女

利根郡水上町(現みなかみ町)のスキー場には、二〇歳ほどで赤いヤッケを着た髪の長い女が現れるという。

この女は後ろ姿は普通の女性と変わりがないが、正面を向くと顔が半分に割れて血が溢れ出ている。

出現する際にはスキーを滑っているとされる。正体はかつてそのスキー場で滑走禁止のコースで崖から落ち、頭が半分に割れて死んでしまった女性なのだという。

学校の怪談編集委員会著『学校の怪談10』に載る。

赤城山と榛名山の鬼　山

鬼同士の喧嘩の名残

群馬県に聳える赤城山と榛名山。この山にはかつてそれぞれ鬼が棲んでいたが、非常に仲が悪く、よく喧嘩をしていた。

赤城山の鬼は湖の周りにある小石を、榛名山の鬼は湖周辺に生えたバラをそれぞれ投げつけて戦っていたとされ、そのために赤城山にはバラがよく生え、榛名山にはたくさんの小石が溜まっているのだという。

南北朝時代の説話集『神道集』に載る。

赤城山は他にも山の主である大百足が栃木県の日光山の龍神と争った話も伝えられている。

一ノ倉沢の幽霊　山

ドアを閉めた女の白い手

日本三大岩場のひとつに数えられるほど険しい谷川岳。

中でも群馬県に位置する一ノ倉沢は多くの遭難事故を起こしている危険な岩場だ。

ある日の夜中、夜明けを待って谷川岳を登ろうと一ノ倉沢の出合に車を停めていた男性がいた。男性は友人と二人でこの場所を訪れており、空も白み始めてもまだ二人はドアを開けたまま話し込んでいた。

その時、突然車のドアが閉まった。男性はその瞬間を見ていたが、ドアを閉めたのは明らかに友人の手ではなかった。それは細くて白い、女性のような腕だったのだ。

二人はあまりの恐ろしさに震え上がり、谷川岳への登攀(とうはん)を中止して家に帰ったという。

工藤隆雄著『新編 山のミステリー』に載る。

一本足の親爺　山道

ライダーが死にかけた怪現象

ある男性がレンタカーで群馬県の山道を走っていると、一台のバイクが車体を躍らせながら現れ、爆音を上げて追い抜かしていった。

男性がほっとしていると、前方でそのバイクが事故を起こした。

そこで男性が車から降りて近づいてみると、バイクに乗っていた若者が繰り返し何かに対し謝っている。そこで理由を聞いてみると、バイクを走らせているとき、突然ハンドル操作が効かなくなり、慌ててバイクから飛び降りた。すると「おい！」という声が聞こえ、顔を上げると着物を着て杖をついた一本足の髭面の親爺がおり、「次はないからな！」と告げ、次に目を開けると消えていたという。

2ちゃんねる(現5ちゃんねる)に立てられた「<<山にまつわる怖い・不思議な話Part56<<」スレッドにて書き込まれた怪異。

山の妖怪や神は一本足のものが多いため、この親爺もその一種だったのかもしれない。

岩菅《いわすげ》山の天狗

山村

少年ほどの小さな天狗

六合村(現中之条町)は四方を山に囲まれた山村だが、この村に住んでいた人が岩菅山に入った際、天狗と遭遇したという。

その人物が土砂降りに遭い、山小屋に籠っていたところ、羽音が聞こえ、穴を覗いてみると、目が光った七、八歳の子どもぐらいの大きさの天狗がいたという。

松谷みよ子著『現代民話考1 河童・天狗・神隠し』に載る。同書によれば、この話は昭和三八年(一九六三年)に報告された話だという。

碓氷峠の赤旗

峠

赤旗を振って電車を止める貉

碓氷峠に信越本線が開通した頃の話。列車がこの峠を通ると赤い旗を出して電車を止めてしまうものがいた。

その頻度があまりに多いので、保線区の方に問い合わせるとそんなものを出す者はいないという。それで貉の仕業に違いないということになり、次は赤旗が出てもそのまま突っ切ったところ、翌朝貉の死体が見つかり、それから赤旗は現れなくなったという。

松谷みよ子著『現代民話考11 狸・むじな』に載る。

碓氷峠の大蛇

峠

火炎と毒気を吐いて人を襲う

碓氷峠に伝わる伝説。平安時代のこと、碓氷峠に大蛇が棲みつき、人を食らっていた。

ある時、この峠の付近を故郷とする碓井貞光という武士が帰郷した際、この大蛇の退治を頼まれた。貞光は十一面観音にこの大蛇退治の成功を祈願し、峠を登った。

人々の話の通り碓氷峠には巨大な毒蛇がおり、火炎と毒気を吐いて貞光に襲い掛かってきた。貞光は太刀を抜いて応戦し、隙を伺っていると、天に一筋の光明が差し、大鎌を持った十一面観世音菩薩が現れた。

そして貞光にこれをもって毒蛇を退治すべしと告げ、大鎌を渡したため、貞光はこの大鎌によって見事大蛇を討伐したという。

その後、貞光は寺を建設し、そこに十一面観世音菩薩と大蛇の骨を納めた。これが今の碓氷山定光院金剛寺であると伝えられている。

碓井貞光は大江山の酒呑童子退治の伝説で有名な源頼光四天王の一人として数えられる武将。

怨みノ滝

水場

出産で亡くなった母子の怨み

群馬県の上州武尊山《ほたかやま》にあり、松尾芭蕉の『おくのほそ道』にも登場する「裏見ノ滝」は、元々「怨みノ滝」であったという説がある。

それによれば、日本武尊がこの山に陣を敷いた時、妻が産気づいたが、看病の甲斐なく母子ともに亡くなってしまった。日本武尊はそれを悲しんで滝で身を清めようとしたところ、滝の音が急に大きくなり、妖気が漂った。これは妻の怨みの現れと見た日本武尊は、よりあつく彼女と子を弔ったという。

とよだ時著『日本百霊山』に載る。

雲谷寺《うんこくじ》の狐

仏閣

深い川を歩く幻影を見させられる

明治一〇年(一八七七年)頃の白沢村(現沼田市)にある雲谷寺での話。この寺の裏山には竹藪があり、古狐が棲み付いていた。

ある夏の日、この近くに住む男性が「ああ深い、深い」と畑の中を歩き回っているのが見つかった。そこで他の村人が声を掛けると、男性は古狐に化かされて、深い川の中を歩いている気持ちになっていたという。

松谷みよ子著『狐をめぐる世間話』に載る。

おぎょう様

峠

祟りを起こした地蔵

群馬県のさんてい峠なる峠に行く途中の道に、「おぎょう様」と呼ばれる地蔵がある。昭和五〇～五七年（一九七五～八二年）、上越新幹線の工事のためにこの地蔵がある場所のすぐ下に大穴を開けた。地元の人々はこんなことをしたらおぎょう様の祟りがあると恐れたが、はたして建設会社のプレハブが大火事を起こす、トンネルで工事中に一六人もの死者が出る、列車が開通後、トンネルを出たところで火を吹いた、などの現象が発生したという。

松谷みよ子著『現代民話考3 偽汽車・船・自動車の笑いと怪談』に載る。

悪勢《おぜ》

山

疫病をもたらした鬼の妻

今でいう群馬県利根郡の武蔵山という山を根城にして、付近の村々を荒らしまわっていたという鬼。現在に伝わる伝説によれば、日本武尊によって退治されたという。

悪勢が退治された際、その妻は逃げる途中で石になってしまった。以来、疫病が流行したので、人々はそれを「花咲石明神」として祀ったという。

石になったのは悪勢の妻ではなく娘だとする場合もある。また、悪勢は鬼ではなく盗賊の一団で、その長の妻が逃げた際に石となったとする場合もある。

現在も花咲石は群馬県利根郡片品村花咲に残されているが、武蔵山がどの山を指すのかは分からなかった。

オトウカ

仏閣

人が近づくと消える狐の花嫁行列

前橋市の極楽寺という寺の裏には、

ジョウノヤマと呼ばれる裏山があった。この山にはオトウカという名前の大狐が棲んでいた。

　オトウカは小雨のしとしと降る夜になると、信濃街道という道を人間の結婚式のように歩いた。花婿は紋付きの羽織り、袴を身に着け、花嫁は高島田を結って並び、御供のものは提灯を提げ、長持ちを担いで列を作って歩いたという。これはオトウカの嫁取りと呼ばれたが、人間が近づくと消えてしまったと伝えられている。

　松谷みよ子著『狐をめぐる世間話』に載る。

「オトウカ」は「お稲荷」を音読みした名前で、埼玉県の富士見市や東秩父村などに同じく「オトウカ」と呼ばれる狐の話が残されている。

笠丸山の山男

洞窟

洞窟から聞こえる大勢の話し声

　多野郡にある笠丸山には山男がいたという。この山の中腹には洞窟があり、中からがやがやと話し声が聞こえてくる。

　ある時、この洞窟を覗いてみた人がいたが、そこには山男がひとりいるだけで、誰も話などしていなかったと伝えられている。

　山村民俗の会編『山の怪奇 百物語』に載る。

　洞窟から聞こえてきたという複数の話し声は、この山男の声が洞窟で反響していただけだったのだろうか。それとも人の目には見えない何かがいたのだろうか。

木部姫

水場

蛇になった姫と蟹になった御供

　榛名山には、山頂に榛名湖という湖がある。この湖には木部姫の伝説が伝わっている。

　戦国時代のこと、木部家の姫が榛名の神に願掛けをし、榛名湖まで赴いて湖に沈んでしまった。それから木部姫は大蛇となって姿を現し、御供の者に「私はこんな姿になってしまったから、帰ってくれ」と言ったが、御供の者も帰るわけにはいかず、蟹になってこの姫を守り続けることになったという。

　山村民俗の会編『山ことばと炉端話』に載る。同書によれば、別の話では木部姫は木部氏が戦に敗れたため、逃げ出す途中に榛名山で夜盗に捕まってしまった。その際に生きて辱めを受けるよりも死んだ方がましだと榛名湖に身を投げ、その後竜となったという。

くぐつ橋の化け猫　峠

子どもを抱かせようとする女

群馬県と新潟県の境にある谷川岳の三国峠のすぐ下には、くぐつ橋と呼ばれる橋がある。この橋には化け猫が出現すると伝えられていた。

ある時、越後国の商人が深夜の峠道を歩いていると、くぐつ橋に差し掛かるところで髪を振り乱した、幼い子を抱いた女と遭遇した。その女は頬がこけ、青白い顔をしており、目が異様に光っている。商人は腰が引けたが、橋を通らないと進めないため、覚悟を決めて歩みを進めた。

するとこの女は商人の行く方向に移動して行く先を遮る。さらに子どもを差し出して、「お父さんに抱かれ」などと言う。しかし子どもは「腰の刀が怖い」と言って拒否する。

すると女が「あの腰のもんには鍔先三寸のところに刃こぼれがある。そこから抱かれ」と言う。商人はこの恐ろしいやり取りを見て、震えながら二十三夜様(月待ち信仰の魔除けの呪文)を念じた。すると空に月が出て辺りを照らした。

これを見た女は「悔しい」と一言吐き捨て、谷へと飛び込んで姿を消してしまったという。

黒史郎著『ムー民俗奇譚 妖怪補遺々々』に載る。

六合《くに》村《むら》の竜神　水場

池の主となった山本家の娘

六合村(現中之条町)は四方を山に囲まれた山村だが、この場所にあったへーべ池という池にはこんな話が伝わっている。

山本氏という家の娘が山へ蕨取りに行き、へーべ池の水を飲もうとしたところ、その池に沈んでしまった。

父親は池の主の仕業だと怒り、池を干し上げようと沼に赴き、この国は全て天皇のものだと言って沼を掘り始めた。

すると娘が現れ、私は池の主に見込まれてこの池の主になったので、許してほしいと言った。その時既に娘の頭には一寸(約三センチ)ほどの角が生えていたという。

それから山本家の人間は、年に二回池に赤飯を供えるようになったという。池のほとりに赤飯を供えておくと、すっと波が来て供物をさらっていくとも伝えられる。

山村民俗の会編『山ことばと炉端話』に載る。

子持山のかぐや姫 山

空襲で死んだもんぺ姿の少女の霊

群馬県の子持山にある分校の校庭には、北側の隅に孟宗竹の竹藪がある。毎月旧暦の一五日、月が出る時間になると竹藪から竹を切る音が聞こえて来て、竹が切り倒されるとその根元に光の輪ができ、可愛らしいかぐや姫が現れる。その姿はおかっぱ頭にもんぺを履いて肩に防空頭巾を掛けている少女なのだされる。

このかぐや姫は竹藪の中を一巡りすると、分校の庭へ出て来て踊るように歩き回り、月へ吸い取られるように消えてしまう。その由来は以下のように語られている。

太平洋戦争当時、この山へ疎開してきた加代という名前の少女がいた。彼女は一人東京に残った父親に会いに行った日、空襲によって死んでしまった。

それ以来かぐや姫が現れるようになったため、きっと竹筒飯を皆と食べたくて竹藪の中に現れるのだと人々は話し合った。子持山のある地域では十五夜の日に竹筒飯(米を竹筒に入れて炊いたもの)を食べる文化があり、戦時中は米が配給制であったため途絶えていたが、終戦して加代が東京へ帰る日には皆で食べようと話しており、加代はそれを待ち望んでいた。

それから彼女の供養のため、竹筒飯の風習を復活させ、それを炊いている間は子どもも大人も加代を呼ぶためにわらべ歌を歌うようになった。

「なべなべ　そこぬけ　そこがぬけたら　かえりましょう」

しかし供養を始めてから人々のその優しい気持ちに成仏したのか、加代が現れることはなくなったという。

学校の怪談編集委員会編『学校の怪談15』による。

塩ノ沢峠の天狗

峠

大風が吹き木が倒れる怪音が響く

南牧村と上野村を結ぶ塩ノ沢峠には、天狗が出現するという。

この峠を行こうとすると急に大風が吹き、木が倒れる音が山中に響きわたることがあるが、実際には音がするだけで木など倒れてはおらず、天狗が発生させる怪現象だと言われている。しかし天狗の姿を見た者はいないという。

山村民俗の会編『山の怪奇百物語』に載る。天狗が木を倒す音を発生させる現象は「天狗倒し」などと呼ばれ、全国各地でその伝承が確認されている。

十二様

山

禁忌を破った男に起きた怪現象

群馬県の沼田市利根の辺りにアンバノタワと呼ばれる峰続きの鞍部がある。この場所には十二様と呼ばれる山の神がいると信じられており、そこでは鳥を獲ってはならないと言われていた。しかしある時、六三郎という男がこれを破ってこの場所に罠を張り、鳥を獲っていた。すると山の方から何者かの声が聞こえるようになり、ある時山小屋で炊事をしていると、屋根の上から毛のたくさん生えた腕が現れ、「俺にも食わせろ」と言って鍋を掴んだ。六三郎も鍋を掴み、何とか自分の元に取り戻したが、今度は十二様が怒って小屋の屋根に手を掛け、散々に揺さぶって小屋を壊してしまった。これには六三郎も恐れをなし、「悪かったから勘弁してくれ」と言うと、翌朝までに小屋はきれいに直っていた。それから六三郎はすぐにアンバノタワから引き揚げたという。

今野圓輔著『日本怪談集 妖怪編』に載る。十二様は群馬県の北部の山で信仰される山の神で、天狗とも言われる。また同じ群馬県の山に纏わる山精様の話にも十二様が登場する。

白鷺の滝

水場

迷った山伏たちを道案内した光

群馬県と新潟県の境に聳える谷川岳。この山には白鷺の滝と呼ばれる滝があるが、この滝にはこんな伝説が残されている。

　昔、雪もちらつく晩秋に、越後から蓬峠を越えて上州へ向かう山伏の一行があった。日が落ち、山中で彼らが迷っていると、滝の音が聞こえ、明るい光が前方に見えた。

　近付いてみると滝壺の側に白鷺がおり、銀色の光を放っている。光は次第に輝きを増し、道案内をするように谷間を照らす。一行はその白鷺の光を頼りに山を下り、やがて土合の里に着くことができたという。

　一行は白鷺に厚く礼を言い、お札をその足に結んで「この白鷺を守らせたまえ」と神仏に祈った。それから里の人々はこの白鷺がいた滝を「白鷺の滝」と呼ぶようになったという。

とよだ時著『日本百霊山』に載る。

スーツの男　山

東京方面に消えた男の幽霊

　御巣鷹山に現れたという不思議な人物。ある大学生が大学のサークルの活動で御巣鷹山に登ったときのこと。大学生は登山の途中でその場所に似つかわしくないスーツ姿の三〇代ぐらいの男と出会った。

　男は「こんにちは、暑いですね」などと気さくに話しかけてきたが、大学生の方から話しかけようとすると、「申し訳ないけど、東京ってどっちの方向？」と照れ臭そうに尋ねた。

　そこで大学生が方位磁石を見て東京の方向を教えると、男は丁寧に礼を述べ、直後すごい勢いで道もないところを下りて行ったという。

　そして大学生は後になって気が付いたという。その場所が日本航空１２３便墜落事故の墜落現場であったことに。

　電子掲示板2ちゃんねる(現5ちゃんねる)オカルト板に立てられたスレッド「山にまつわる怖い話」にて平成一五年(二〇〇三年)五月二日に投稿された話。御巣鷹山は日本航空１２３便墜落事故の事故現場として知られているが、実際に飛行機が落ちたのは高天原山の尾根である。事故現場一帯は「御巣鷹の尾根」と名付けられたが、御巣鷹山ではないのである。このためスーツの男が現れたとしても、航空機事故とは関係ないようにも思われる。

タカンボー

山村

五〇〇年間封印された狐

群馬県の上野村にある奥名郷という地域には、タカンボーと呼ばれる狐の伝説が伝わっている。この狐は昔、和尚の法力によって高反山の中腹にある岩穴に閉じ込められたが、昭和一三年（一九三八年）に五〇〇年の期限があけて再び出てきた。これに化かされて魚をとられた人もいるという。

山村民俗の会編『山の怪奇 百物語』に載る。

同書によれば、この地域には悪い子どもを攫い、谷底に落とすヤマンボと呼ばれる妖怪も伝わっていたという。詳細は当該項目参照。

館林城の狐

山城

狐が設計した難攻不落の城

館林市には館林城という城が戦国時代に築かれたが、その由来としてこんな伝説が残されている。

秋元但馬守が館林に城を築こうとした際、ある夜、夢の中で金山に棲む狐を自称する白髪の老人が現れ、明日の朝までに縄張りのしるしを付けておくから、その通りに城を築けば難攻不落の城ができると告げた。

そこで但馬守が翌朝調べさせると、狐が尾を曳いた跡がある。その跡を辿って城を造ったため、この城は尾曳の城と呼ばれるようになった。但馬守は狐に謝意を表すため狐が尾を曳き終わったところに夜明稲荷を建て、また城内には別に尾曳稲荷を建て、長く狐霊を祀ったという。

三元社編『旅と伝説』（四巻一号通巻三五号）に載る。

田中くん

山道

夢に現れ、顔に大怪我をもたらす

赤城山を舞台にした怪談に登場する怪異。

ある日、田中という高校生がその友人三人と、それぞれの彼女とともにツーリングに出かけた。行先は赤城山で、田中のバイクは最後尾にいた。しかしふと先頭を走っていた人間が、田中とその彼女のバイクがついて来ていないことに気が付く。事故にでもあったのかと戻ってみたが、その形跡もない。結局、それ以来田中は行方不明となってしまった。田中の恋人は数日後に戻って来たものの、何も覚えていなかった。

そして田中の恋人が戻って来た夜、田中と一緒にツーリングに出かけていた一人が顔も体も右半分がぐちゃぐちゃになった田中に肩を叩かれ、振り返る夢を見た。それから数日でその友人はバイク事故で死亡してしまった。その死体は顔の半分がぐちゃぐちゃになっていたという。

その友人の葬式の晩、今度は同じツーリングのメンバーだった女子が田中の夢を見た。そして同じように夢で田中に肩を叩かれて振り返り、後日彼女もまた事故で顔に一生残る大怪我をしてしまう。この田中の夢の噂はたちまち彼が通っていた高校中で広まり、今でもその学校に通う生徒たちの間では「夢で田中にふりむくな」と伝えられているという。

渡辺節子・他編著『夢で田中にふりむくな』による。話を聞くと現れるとされる怪異は多いが、これもそのひとつだろうか。とにかく夢の中で肩を叩かれたら振り返らないことだ。

谷川岳の救難信号 山

死者が送ってきた救難信号

ある大学生がワンダーフォーゲル部の活動をしていたときのこと。

部室で無線機をチェック中に「SOS」としか聞こえない電波を捉え、群馬県と新潟県の県境にある谷川岳方面に向かった。

そこで山道を登っていたところ、男性の死体を発見したため、警察に連絡してその到着を待った。

警察の調べで、その死体は死後二日が経っていることが分かった。では一体だれが救難無線を送ったのか、ワンダーフォーゲル部の話を聞き、警察も改めて捜索を行ったが、どの登山者も無線機を持っていなかった。さらに捜索が行われ、沢の中に水没した無線機が見つかったが、壊れていて使い物にならなかった。さらに別に救難信号を出した人物がいるのかと付近が捜索されたが、やはり誰も見つからなかった。

結局、救難信号を送った者は分からずじまいだったという。

2ちゃんねる(5ちゃんねる)オカルト板「山にまつわる怖い話」にて、

平成一五年（二〇〇三年）に書き込まれた怪異。

狸の祟り　山村

煙草を吸うと消える入道

富士見村（現前橋市）の村有林でのこと。村の人たちが山で草刈りをしている最中、狸を見つけてこれを殺し、毛皮を剥いだ。

その毛皮は山番をしていた男性の手に渡ったが、その山番が夜に用を足しに外に出ると、入道がいてやたら頭をはたいてきた。

この入道は煙草を吸うと消えるが、火が消えるとまた現れて頭をはたいてきた。山番はたまらず近くの家に逃げ込んだが、これは殺された狸の仕業だったのではないかと言われている。

松谷みよ子著『現代民話考11 狸・むじな』に載る。生きた狸が入道に化ける話は多いが、死んだ狸が化けて出てくる話は珍しい。

稚児桜　山

子宝・安産をもたらす桜

利根川上流の山の中にある藤原湖。この湖に近い林の中に、稚児桜、もしくはみごも栗と呼ばれる木がある。

この木は折れた栗の木の上に土が積もり、そこから山桜が生えているという珍しい木で、地元の人々はこの桜の木の下を通ると子宝に恵まれる、お産が軽くなると言ってとても大事にしたという。

松谷みよ子著『現代民話考9 木霊・蛇・木の精霊・戦争と木』に載る。

天狗さんの囃し　山

夜間に響く笙や三味線の音

群馬県の中心部に聳える妙義山の隣には屏風立の山があり、中木山という。この山では六月から九月頃にかけて、二ヶ月に一度ほど、どんよりと曇った日の夕方、夜七時から朝の三時頃まで笙や三味線のような楽しげなうきうきとした音色が聞こえてくる。付近の人々はこれを「天狗さんの囃し」と呼んでいるという。

松谷みよ子著『現代民話考1 河童・天狗・神かくし』に載る。

天狗のお能

仏閣

寒い夜に聞こえてくる法螺貝の音

上野村にある中正寺の裏山では、一一月頃のしんみりと冷え、初雪が舞うような日の夜に法螺貝の音が遠くから聞こえてくることがある。これは天狗のお籠りと呼ばれたという。

山村民俗の会編『山の怪奇百物語』に載る。

同書には他にも、この裏山では夜中に太鼓の音が聞こえることがあるという話が載せられている。この音ははじめは軽く太鼓を叩く音が聞こえ、次に「ピイトロ、ピイトロ」と笛の音が混じり、最後には耳をつんざくような大きな音になるという。

天狗の太鼓

山村

鼻を伸び縮みさせる太鼓

群馬県の山の中にあった六合村（現中之条町）には、天狗に纏わる不思議な話が残されている。

この村に住んでいた平造という人物が、奥山で小屋に一ヶ月も泊まり、釣りを楽しんでいたときのことである。松岩山のほうぞう沢という場所でさいころを転がしながら「ひところがしで一里先が見える、ふたころがしで二里先が見える、みころがしで三里先が見える」と言っていたところ、天狗が現れた。

天狗は「そりゃ珍しい宝だ。ぜひわしの太鼓と取り換えてくれ」と言ったため、平造はさいころと太鼓を取り換えた。

この太鼓は叩くと鼻が長くなったり、短くなったりする太鼓だったという。

松谷みよ子著『現代民話考1 河童・天狗・神かくし』に載る。

天狗松

山

伐ろうとすると血が流れた松

藤岡市に聳える庚申山の稜線上には、天狗松と呼ばれる松があった。昭和一〇年（一九三五年）、ある人がこの松を伐ろうとしたところ、赤い血が流れ出したため慌ててやめたという。

松谷みよ子著『現代民話考9 木霊・蛇・木の精霊・戦争と木』に載る。

赤い血を流す木の伝承は全国にあり、多くの場合、そのまま伐ってしまうと伐った人間やその周囲の人々に祟りをもたらすと伝えられている。

とんぼの間　家屋

巨大カマキリや大蛇が出現

群馬県にある「山の家」という合宿施設にあるとされる部屋の名前である。

この部屋では夜、子牛程もある巨大なカマキリが現れて人の腕を食ったり、大蛇が出現したり、虫のような小さな声で「助けて」という声が聞こえたりするのだと言われている。

これは、この施設を建設した際に犠牲になった虫たちの仕業ではないかと語られている。

常光徹著『学校の怪談3』による。

群馬県には「山の家」という名前の宿泊施設が複数あるが、この話に登場する山の家がどれに当たるのか、それとも既に存在しないのかは分からなかった。しかし現代では珍しい昆虫たちの怪異が語られる話だ。

鍋割山の山男　山

山男からもらった蜂の巣型の盃

前橋市にある鍋割山には、山男が住むと伝えられている。

山の近くに住む人が山男に出会ったとき、スズメバチの巣に似た盃をもらい、人には決して見せるなと言われた。しばらくしてから人に見せたが、特に祟りがあったかどうかは伝わっていないという。

山村民俗の会編『山の怪奇 百物語』に載る。同書によれば鍋割山には山姥もおり、同じように蜂の巣に似た盃を授けた話があるが、こちらは盃を人に見せたところ祟りが起きたという。

詳細は鍋割山の山姥を参照。

鍋割山の山姥　洞窟

祟りをもたらした山姥の盃

前橋市に聳える鍋割山。この山の官林には山姥が棲んでいると言われている。

ある時楢沢に住んでいた隠居が、

この山の岩穴で木の葉に身を包んだ山姥と遭遇した。

　山姥は「なぜこんなところに来たんだ。二度と来るんじゃねえ。これをやるから、人に見せちゃならねえ。見せなけりゃ、一生困らねえ」と告げ、蜂の巣のような形の盃を隠居に渡した。

　隠居はその盃を大事に仕舞っていたが、三年目に何気なしに人に見せたところ、嵐が突然襲ってきて、家が崩壊。

　隠居していた老夫婦はそれぞれ爺さんは座敷に座ったまま、婆さんは台所で家の下敷きになって死んでしまったという。

　山村民俗の会編『山の怪奇 百物語』に載る。

西牧峠の狼

峠

狼の喉につかえた骨をとった老婆

　群馬県と長野県に跨る荒船山の東麓の下仁田町には、こんな話が残っている。

　かつてこの町に嫁に来た女性がいた。女性がお婆さんの歳になった頃、夫婦喧嘩をして家を飛び出した。夜道を歩いて西牧峠を越えようとしていると狼が現れ、ひざまずいたり、ぐるぐると回ったりしながら口の中を見せてくる。そこでよく見てみると、狼の喉に馬の骨がつっかえていたため、それを取ってやった。

　それからというもの、お婆さんが節句などで山を通って実家へ帰るときには、この狼が現れて彼女を送り迎えするようになった。それはお婆さんが亡くなるまで続いたという。

　とよだ時著『日本百霊山』に載る。

猫平《ねこひら》の化け黒猫

山小屋

同僚の仇を討った工事作業員

　群馬県と新潟県の境にある谷川岳の清水峠の開通工事が行われていたときのこと。清水峠から西にある蓬峠の中間に猫平という斜面があり、そこで工事の作業員たちが寝泊まりしていた。

　彼らが過ごす小屋は半分に割った丸太を組んで造った掘っ立て小屋で、造りがあまり頑丈ではなかった。そのため夜になると、何かがこの小屋に侵入し、食べ残しを食われるなどのことがあった。

　そんなことが何度か続いたある時、一人の作業員が小屋の裏手に倒れているのが見つかった。発見時には既に虫の息で誰にやられたのかという問いに「でっかい黒猫だ」と答え、息絶えた。その首はめちゃくちゃに噛み潰されていたという。

　さらに別の小屋でも作業員が襲われる事件があり、工事の作業員たちは力を合わせてそれを退治することにした。夜を待ち、カモシカの肉を焼いて化け物を誘い、槍やドスを持った二〇〇人の作業員がそれを待ち構えた。

　やがて人が這っているような大きさのものが小屋に飛び込んできたため、作業員たちは戸を閉め、松明に火を点けて小屋を囲み、突入した。そこにいたのはやはり黒猫で、目を光らせて作業員たちに襲い掛かって来たが、作業員は何とかこれを小屋の隅に追い詰め、槍や長ドスで突き殺した。

　この黒猫の頭は亡くなった作業員の墓前に供えられ、肉は作業員たちで分け合って食べたが、とても美味だったという。

　黒史郎著『ムー民俗奇譚 妖怪補遺々々』に載る。

猫ユウ

洞窟

狩人に復讐した人食い猫の祟り

　群馬県と新潟県の境にある谷川岳。この山には「猫ユウ」と呼ばれる大きな岩穴がある。この穴は人が一〇人ほど寝泊まりできる空間があり、そばには清水が湧いているため、よく狩人が中で野営をしていた。

　ある日、狩人が猫ユウでまどろんでいると、ぞくぞくとした肌寒さを感じ、目を覚ました。するとどうしたことか、燃やしていたはずの火が消えており、暗闇に包まれていた。

　そこで何やら視線を感じて目を向けると、燃えさしのそばに一匹の黒猫が座って狩人を見つめていた。

　山中にこんな猫がいるのは変だと考えた狩人は、猫を追い払うとすぐに火を点けなおした。

　次第に暖かくなり、まどろんでいると、再び寒気がして目を覚ます。するとやはり火が消えている。これが三、四度と繰り返し起きたため、狩人は寝たふりをした様子をうかがうことにした。

しばらくすると、黒猫が近くの清水に入って体を濡らし、火の近くまで来て体を震わせ、水を飛び散らせて火を消していた。

暗くなったところで自分を食おうとしているのだな、と感づいた狩人は猫が水から上がって来たところを鉄砲で撃った。

その後、死体をよく見ると、暗くて分からなかったが、黒猫の大きさは人間ほどもあったという。

狩人が村に帰ってこの話をすると、村では昔から人を食い殺す山猫が棲んでいると伝えられており、その山猫だろうということになった。

それから数年が経ち、狩人が猫ユウに行くと、死んだ黒猫の骨がそのままになっていた。狩人がこの骨を蹴とばすと、草履を貫いて骨が狩人の足に刺さった。

それから次第に足が痛みだし、全身が腫れ出した。片足を引きずりながら村に帰った狩人はその後も高熱を出し続け、「猫の祟りだ、猫ユウに行ってはだめだ」とうわごとのように言い、三日目に猫のような叫び声をあげて死んでしまったという。

黒史郎著『ムー民俗奇譚 妖怪補遺々々』に載る。

化け橋 山村

流された橋の幻影をつくった妖獣

群馬県の山間の村での話。昭和二二年（一九四七年）頃、ある女生徒が一人で山道を歩いて女学校に通っていたところ、先日の台風で流されたはずの橋が川に掛かっていた。そこでおかしいと思ったとたん、言い知れぬ恐怖を感じ、その場に座り込むと、いつの間にか橋は見えなくなっており、その代わりに猫とも狸ともつかない動物が前足を二本揃えて後ろ足で立ち、彼女の方を見ていた。その奇妙な動物は、あっと思う間にいなくなってしまったという。

松谷みよ子著『現代民話考11 狸・むじな』に載る。

浜平《はまだいら》の大入道 山

怪音とともに現れた大男

群馬県多野郡にある浜平鉱泉の辺りには、大入道がいるという。ある時辺りが薄暗くなった頃、子どもが浜平の辺りを下って来たところ、「ギャア、ギャア」という音と共に大入道が出現した。この大入道は胸一面に毛が生えており、それを手で撫で上げていたという。

　山村民俗の会編『山の怪奇 百物語』に載る。

榛名山の首なしライダー 山道

一三番目のカーブの怪現象

　榛名山を通る道には多くのカーブがある。このカーブのため、走り屋のような人間が集まる傾向にあるが、出現するのは生きた人間だけではないのだという。

　伊香保温泉を過ぎたところに連続するカーブ道の一三番目のカーブで、バイクのアクセルを空ぶかしすると、どこからか首のないライダーがバイクに乗って現れる。これは逃げても逃げても追いかけて来るのだと言われている。

　松谷みよ子著『現代民話考3 偽汽車・船・自動車の笑いと怪談』に載る。首なしライダーは日本全国で語られる怪異だが、事故現場が多数あるためか、山道に出現するものが多い。

榛名神社 神社

卵を飲んだことで天狗に攫われる

　高崎市の榛名山の中腹にある榛名神社。明治の頃、この神社に参詣した男性が行方不明になる事件が起きた。人々は山の中を探すも見つからなかったが、その男性は数日して帰って来た。

　そこで今までどうしていたのか、と尋ねると、男性は天狗に攫われたと言う。どうやら参詣に出掛ける際、生卵を飲んだのが天狗の気に障ったようだ、と答えたという。

　この男性は天狗の面を作り、榛名神社に納めたと伝えられている。

　松谷みよ子著『現代民話考1 河童・天狗・神かくし』に載る。

ハンゴウ池 水場

飯盒をなくした兵士の霊の声

　長野県と群馬県の境に聳える白根山にはハンゴウ池と呼ばれる池があ

る。この山に行軍してきた兵隊の一人が飯盒をなくし、この池で身を投げた。そのためか、雨の降る寂しい夜などはその池から「ハンゴーハンゴー」とすすり泣く声がするという。

松谷みよ子著『現代民話考2 軍隊・徴兵検査・新兵のころ』に載る。

ひとつまなこ 洞窟

岩穴で遭遇した一つ目の男

群馬県の鍋割山には大入道が棲んでいると伝えられている。ある猟師の親子が鍋割山の岩穴に一泊したとき、大入道と遭遇した。この大入道はつるつる頭に大きな目がひとつついているため、ひとつまなこと呼ばれているという。

山村民俗の会編『山の怪奇 百物語』に載る。

武尊《ほたか》神社の祟り 神社

掌の形をした大岩が男を襲う

武尊山にある武尊神社。明治初年の頃、一人の農夫が武尊山に登頂し、武尊神社に参ったが、そこで不敬な振る舞いをした。

その帰り道、この農夫がわき道にそれて林に迷い込んだところ、大きな掌の形の岩が頭上に覆い被さり、抜け出そうとしても丸太のような太さの指が一本一本まるで生き物のように動き、農夫を逃さなかったという。ついに圧死しそうになった農夫は、先ほどの神社での無礼を思い出して大声で詫びると、掌は消えてしまった。これは天狗の祟りだと村の者は噂したという。

松谷みよ子著『現代民話考1 河童・天狗・神かくし』に載る。

群馬県にはいくつか武尊神社と呼ばれる神社があるが、武尊山の草木湖の近くにあり、現在廃神社となっている武尊神社は心霊スポットとなっているという噂もある。この神社には老婆の霊が出るなどというが、恐らくこの武尊神社とは別の武尊神社だと思われる。

モリキ 山

祟りで人死まで出た神木

群馬県上野村にあり、笠丸山の登

山口の入口となっている住居附。この場所にはモリキと呼ばれる山の神が棲む木に纏わる伝承が残されている。

この木は切ろうとしただけでも祟られると考えられており、売買することも禁じられている。かつてモリキを切り、売ろうとした人間はその木を山から降ろす途中に潰されて死んだという。

このため「モリキの木の葉一枚でもけつにたけて（くっつけて）おくな」と言われ、モリキを粗末にすることを戒めたという。

山村民俗の怪編『山の怪奇 百物語』に載る。

山姥の足洗い淵

水場

秋祭りになると下りてきた山姥

群馬県多野郡の叶山には、山姥の足洗い淵と呼ばれる淵がある。昔、この山に山姥が棲んでおり、三頭川の権現様の秋祭りの日である九月二七日になると必ず山から下りてきた。その時山姥が足を洗ったのが足洗い淵なのだという。

この淵は神流川の河原にある大石の中央の窪みに水が溜まったもので、到底淵とは言えないものであるため、石たらいと呼ぶ人もいる。

また、この水で目を洗うと眼病が治る、日照りの時にこの水を汲み出せば雨が降る、という話もあった。

山村民俗の会編『山の怪奇 百物語』に載る。同書によればこの山姥は酒が大好きで、ヤマサントックリという「山三」と書かれた徳利を持ってきて、「酒くれ」と言ってはもらっていった。この徳利にはあまりにも多くの酒が入るため、ある時、村人たちはいつもより早く祭りを終わらせ、やってきた山姥に対しもう酒はないと告げた。すると山姥は「この村は貧乏する」と言って帰って行った。以降、山姥は現れなくなったが、代わりに村の作物はろくなものが育たなくなったという。

ヤマンボ

山村

悪い子を攫って谷底に投げる大男

上野村にある奥名郷という地域で

は、泣く子どもがいると「ヤマンボが来る」といって戒めたという。ヤマンボは大男で、悪い子どもを見つけると高い岩の上に連れて行き、谷底に放り投げると伝えられていた。

　山村民俗の会編『山の怪奇 百物語』に載る。同書によれば実際には権現岳の岩棚に子どもが連れ去られ、置き去りにされた事件があったという。

　名前からして山姥の類かと思われるが、女ではなく男と語られている。

霊を呼ぶ鳥居　神社

鳥居に両手でぶら下がる無数の霊

　群馬県の赤城山に繋がる国道には鳥居があり、この鳥居に両手でぶら下がった霊が出現すると言われている。しかも一人ではなく、早朝に訪れるとたくさんの霊が鳥居にぶら下がっているという。

　宝島社『怨霊地図04年版』に載る。

千葉県

阿久留《あくる》王　山

日本武尊に敗れた製鉄部族の王

　君津市の鹿野山には、かつて鬼が棲んでいたという話が残っている。この鬼の名は阿久留王といい、元々はこの辺りの製鉄部族を支配する王であったが、日本武尊と戦って敗れたという。

　阿久留王は鬼泪《きなだ》山という山に逃れ、涙を流して命乞いをしたが、日本武尊はそれを許さず、一族ごと皆殺しにされたという。

　とよだ時著『日本百霊山』に載る。

うしおに　山

動物除けの鈴で危機を脱した少年

　千葉県の蓮沼村（現山武市）にて、ある少年が祖父と山に山菜取りに行ったときのこと。しばらく山を歩いていたとき、祖父の姿が見えなくなり、少年は慌てて自分の居場所を知らせようと呼子を鳴らそうとした。

　その時、牛に似た真っ黒なものが少年から一〇メートルも離れていない場所に現れた。体は墨のように黒く、二本の角は黒光りし、内側に少し曲がっている。その口からは鋭い牙が覗き、目は少年を睨んでいた。

牛の怪物は地面を掻き、今にも少年に飛び掛かろうとしている気配だったが、少年が背負い籠に付けていた動物除けの鈴が鳴ると、動きを止めた。そこで少年が鈴を手に持ち、鳴らしてみると、次第に牛の怪物は大人しくなり、うとうとし始めた。

そのまま鈴を鳴らし続けると、牛の怪物は人間のようにこっくり、こっくりとし始め、その度にどんどんと地面に沈んでいった。

そしてその直後、祖父が少年の名前を呼んで現れたため、少年は駆け寄って行き、家に帰ってからあの牛の怪物のことを話した。すると祖父は「それはうしおにだ」と答えた。

それによればうしおには真っ黒な牛のような化け物で、出会った人間を角で突き殺し、ばらばらの死体にする。そしてうしおにはいつどの山に出てくるか分からないという。

そして祖父は少年に海や山に行くときは必ず魔除けを持っていけと教えた。

それから何年も経ち、少年は大人になったが、あの日以来うしおにに出会ったことはないという。

2ちゃんねる(現5ちゃんねる)オカルト板に立てられたスレッド「∧∧山にまつわる怖い話Part19∧∧∧」に平成一七年(二〇〇五年)六月八日に書き込まれたもの。

うしおにもしくは牛鬼は日本全国に見られる妖怪で、海や山に出現する話が多い。

また画図として描かれる題材に選ばれることも多く、蜘蛛の体に鬼の頭がついているような姿をしたものが有名。

かぶきり小僧　山道

お茶を勧めてくる子どもの妖怪

千葉県や茨城県で山道に出現すると語られていた妖怪。おかっぱ頭で丈の短い着物を着た小さな子どもの姿をしており、道行く人の前に現れ、「水飲め、茶飲め」と勧めてくるという。これは貉が化けたものとも言われている。

民間伝承の会『民間伝承』五巻二号による。

「かぶきり」は「禿切り」と書き、いわゆるおかっぱのこと。

眼球を探す少年

山

電車に轢かれた少年の幽霊

千葉県のあるキャンプ場では、眼球のない少年の幽霊が出現するという。この少年はシイタケ狩りをしていると突然現れ、「僕の目玉一緒に探して……」と言う。その姿は顔は血だらけで、目の部分は大きな空洞がぽっかりとあいているとされる。

この少年の正体はかつてこのキャンプ場の裏手を走る電車にひかれて死んでしまった少年で、その際に体がばらばらになり、二つの眼球だけが見つからなかったのだという。そのため少年は今も眼球を探しているのだ。

宝島社『怨霊地図04年版』に載る。

キ

山道

巨大な「キ」の文字が横切る

南房総の山間を館山までバイクで走っていた人物が遭遇したという怪異。空いっぱいの巨大な「キ」の文字が音もなく右から左へと横切って行ったという。大きさは五〇メートルから一〇〇メートルほどとされる。

2ちゃんねるオカルト板の「∧∧山にまつわる怖い・不思議な話Part61∧∧」にて、平成二四年(二〇一二年)四月二八日に書き込まれた怪異。

平成二三年(二〇一一年)九月一日には、「∧∧山にまつわる怖い・不思議な話Part56∧∧」スレッドにて、場所は不明だがある小さな山にひらがなの「の」が現れたという話も語られている。これは「の」の字を立体化した高さ二メートルほどの物体で、しゃくとり虫のように体を伸び縮みさせて逃げて行ったという。

山間久住《さんかんくじゅう》トンネルの偽汽車

トンネル

悲鳴とともに消えた機関車

かつて、千葉県の成田と佐原を繋ぐ山間久住トンネル付近に偽汽車が現れたという。昭和元年(一九二六年頃)、機関車が線路を走っていると、正面から予定にない機関車が走って来た。

運転手はひやりとしたが、これは同僚が話していた狸が化けたものだと思い、目をつむってぶつかった。

すると悲鳴に似た声が聞こえたが、機関車は無事だったという。

　松谷みよ子著『現代民話考3　偽汽車・船・自動車の笑いと怪談』に載る。

　日本で汽車が走り始めたころ、多くの汽車が狐や狸が変化した汽車と遭遇した。これらは偽汽車と呼ばれ、人間の動かす汽車の正面から走って来るなどして汽車を停車させるなどのいたずらをした。しかし汽車を停めずに走ると、偽汽車は突然消え去り、狸や狐などの死体が転がっていたとされる話が多い。

シチロウの山　山

砂を掛けてくる貉の悪戯

　浦安市にはかつてシチロウの山と呼ばれる山があり、ここを通ると貉が砂を掛けてきたり、冷たい手で頬を叩いてきたりしたという。

　松谷みよ子著『現代民話考11　狸・むじな』に載る。

成田山の神隠し　山

檜原村で失踪した男が成田山に

　成田山で神隠しになった人物が見つかったことがある。

　その男性は神隠しで知られる呼ばわり山(今熊山)の今熊神社の息子で、東京都の檜原村に山仕事を頼まれてそこに向かう途中、行方不明になった。

　そのため村人たちは呼ばわり山に呼ばれたのだと今熊山を探したが、男性は遠く離れた成田山でうろついているところを見つかった。

　この男性は日頃から成田山に行きたいと考えていたが、神隠しに遭った当日、風が吹いて目にゴミが入ったため、目をこすっていると、それからいつの間にか知らない場所におり、それが成田山だったという。

　松谷みよ子著『現代民話考1　河童・天狗・神かくし』に載る。この話に登場する今熊山については、呼ばわり山の項目を参照。

房総高宕《たかご》山の鉄釜　仏閣

雨を降らせる霊力を持つ釜

　房総高宕山の山頂にある鉄釜は、かつて源頼朝が鎌倉幕府を開いた折、この山に仏像を寄贈したが、その際に煮炊きに使った鉄釜なのだという。元々この仏像が寄贈された観音堂は頼朝が再挙を図る際に籠った場所で、観音像を刻んだのも頼朝であったという。

この鉄釜は雨乞いに使われ、釜に溜まった雨水を竹筒に入れて田畑に撒くと不思議と雨が降り出すのだという。

ただし雨乞いは途中で休んでしまうと効果がないため、一度水を汲んだら麓の村まで走りぬかなければいけないとされる。

とよだ時著『日本百霊山』に載る。同書によれば、この雨乞いは本来、観音堂脇の岩壁から滴る水を汲んでいたものが変化したのだという。

本城山

山城

臆病な殿様のせいで落城

千葉県の本城山には、かつて本納城という城があった。この城は黒熊大膳景吉という臆病な殿様が築いたものだったが、ある時城が大軍に攻められると、山の頂が城ごと高くなり、敵軍は一向に近づくことができず、引き返した。すると山は元のように低くなった。これが幾たびも繰り返されたが、臆病な景吉はもし万が一戦に敗れた際に逃げられるように山の東の中腹から長い穴を掘った。

しかし、この穴が山の咽喉の部分を掘り当ててしまい、多量の瓦礫が吐き出された。しかしなおも景吉は穴を掘らせ、無事に穴は貫通した。

だが急所を抉られた山はもう奇跡を行う力を失っており、敵軍に攻められて本納城は落城したという。

三元社編『旅と伝説』(通巻三五号)に載る。類似した話は福岡県大牟田市の舞鶴城にも伝わっている。詳細は舞鶴の城を参照。

三石観音堂の成長する大石

巨岩

三つの石が成長して道を狭める

房総半島にある三石山には三石観音堂という観音堂がある。この観音堂は広場に三つある大石に食い込むようにして建っているが、どうしてかこの三つの大石は年々成長しており、次第に観音堂へ続く道が狭まっているという。

とよだ時著『日本百霊山』に載る。

同書によれば、三石山の名前の由来もこの三つの大石なのだという。

埼玉県

小豆洗いの婆さん 水場

夜に子どもを攫う老婆の亡霊

毛呂山町を流れる越辺川には、大関堀と呼ばれる用水路がある。昔、この堀に毎晩「小豆洗いの婆さん」と呼ばれる妖怪が出て、夜になって子どもが外に出ると「小豆洗いに攫われる」と言われた。

この小豆洗いの婆さんは当時、堀へ落ちて死んだ「まくらのかかあ」という女の成れの果てで、夜になるとサラサラと小豆を洗う音を立てると語られていた。これはまくらのかかあが寂しくて人を堀へ誘い込もうとしているのだと言われていた。

山村民俗の会編『山の怪奇 百物語』に載る。

愛宕山の狐 山

怪しい光で人々を恐れさせる

埼玉県の愛宕山には、昔から悪い狐が棲んでいるという。この狐は山頂の大松にたくさんの提灯をつけたり、夜道で大声を上げたりして恐ろしがられていた。

また、この山を歩いていた人が火の玉と遭遇したり、麓の家の人が山を見ると提灯の列が並んで歩いていたりといったことに遭遇したことがあるが、これも愛宕山の狐の仕業と言われているという。

また、越辺川へ夜振り(石油を入れた土瓶の口へ古布を差し込み、篠に吊るして火を灯し、淵で眠っている魚を刺すなどする漁法)を行っていると、一四、五もの怪しい光が空から降りてきた。これも愛宕山の狐の仕業で、昭和九年(一九三四年)の夏に起きたという。

山村民俗の会編『山の怪奇 百物語』に載る。

画になった狸 水場

石の上に腰掛けていた大狸

埼玉県の越生町の麦原の辺りでの

話。

ある商人が商売からの帰り道、百貫淵という淵を通りがかった時、石の上に誰かが腰かけていた。

そこでよく見てみると大狸で、驚いた商人は慌てて帰った。その姿がとても面白かったため、近くに住む襖絵描きがその様子を画にした。この画は今も残っているという。

山村民俗の会編『山の怪奇 百物語』に載る。

お稲荷様のお寿司　神社

お供物を食べた男に起きた怪現象

太平洋戦争末期の頃の話。埼玉県の毛呂山の中に、地下工場が造られることになった。

そのため、工員のためにたくさんの飯場ができたが、飯場で働く者は満足に飯も食えず、入浴もできなかった。

そんなある夜、飯場で働く一人の若者が急に裸になり、いい湯だ、いい湯だといいながら外を歩き回った。

翌朝、仲間が彼にどうしたのかと聞いてみると、夜中のことは何も覚えていないと言う。さらに朝方目を覚ますと、近くにお稲荷さんがあり、稲荷寿司が供えられていたので、それを食べてしまったという。

これはお稲荷様の粋な計らいであったとも、狐に化かされたともいわれている。

山村民俗の会編『山の怪奇 百物語』に載る。

オーサキ　山村

人に取り憑き、富をもたらす妖怪

埼玉県南西部の山岳・丘陵地帯である奥武蔵の山村には、オーリキと呼ばれる妖怪が伝えられている。このオーサキは猫よりも小さく、鼠よりは大きく、毛並みはブチで足に水かきがあると言われている。

これに取り憑かれると高熱を出し、うわごとを言うようになる。またオーサキは家に棲み込むことがあり、そういったオーサキは「くわえ込みオーサキ」と呼ばれ、外から財産を運び込むようになる。オーサキのいる家はオーサキ家と呼ばれる。

またいくら金持ちでも道楽ばかりして身を持ち崩すと「くわえ出しオ

ーサキ」となって、他のオーサキのいる家に財産を持ち出して宿替えするという。

　一方、家が道楽をせず、きちんと暮らしていると、中々忠義的な側面を見せ、家から出て行ったものは金銭でも物品でも取り戻しに行くという。そのため、オーサキ家から物をもらったときは、必ずそれ相応のお返しをしなければならない。また子どもが物をねだり、何かもらうとそれを取り戻そうとするオーサキに憑かれるため、物をもらわないよう子どもを教育しなければならないという。

　山村民俗の会編『山の怪奇 百物語』に載る。

　オーサキもしくはオサキは関東地方の山村に広く伝わる妖怪で、オサキギツネといって狐を正体とする場合も多い。

　しかし地域によってその外見や性質は異なる。奥武蔵に伝わるオーサキのように家に憑き、財産をもたらすという話も多く、こういった妖怪は憑きものと総称される。

大高取山の大蛇　山

目撃すると寝込んでしまう

越生町の中心部にある大高取山には、昔から大蛇が棲んでいると伝えられている。この大蛇を見ると必ず寝込んでしまうと言われており、草が倒れている場所があると、大蛇が通った跡だとしてそれを見た人は大急ぎで逃げ帰ったという。

　また、この大蛇を見たと伝えられる話では、見たのは尾だけであったが、金色の鱗を輝かせていたという。

　山村民俗の会編『山の怪奇 百物語』に載る。

オッペの平四郎　水場

子どもを水中に引きずり込む河童

埼玉県の越辺川にはオッペの平四郎と呼ばれる河童が棲み付いており、毛呂山の麓、毛呂山町にある島野の裏と呼ばれる淵におり、よく川に入って来た子どもを水中に引きずり込んだ。

　これはお盆に町の人々が川施餓鬼といって、水難で死んだ人を供養するために川や茄子を流したことによる。河童はこの供養で流される食べ物を喜んで食べたが、この時期に子どもが川に遊びに来ると川施餓鬼の供物と勘違いして子どもを川に引きずり込み、尻に藁苞《わらづと》を差し込んではらわたを食ったのだという。このため、この地域ではお盆に川に行くことを禁じられていた。

山村民俗の会編『山の怪奇 百物語』に載る。

消える山小屋

山小屋

放置された遭難者を弔う御堂

東京都、埼玉県、山梨県にまたがる雲取山。その山小屋である雲取山荘は時折人の目に見えなくなるのだという。それが最初に起きたのは今から半世紀以上前、ひとりの青年がこの山小屋を見つけられず、近くの無人の御堂に避難していた。この御堂はかつて遭難者を弔うため、先代の山小屋の主人の妻がお題目を上げるために使っていた場所だったが、先代の主人が亡くなり、妻も山を下りた後は使われなくなっていた。

それから二〇年後、同じように山小屋が分からなくなったという客が現れた。そして平成一一年（一九九九年）、やはり山小屋が消えたという客が現れた。不思議なことに、小屋の目の前を通っても気付かない客もいた。

このとき、山小屋の主人は最初に山小屋を見失った客が避難したあの御堂を放置しているのが原因ではないかと気が付いた。そこで地元の神社に協力を仰ぎ、御堂を壊して祠を建てた。それ以来、雲取山荘を見失う者はいなくなったという。

工藤隆雄著『新編 山のミステリー』に載る。

嶬峠の天狗倒し

峠

木を切り倒す怪音が聞こえる

飯能市にある嶬峠の裏の椚平という場所では、山小屋に泊まっていると、外で木を切ったり、倒れたりする音がすることがある。しかし朝になって小屋から出てみると周りで木が倒れた形跡はなく、人々はこの現象を「天狗倒し」と呼んだという。

松谷みよ子著『現代民話考1 河童・天狗・神かくし』に載る。

この現象は飯能市の辺りにあった久通、栃尾谷の上の四本松と呼ばれる山などでも発生したという。

雲取山に現れた生霊

山小屋

入院中の男が山小屋に現れる

東京都、埼玉県、山梨県の境界に聳える雲取山。かつてこの山で山小屋の小屋番をしていた男性が、会うはずのない人間に会った。その話によれば、男性がいつものように山小屋で仕事をしていると、以前は月に一、二度は山に来ていた常連客が久しぶりにやって来た。男性は嬉しくなり、その客と深夜まで酒を飲んで話した。

それから半年後、また同じ客がやって来た。しかしその客は自分は入院を繰り返していて、半年前には来ていないという。

そこで不思議に思っていると、その客は入院生活の中で死ぬ前に山に行きたいと強く念じていたことを話した。

そのため男性はその情念のようなものが形になり、山にやって来たのではないかと思ったという。

工藤隆雄著『新編 山のミステリー』に載る。強い思いが生霊となって現れる話は昔から多い。有名な『源氏物語』の葵上を襲った六条御息所《ろくじょうのみやすどころ》も強い思いが生霊として現れた、という話であるため、平安時代には既に語られている。なので現代の山に生霊が現れても不思議ではないだろう。

雲取山の闇

山小屋

友人をおかしくさせた闇

三県に跨る雲取山には、時折人をおかしくさせる闇が発生するという。

ある人物は夜にこの山に登った際、質量を持った闇が周囲から自分を包むような感覚がしたかと思うと、手首と足首が消えていた。そのまま震えながら朝を迎えたところ、手首も足首も元に戻っていたという。

また中学生三人が朝日を見ようと夜にこの山に登った際、農作業小屋で休憩していたが、一人がその闇のせいかおかしくなり、鉈を振り上げて他の二人を襲った。一人はその鉈を持っていた中学生を蹴り飛ばして逃げたが、鉈を持っていた一人と、眠っていた一人はそのまま行方不明になってしまったという。

2ちゃんねる(現5ちゃんねる)オカルト板に立てられたスレッド「∧∧山にまつわる怖い話Part35∧∧」に平成一九年(二〇〇七年)九月一六日、一七日に書き込まれた怪異。前者の話は自身が体験した話として語られており、後者の話はかつてあった事件を語る形で、それも雲取山の闇のせいではなかったか、という書き方で語られている。

袈裟坊

水場

人間の内臓をお中元にする河童

埼玉県の川島町にある伊草という土地には、袈裟坊と呼ばれる河童の親分がいたという。河童たちは人間のはらわたをお中元として袈裟坊に持って行くことを習いとしており、盆の時期になると子どもが溺死する事件が起きやすかったという。

山村民俗の会編『山の怪奇 百物語』に載る。

同書によれば、毛呂山町で女の子が溺死する事件が起きた際、町の者たちが河童の捕獲作戦を行ったが、河童たちは袈裟坊の元に行ったのか、川にはいなくなっていたという。

恋瀬

水場

七夕の日に会う雌雄の大蛇

埼玉県の弓立山には男鹿岩という岩があり、雄の大蛇が棲み付いていた。また雷電山には女鹿岩という岩があり、雌の大蛇が棲み付いていた。

この二匹の大蛇は夜になると里に下りて睦んでいたが、その度に田畑は荒らされたため、村人は困って慈光寺という寺の僧侶に蛇を鎮めてもらうように頼んだ。

僧侶は早速二匹の大蛇を呼びつけ、里へ下りての恋の交わりを禁じ、代わりに年に一度、七夕の夜に都幾川のドウドウ淵の白うなぎを仲人に立てて逢うことを許した。

それからというもの、七月七日の夜には白うなぎが仲人となって、男鹿岩と女鹿岩の大蛇が都幾川の瀬に橋を架けたという。このためこの場所は恋瀬と呼ばれるようになった。

それが今は「越瀬」に代わり、県道には越瀬橋が架けられている。また、このドウドウ淵の白うなぎを見ると目が潰れると考えられており、七夕の夜には外に出ない風習があるという。

山村民俗の会編『山の怪奇 百物語』に載る。

強盗の幽霊

家屋

返り討ちにあった強盗の怨霊

埼玉県の寄居冬住山の麓には、様々な怪談が伝わっている。ある時、この麓にある村の農家に二人組の強盗が押し入った。そこで家のお婆さんは今お茶を入れるから、ゆっくりして好きなだけ盗っていけと言い、湯を沸かした後、隙を見て熱湯を強盗にかけた。そのため強盗の一人が死んだが、これが怨霊となって農家に祟り、家を没落させてしまったのだという。

山村民俗の会編『山の怪奇 百物語』に載る。

四寸道《しすんみち》の天狗

山道

鬼神丸によって去った天狗

埼玉県の越生町には黒山三滝と呼ばれる三つの滝があり、それぞれ男滝、女滝、天狗滝と呼ばれている。この天狗滝は天狗が棲む霊山であったことから呼ばれるようになったというが、この三つの近くの上にある四寸道という難所には、実際に天狗が棲み付いていたという。

ここは低い岩と岩の間を通る山道であるが、この場所にいた天狗は山頂で数百の提灯を連ねたり、大声を発したり、大笑いしたりと様々な珍事を起こした。そこで、近くに住んでいた宮崎兵右衛門という若者が鬼神丸という刀を持って天狗退治に赴いた。

四寸道に行くと頭上に提灯が連なり、大声がしていたが、次第に遠のいたため、天狗が恐れて逃げたのかと兵右衛門が帰ろうとすると、彼を追うように白昼のような灯りとともに大声が近づいてきた。

そこで兵右衛門が刀を抜き、大般若経を唱えながら切りかかった。すると「刀先二、三寸に欠刃あり、ゆえに我は此処を去る」といって百燈とともに消えてしまった。

翌朝刀を調べてみると、天狗の言

う通り切先が二、三寸欠け落ちていたという。

山村民俗の会編『山の怪奇 百物語』に載る。同書によれば、この兵右衛門が使っていた鬼神丸は鬼が打った刀であったという。

柴原鉱泉の蛍

水場

蛍の恩返しで見つかった薬水の泉

秩父市にある温泉、柴原鉱泉は古くから湯治場として知られているが、この由来として以下のような話が伝えられている。

昔、贄川《にえかわ》村に大変心の優しい若者が住んでいたが、ある時道に迷い、山の中へと迷いこんでしまった。

すると前方に明かりが見えたため、民家があるかもしれないと近付くと、それは蛍の光であった。かつて蜘蛛の巣に囚われた蛍を助けたことがあった若者は、その蛍が恩を忘れずに仲間を集めて自分を助けに来てくれたのだと考え、先導して飛ぶ蛍に従って歩いて行った。

やがて開けた場所に出ると、そこには見知らぬ美しい娘がいた。娘は若者に微笑み掛け、優しく手を引いて谷の奥へと案内して行った。そして娘が立ち止まった場所には、薬水の泉がこんこんと湧き出していた。

若者は娘とこの薬水を使って病気の人々を助けることを誓い、家を建てて湯治宿を始めた。この宿は大いに繁盛し、二人は幸せに暮らしたという。

山村民俗の会編『山ことばと炉端話』に載る。

柴原の雨乞岩

巨岩

雨乞いのための最後の手段

秩父市の柴原鉱泉近くには、雨乞岩と呼ばれる岩山がある。この岩は様々な雨乞いを行っても雨が降らなかった場合、最後の手段としてこの岩山に登って雨乞いを行ったために名付けられたという。

ここで雨乞いが行われることが決まると、人々は五人一組を作り、武甲山の水を竹筒に入れ、これをリレー式に運んだ。この時少しでも休むとその場所で雨が降ると言われていた。

この水は途中の諏訪神社、羽黒神

社、宗吾神社に順々に捧げられ、最後に雨乞岩に捧げられたのだという。

山村民俗の会編『山ことばと炉端話』に載る。

峠 正丸峠の走り屋たち

四つん這いの女が追いかけてくる

飯能市と秩父郡横瀬町の境にある正丸峠。しげの秀一の漫画『頭文字D』に登場することでも有名なこの峠は、心霊スポットとしても知られている。

この峠では車に乗せて、と頼んでくる白い服の女を無視すると、その女が四つん這いで走りながら高速で追ってくる、という話が語られる。他にも上半身だけの女や、首のないライダーや骸骨が追いかけてくるという話もある。

他にも口裂け女、人面犬を見たという証言もあるなど、現代の妖怪の人気スポットのような状態になっている。

四つん這いで走ってくる女の都市伝説は全国に分布し、女の方から乗せてくださいと頼んでくるパターンの他、外にぽつんと一人で立っている女をナンパしようとしたところ、無視されたため悪態を吐いて走り去ったところ、女が四つん這いになって高速で走ってくるパターンもある。首なしライダーも同様に全国に出現し、追いつかれたり追い抜かれたりすると事故に遭うなどという。この追いつかれる、追い抜かれると事故に遭うという性質は人面犬にも見られる。

下半身のない女の怪異はテケテケを始めとして様々な名前で語られているが、やはり高速で走る話が多い。口裂け女も車を追ってくる話は少ないが、百メートルを三秒で走るなど、その強靭な脚力について語られることが多い。

つまり正丸峠に出現するとされる怪異は高速移動する怪異がほとんどなのである。

『頭文字D』の影響でこの峠には人間の走り屋がよく訪れるというが、現代の怪異の走り屋たちも集まっているのだろうか。

他にも時速一〇〇キロで走る一〇〇キロババア、牛頭人身の牛女など、高速で走る怪異は多い。彼女らが目撃される日も来るかもしれない。

白岩集落　峠

落武者を狩っていた廃集落

飯能市の峠にあった集落、白岩集落。現在は廃村になっているこの場所だが、この集落がある周辺の峠は鳥首峠と呼ばれている。これはかつて落武者がこの峠に来た時、村の人々が待ち構えて首を取ったことに由来し、元は「取首峠」という名前だったのだという。

吉田悠軌編著『ホラースポット探訪ナビ』に載る。

同書によればこの場所は心霊的な噂がある場所ではないが、吉田氏とその友人らがこの集落を訪れて数日後、同行した友人らが全く同じ夜にこの集落の夢を見たのだという。また、その夢の中では「目のないおじさんが、村の奥からこちらを見つめていた」と皆口を揃えて話したと記されている。

狸が遊びにきた油屋　家屋

囲炉裏にあたりに来た狸

埼玉県の毛呂山町には、狸が遊びに来た油屋があったという。

この油屋の作業場の一角に大きな囲炉裏があるが、昔、この作業場で夜働いていると、「油屋さんこんばんは、油屋さんこんばんは」と声がし、障子を開けると一匹の大狸がやって来て囲炉裏の向こう側に回り、あぐらをかいて暖を取っていったという。特に悪さをするわけでもなく、夜業が終わり、片づけを始めると、静かに帰って行ったと伝えられる。

山村民俗の会編『山の怪奇 百物語』に載る。

秩父湖吊橋の女の霊　水場

恋人に騙された女の霊が死を誘う

埼玉県の秩父湖に掛かる吊り橋、秩父湖吊橋。この橋には友人と恋人に騙され、橋の真ん中から湖に落とされた女性の霊が出現すると言われている。

またこの場所は自殺の名所として知られているが、橋の上から秩父湖を覗いていると、「死ぬことは気持ちの良いことなのではないか」という気持ちが湧いてくる。

これも吊り橋で死んだ女性の霊の怨念が人を死に誘うためなのだと言われている。

他にもこの女性は湖畔にも現れ、殺された当初と同じ、ずぶ濡れの姿で出現すると語られている。

怪奇伝説探究倶楽部編『日本「祟り・呪い」地図』に載る。

天狗猿 山

撃った鉄砲の弾を投げ返した猿

秩父市の鳥首峠の登り道にある白岩集落には、天狗猿と呼ばれる妖怪が伝わっている。この集落の猟師が持山へ仕事に入ったが、獲物が中々見つからず、やっと猿を一匹見つけた。

猟師はこれ幸いにとこの猿を撃ったが、一発撃ってもびくともせず、続けて二発、三発と撃っても猿は猟師を見下ろしたままだった。

ついに持っている弾が尽きた時、猿は今まで撃った弾をまとめて猟師の頭上に投げ返した。猟師はこの猿は天狗の化身に違いないと真っ青になって山を下り、部落の山の神様にぶるぶる震えながら一日中祈ったという。

松谷みよ子著『現代民話考1 河童・天狗・神隠し』に載る。

また、この猟師が住んでいたという白岩集落は現在は廃村になっているが、ここで怪異にあったという話もある。詳細は「白岩集落」の項目参照。

飛び降り貉《むじな》 山道

杉の木から聞こえる謎の落下音

昭和八年(一九三三年)の頃、埼玉県での話。山に囲まれた長崎という地域と中内出という地域を結ぶ細い山道には、途中に藁葺の小さな祠があったという。夜遅くにこの近くを通ると、祠の横に生えた杉の木からどさん、どさんと何かが飛び降りる音がして、人々は恐れて通らなかった。これは貉の仕業と伝えられていた。

松谷みよ子著『現代民話考11 狸・むじな』に載る。

正体不明の怪異が狸、狐、貉といった獣のせいにされる話は多い。この話もそのひとつのようだ。

子ノ権現

神社

足腰の神様として信仰される

飯能市の子ノ山の山中にある寺院、子ノ権現(大鱗山天龍寺)にはこんな由来が伝わっている。平安時代の初めの頃、紀伊国(現和歌山県)に阿字長者という女性がいた。この女性がある夜、夢で神から口に剣を入れられ、懐妊した。そして十二支でいう子の年の子の月の子の日、子の刻に子どもを産んだ。その子どもは子の聖と呼ばれた。

子の聖は成長すると各地を旅して修行し、羽黒山に辿り着いた時、自分が最後に赴く地を求めて般若経を空に投げた。すると般若経は光を放ちながら今でいう子ノ山に落ちたので、子の聖はここに十一観音を祀ろうと考えた。

しかしこの際、山に棲む悪魔たちが子の聖を殺そうと彼が寝ている間に山に火をつけた。その時、神の使いである天竜が現れ、雨を降らせて子の聖を助けた。

これにより子の聖は下半身に大やけどを負ったものの、神仏に祈ったことで治癒した。このため、子の聖は足腰の神と伝えられており、今でも人々が参拝に訪れている。

とよだ時著『日本百霊山』に載る。

畑トンネルのライダーの霊

トンネル

事故防止のために現れる幽霊

飯能市にある畑トンネル。現在は通行止めとなり、立ち入りもできないこのトンネルには、かつて幽霊が出現したという。

昭和五九年(一九八四年)、このトンネルでバイクの事故があり、それ以来、そこをオートマチックの自動車で通るとエンジンが止まったり、速度が遅くなるなどの現象が起きるようになった。

また夜中に行くとバイクに乗った人がいて、カーブをうまく誘導し、トンネルを出ると消えてしまうといわれた。これは事故で亡くなった霊が、スピードを出しすぎると事故を起こすことを教えてくれていたのだという。

松谷みよ子著『現代民話考3 偽汽車・船・自動車の笑いと怪談』に載る。

仏石山《ぶっせきさん》の妖怪

洞窟

僧侶に使役された妖怪

秩父市にある仏石山には、妖怪が棲んでいるという。

この妖怪は岩山である仏石山の鍾乳洞に棲んでおり、元禄時代には日帆という僧侶に法力によって退治された。

その後、日帆はこの妖怪を雑用として使うなどしたが、日帆の死後、解放された妖怪はまた悪さをするようになったという。

この妖怪は昭和の時代になっても現れたと伝えられている。

山村民俗の会編『山の怪奇 百物語』に載る。

古池の大鯰

水場

地震鎮めの要石が置かれる

埼玉県の秩越生町には、かつて古池村という村があり、大きな溜池があった。この池には大鯰が棲み、暴れると地震が起きると言われていた。

このため村人は池に鹿島様を祀り、要石を置いたため、それからは地震の被害がなくなったという。

山村民俗の会編『山の怪奇 百物語』に載る。

鹿島様は茨城県鹿嶋市の鹿島神宮に祀られる鹿島明神で、記紀神話に現れる武甕槌大神《たけみかつちのおおかみ》のこと。この神社にある要石はかつて鹿島明神が地震を引き起こす大鯰の頭と尾を抑えるために使ったと伝えられる。

間瀬峠の神隠し

峠

大人以上の速さで走り去った少女

埼玉県にある間瀬峠には、子どもが消えるという不思議な話が残されている。

大正元年(一九一二年)のこと、山の麓にある家に住む夫婦が、六歳の娘を連れて山仕事に出た。途中、娘は眠気に誘われて一時間ほど眠っていたが、突然目を覚ますと間瀬峠に向かってせっせと歩き出した。

夫婦はこれを見て娘を止めたが、娘は振り向きもせず歩いて行く。驚いて追いかけたが、娘は大人の足でも追いつけないほどの速さで走り出し、角を曲がった瞬間、消えてしまった。

それから夫婦は必死で娘を探し、近所の人々も山をくまなく探したが、見つかったのは娘が消えた岩陰に揃えて置いてある藁草履だけだった。この娘の行方は、今も分かっていないという。

松谷みよ子著『現代民話考1 河童・天狗・神かくし』に載る。

幻のかりんとう 山

部員の数と同じ五個のかりんとう

東京都、埼玉県、山梨県に跨る雲取山。この山に幻のかりんとうが現れた体験談があるという。

雲取山に、ある高校の登山部が縦走に来た時のこと。下級生は疲労のあまり度々幻覚を見たが、最終日になってそれが限界に達した。

とにかく甘いものが食べたい、かりんとうが食べたい、と考えながら歩いていると、目の前の岩にかりんとうが五個置いてあった。それは一年生の部員と同じ数であったため、彼らはそれぞれひとつずつ手に取り、大事に食べた。

一年生たちはきっと上級生が置いてくれたのだろうと考えていたが、後で聞いてみると、上級生は誰もそんなものは置いていないと答えたという。

しかし幻覚だったとしても五人同時に同じものを見て、味や食感を感じたことになる。その縦走からは何十年も経ったが、今でも幻のかりんとうが何だったのかは不明なのだという。

工藤隆雄著『新編 山のミステリー』に載る。

豆口峠の大入道 峠

大入道とともに空を飛んだ男

飯能市にある豆口峠には、かつて巨大な入道の妖怪が出たという。ある男性が夜にこの峠を通ると大入道がおり、ついてこいと言うためついて行くと、岩の上に立って山の向こうまで飛んでみろと告げた。

男性はどうせ殺されるかもしれないと思い切って飛んでみたところ、不思議なことにその体は鳥のように空を飛ぶことができた。そうして男性は大入道とともに各地の山々を飛んだが、夜が明けて気が付いたときには元の豆口峠でぐったりとしていたという。

松谷みよ子著『現代民話考1 河童・天狗・神かくし』に載る。

水子の声　仏閣

風もないのに回る風車

秩父郡小鹿野町にある鷲窟山観音院は秩父三十四所観音霊場のうち三一番札所に当たる寺院で、観音山の山中に建立している。

そしてこの寺の手前には紫雲山地蔵寺があるが、この寺は現世に生まれることができなかった水子の弔いのために建てられた寺だという。

そのためか、今でも夜にこの寺の近くを通ると風もないのに万体地蔵に供えられた風車が回ったり、地の底から「お母さん、殺さないで!」という声が聞こえてきたりするという。また寺の石垣がいつの間にか胎児の形になった、という話もあるようだ。

室生忠著『都市妖怪物語』による。

三峯神社の狼　神社

狼が生まれると信者が百人増える

埼玉県の三峰山にある三峯神社。この神社は狼信仰で知られ、様々な狼に纏わる伝説が残されている。

奈良時代の歴史書『日本書紀』には既に三峰で道に迷った日本武尊を狼が導いたという話が載せられている。この時、日本武尊は狼に感謝し、そこに宮を建てて伊弉諾、伊弉冉の二柱を祀り、狼を神の使いとしたという。

これが三峯神社の起源となったが、この山にいる狼にはこんな伝説もある。

この山の狼は、昔修験者が連れてきた一匹の狼が増えたものだという。山で狼が子を産む度、三峰講の信者が百人増える瑞兆だと伝えられ、狼がお産をする場所は神聖視されたという。

また社務所に入った盗賊が宝物を盗んで逃げたことがあった。三峰の狼は泥棒除けとして信仰されているが、この時は逃げている盗賊の周りに狼たちが現れ、取り囲んだ。恐れおののいた盗賊が謝罪して宝物を返すと、狼たちはいなくなったという。

山村民俗の会編『山ことばと炉端

話』に載る。このように狼が神聖視されていた山は多いが、現在ニホンオオカミは絶滅してしまったため、今は信仰が残るばかりになっている。

モモンガー

山村

モモンガーに目を塞がれる

毛呂山の麓にある毛呂山町では、昔、モモンガが恐ろしい動物だと信じられていた。

モモンガはモモンガーと呼ばれ、子どもが夕方暗くなるまで外にいると、「モモンガーに目を塞がれる」と言われたという。

山村民俗の会編『山の怪奇 百物語』に載る。

モモンガが妖怪視される例は他にもあり、モモンガやムササビが野衾《のぶすま》という妖怪として語られたり、モモンガという言葉自体が化け物を表す言葉として使われることもあった。

弓立山の天狗

山小屋

夜になると山小屋を揺する

埼玉県の弓立山の近くにある山入集落では、夜になると天狗が山小屋を揺するという。

ある時、山小屋に泊まった人が小屋を揺すられたため、窓の外を見ると赤い顔をした大男がいた、という体験談も語られている。

松谷みよ子著『現代民話考1 河童・天狗・神かくし』に載る。

吉見百穴の亡霊

墓場

幽霊の目撃情報が多発する遺跡

吉見町にある吉見百穴は岩山にたくさんの穴が空いた遺跡だが、これは古墳時代後期の横穴墓群の遺跡なのだという。

また第二次世界大戦時にはこの場所に地下壕や地下軍需施設が造られたという。

墓を暴かれた古代人の祟りか、地下を工事していた際に死んだ人々の怨念か、この場所ではよく亡霊たちが目撃されているという。

吉田悠軌編著『ホラースポット探訪ナビ』に載る。

Column

山の怪人とその正体

山男、山女、山姫、山姥、山爺、山童。山と名前がつく妖怪は多いが、これらは山の後ろに人間を形容する言葉がついている妖怪たちだ。アイヌにもキムナイヌ（山にいる人）と呼ばれる妖怪がいる。

このような山に棲む人の姿をした妖怪は全国にいるが、村上健司編著『妖怪事典』では、山姫と呼ばれた存在が実はかつて行方不明になった村の娘だった事例を取り上げ、山女や山姥、山男といった存在の中には、こういった本来人間だった例が少なくなかったのではないかと述べている。

実際、愛知県には山に入って山姥になった女の話が残されている（山姥になった女参照）。山の妖怪に攫われ、山の中で暮らし、子を産んだ人間の話も多い。またアイヌには時折山を下りてきて人を攫うオササンケカムイと呼ばれる者たちがいたが、これは山に住む先住民族だったのではないかと語られている。

かつて、山は人里とは別の世界だった。山の妖怪たちの中には、そんな未知の世界に棲んでいた、我々と同じ人間たちがいたのかもしれない。

中部地方

中部地方

滝壺の女

水場

水面に広がった長い髪の毛

中部地方の山地の中にある滝に現れるという亡霊。

ある釣り人が中部の山地の滝で釣りをしていたところ、何かが凄い力で釣り糸を引っ張った。それと同時に水面に長い髪の毛が広がり、人が落ちていると思った釣り人は慌てて山を下りて泊まっていた民宿にこのことを話した。しかし民宿の人は驚いた様子もなく過去にあった事件のことを教えてくれた。

かつてこの山に登り、行方不明になった女性がいた。彼女の死体は見つからなかったが、その亡霊はどうしてかずっと滝壺におり、そこで目撃されているのだという。

平川陽一著『山と村の怖い話』にある。

中部の姥捨山

姥捨山

姥捨山を徘徊する老婆の霊

中部地方のある山は、かつて姥捨山として使われていたという話がある。

この山にはいまだに捨てられた老婆たちの霊が出現するとされ、山にある温泉宿の温泉に老婆の霊が現れるなどと語られている。

平川陽一著『山と村の怖い話』にある。

山梨県

安全落下

山

三〇〇メートル落下したのに無傷

ある男性が中学生のころ、北杜市にある瑞牆山《みずがきやま》に父親とともに登っていたときのこと。山頂付近の岩場で枯れ枝に引っかかり、斜面に投げ出されてしまった。

男性は大岩に当たり、跳ねながら落ちて大きな松の木の根元にぶつかって止まった。最終的に三〇〇メートルは落ちたが、一切怪我はなかった。その理由は不明だったという。

2ちゃんねる(現5ちゃんねる)オカルト板に立てられたスレッド「∧∧山にまつわる怖い話Ｐａｒｔ20

＜＜＜」に平成一七年（二〇〇五年）七月二二日に書き込まれた怪異。

犬隠し

水場

犬だけが迷う怪奇スポット

長野県から山梨県に連なる八ヶ岳にはマモノ沢と呼ばれる場所がある。この場所が禁猟区に指定される前、猟師たちはマモノ沢に犬が迷い込むと戻って来られなくなると言い伝え、マモノ沢の奥を「犬隠し」と呼んだ。

しかし主人がこの場所に犬を迎えに行くと連れ帰って来ることができたため、犬だけが迷う不思議な場所だったという。

山村民俗の会編『山の怪奇 百物語』に載る。

おいらん淵

水場

口封じのために殺された遊女

甲州市塩山一之瀬高橋にある史跡、おいらん淵。その名前の由来は次のようなものだ。

戦国武将、武田勝頼の死に伴う甲州征伐の折、武田氏の隠し金山といわれた黒川金山が閉山となり、その秘密が漏れることを防ぐため、武田軍は鉱山労働者の相手をしていた遊廓の五五人の遊女を殺すこととした。

そして酒宴の際に柳沢川の上に藤蔓で吊った宴台の上で彼女らを舞わせ、その蔓を切って宴台もろとも淵に沈めてしまった。そのため、この場所では遊女の幽霊が度々目撃されており、今でも現れるという。

別冊宝島『現代怪奇解体新書』の小池壮彦「おいらん淵の真実」によれば、実際に事件があったのはこの場所よりも更に上流のゴリョウ滝の辺りであったとされ、事件を説明する看板と小さな供養碑が建てられている。

また花魁という言葉はそもそも江戸時代、吉原遊郭にて生まれた言葉であり、当時は高級遊女を指す言葉であったため、少なくともこの場所がおいらん淵と呼ばれるようになったのは戦国時代からかなり年を経た後だと思われる。

お経堂

祠

雨を降らせる霊力を持つ剣

山梨県の十二ヶ岳の頂上には「お

経堂」と呼ばれる堂がある。この堂はかつて十二ヶ岳の岩上で座禅修行をし、ついに富士山登山を達成したという役行者の業績を称えて造られたもので、元は「お行堂」だったものが後に「お経堂」と呼ばれるようになったのだと伝わっている。

この堂の中には一振りの剣が奉納されているが、この剣は雨乞いの際に使われた。付近の村人たちはほら貝を吹き鳴らし、鉦や太鼓を叩き鳴らしながら行列を作って十二ヶ岳に登り、大声で天に向かって「十二ヶ岳のお行堂、天に雨は絶えとうか。茄子も南瓜もうち絶えとり。妻や子どもをどうするどう」と雨乞い唄を歌う。そのままお経堂に到着すると、ひとしきり祈願をして奉納された剣を持って山を下り、剣を河口湖に沈める。やがて雨が降り出すと、引き上げられて堂に返されるのだという。

山村民俗の会編『山ことばと炉端話』に載る。

鬼ヶ岳　山

悪行をつくした鬼の棲家

山梨県に聳える鬼ヶ岳。この山の名前の由来は、山に鬼が棲み付いていたことによるという。

この鬼は時折山から下りてきて悪事を働いた。つむじ風を起こして人を攫い、手足をもぎ取って村に落とすなどその悪事は尋常のものではなかった。

この鬼を退治し、改心させたのが役行者であったという。

山村民俗の会編『山ことばと炉端話』に載る。

河口湖の河童　水場

河童から伝授された火傷の治療薬

富士山の北側の麓にある河口湖には、この湖を縄張りにしている河童がいたという。この河童は人間が湖に入って来ると尻から腕を突っ込んで尻子玉を抜くため、河童が出現する夕暮れ時に湖に入ってはいけないと言われていた。

しかし江戸時代のある時、長浜村のある男が隣村の祭礼で酒を飲んだ帰り道、酔って河童のことを忘れ、湖畔の道を歩いていた。

その時、男の足を水気のある柔ら

かいものが掴み、力を込めて湖に引き摺り始めた。見ると男の足に猿に似た青黒い顔の妖怪がしがみついており、頭髪はバサバサで、目ばかりぎょろりと光っていた。河童だと分かったときには自分でどうにかすることもできず湖に引き摺り込まれそうになってしまった。

　この時、男は河口湖の河童は皿の中に三つの穴があり、そこへ指を突っ込むと怪力を失うという古老から聞いた話を思い出した。男が夢中で指を皿に突っ込むと、河童は悲鳴を上げてうずくまってしまった。

　そこで男が河童を殺してしまおうとすると、河童は涙を流して命乞いをした。男は命だけは助けてやると言ってその場を去った。

　翌朝、目が覚めると、河童が置いて行ったと思われる火傷の薬とその調合の仕方を書いた秘伝書があり、男はそれを使って大変に繁昌したという。

　山村民俗の会編『山ことばと炉端話』に載る。富士山の場合、南麓の富士市にある唯称寺にも河童に纏わる伝説が残されている。詳細は唯称寺のカワスを参照。

クモイコザクラ　峠

愛憎から焼き殺された娘

　山梨県にある三ツ峰峠には、クモイコザクラと呼ばれるサクラソウが咲く。このサクラソウの由来は以下のようなものだ。

　国中地方の八千代郡に「とよ女」という美しい女がいた。彼女は三ツ石峠山の権現様を深く信仰していた。

　村の男たちは皆このとよ女に心を寄せていたが、とよ女は誰にも心を開かなかった。そのため、権現様の祭りの日、とよ女が権現様にお参りに行くのを待ち伏せていた一人の若者が、枯草に火をつけて彼女を焼き殺してしまった。

　翌年、春になると彼女の死んだ場所にかわいらしい紫紅色のサクラソウが一斉に咲き出した。人々はその花の美しさを称え、「クモイコザクラ」と呼ぶようになったという。

　とよだ時著『日本百霊山』に載る。同書によれば、生物学的にいえばクモイコザクラはコイワザクラの亜種で、今も権現様の祭りの頃になると岩肌に花を咲かせるという。

幻想集落

山梨

幻のラーメン屋とガソリンスタンド

ある男性が山梨県の山道を走っていたときのこと。突然土砂降りの雨が降り始めたため、できるだけスピードを落として走っていると、急に雨が止んだ。そこで休憩しようと近くのラーメン屋に入り、「さっきはすごい雨でしたね」と言うと、「雨なんて降ってませんけど……」と店員に言われた。局地的な雨だったのかと思い、店を出ると、今度は道に迷ってしまったため、ガソリンの補給ついでにガソリンスタンドに寄り「ラーメン屋さんの方から来たのですが」と尋ねると、今度は「この近くにそんなラーメン屋はないですけど」と言われ、「今日はさっきまで大雨が降っていたし、この先の山道は規制で通れなくなる」と教えられた。

そこで少し走ったところにあった旅館にチェックインしようとすると、「今日はお天気も良いし、お夕食までの間、この先のパノラマラインをドライブしてみてはいかがでしょう。この近辺にはガソリンスタンドがないので、給油はその先になりますが」と言われる。

混乱した男性は宿泊をキャンセルし、東京に戻ることにした。しかしあの地域が一体何だったのかは分からなかったという。

2ちゃんねる(現5ちゃんねる)オカルト板に立てられたスレッド「＾＾山にまつわる怖い話Ｐａｒ20＾＾」に平成一七年(二〇〇五年)六月二三日に書き込まれた怪異。

子授け地蔵

山

毎朝残される子どもの足跡

山梨県の鳳凰三山の地蔵ヶ岳には賽の河原と呼ばれる場所があり、多くの地蔵が並んでいる。この地蔵は子授け地蔵と呼ばれ、子どもが欲しい夫婦がこの石仏を借りて家に祀っておくと、不思議に子宝に恵まれると伝えられている。そして子どもを授かった夫婦は二体の石仏を賽の河原に返す風習があり、数百体の地蔵がこの場所に立っているという。

また、毎朝この砂礫地には七、八歳ぐらいの子どもの足跡がいくつもついていると言われている。

とよだ時著『日本百霊山』に載る。

地蔵岳の狒々《ひひ》

峠

銃で撃たれても平気な赤髪の化け物

近世の頃、地蔵岳（現山梨県の地蔵峠）の半腹までやって来た猟師が、谷の向こうに巨大な化け物を見た。その化け物は座っているにもかかわらず七尺（約二・一メートル）の大きさがあり、体には衣服を纏わず、頭には赤髪が生え、その髪を振り乱して東西を見ていた。猟師はこれに狙いを定め、銃を放ったが、弾丸が化け物の腹を貫いたにもかかわらず、化け物は痛がる様子もなく泰然として座っていた。

しばらくするとその辺りに生えた草を引き抜き、血の滴る傷に押し込むと、悠々と立ち上がって山へ登って行った。これには猟師も恐ろしさに体が震えた。これは狒々《ひひ》の類ではなかったかと言われている。

近世の甲斐国の地誌である『裏見寒話』に載る。狒々は山に現れるという巨大な猿のような妖怪で、全国に伝承が残る。

四尾連湖《しびれこ》の怪牛

水場

二人の男を殺した牛の化け物

山梨県市川三郷町の蛾ケ岳山頂付近にある湖、四尾連湖。この湖にはかつて牛の化け物が現れたと伝えられている。

ある時、二人の猟師がこの山に迷い込み、巨大な牛に襲われた。一人は怪牛の角で突き殺され、もう一人は必死に弓で対抗したが、怪牛は血を散らしながら轟音を鳴らして雲と雷を呼び、三日三晩にわたり豪雨を降らせた。

それから二人の猟師の死体と怪牛の死体が湖で発見され、事の次第を知った人々は猟師二人の墓石を建て、竜神堂を建てて怪牛を祀ったという。

山村民俗の会編『山ことばと炉端話』に載る。

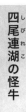

新左衛門《しんざえもん》

山

鬼になり暴風雨を起こした怪人

甲斐市と北杜市の間にある金ヶ岳には、新左衛門と呼ばれる怪人がいるという。これは元々人間であったが、いつの頃からかこの山の中に入り鬼のような姿となり、何百年も生き続けているのだという。新左衛門はいつも山の中を駆け回り、時には暴風や雷雨を起こし、村の人々はこれを恐れ、新左衛門と名前を付けて呼んだという。

とよだ時著『日本百霊山』に載る。

峠 大菩薩峠の謎の女

巨大な舞茸を御礼に渡される

山梨県東部にある大菩薩峠でのこと。四人の登山者たちがこの山を登り、見晴らしの良い場所で小休止を取っていた。すると藪の中から女がしくしくと泣く声が聞こえてきたため、藪の中を四人で手分けして探すことにした。しかし一人が戻ってこない。

そこで残った三人で捜していると、二時間以上も経ってからなぜか八〇センチを超えた舞茸を背負って登山道を降りてきた。

その男性が言うことには、藪の中に入ってからすぐに声の主である女を見つけたが、すぐ近くで同行者が怪我をしていると言うため、彼女についで行った。途中、直径一五センチの細い木が道を塞いでいたが、女がこれをどけてほしいと言うため、その通りにすると、女はある方向を指して「ありがとうございました。こちらへお帰り下さい」と言う。

怪我をした同行者はどこか、と聞いても「もう大丈夫ですから」としか言わないため、少し頭にきて問い詰めてみると、女は指さした方向へどんどん進んでいく。それを追うと、「お礼にこれをお持ちください」と舞茸を指さして消えてしまったという。

2ちゃんねる(現5ちゃんねる)オカルト板に立てられたスレッド「∧∧山にまつわる怖い話Part18∧∧∧」に平成一七年(二〇〇五年)四月八日に書き込まれた怪異。

山 天子ヶ岳《てんしがだけ》

ツツジの枝を折ると雨が降る

山梨県の天子ヶ岳という山にはヨウラクツツジという植物が生育している。この木の枝を折ると山の神が怒り、雨を降らせるという言い伝えがあり、雨が降らない日が続くと若者に山頂に行かせ、枝を折って一目散に逃げ帰らせるという雨乞いの方法があったという。

山村民俗の会編『山ことばと炉端話』に載る。

バンジョメ　山

太陽に逆らって飛ばされたお爺さん

昔、今で言う山梨県の黒部の山の麓のバンジョメというところに、欲張りな爺さんと人のいい婆さんが百姓として暮らしていた。

ある時、爺さんが田植えをしていると、あと一枚というところで太陽が沈んでしまおうとしていた。爺さんはそれに怒り、そばにあった柄振りを掴むと、沈もうとしている太陽をこすぎ上げ、「もっと三尺上がれ」と怒鳴った。

すると太陽は本当に三尺上がったが、空がにわかに曇り、大風が起きて爺さんは空に飛ばされ、飛んで行ってしまった。

婆さんがそれを悲しみ、東の空をじっと見つめていると、風が止んで雨になり、雨が止んだ後の朝日岳に爺さんと柄振りの姿が現れた。

それからというもの、毎年その時期になると大風の後に雨が降り、爺さんと柄振りの姿が朝日岳の山肌に現れるようになった。

それで誰とはなしに、この姿を見ると里の人たちは「今年もバンジョメが出た」というようになったという。

山村民俗の会編『山ことばと炉端話』に載る。

光る小人　山小屋

身長二〇センチで紙ほど薄い人間

山梨県のある山での話。一人の男性が山小屋で泊まっていると、夜に二〇センチほどの身長の人型の存在と遭遇した。この小人は白く発光しており、前に一体、後ろに二体と三角形に並んでいた。

その時は寝たふりをしていたが、やがてうとうととしていると、小人たちは男性の胸に上って竹串のようなもので彼をつついていた。小人たちは紙のように薄っぺらい姿をしていたという。

男性が驚いて叫び声を上げると小人たちは逃げて行った。

それからその前日に同じ部屋に泊まった友人に話を聞いたところ、巨大な手に胸を叩かれたと話したという。いずれにせよ小人も巨大な手も正体は分からなかったようだ。

2ちゃんねる(現5ちゃんねる)オカルト板に立てられたスレッド「∧∧山にまつわる怖い話Part22∧∧∧」に平成一七年(二〇〇五年)一〇月三日に書き込まれた話。

火消しに化けた狸　山道

断崖絶壁に落ちるのを助けた火の玉

昭和五〇年(一九七五年)頃のこと、ある人々が車を走らせて韮崎インターを降りたあたりで道が分からなくなった。夜中の三時頃、山の中で向こう側が明るくなったため、そちらに向かって車を走らせると、昔の火消しの姿をした男性が五〇人ほど手に提灯を持って立っていた。

そこはちょうど道が二手に分かれていたため、どちらに行けばいいかを尋ねたところ、男性たちはにやにや笑いながら片方の道を指さした。そこでその道を走ったところ、後ろから車でも来たように明かりが差し、火の玉が横を通り過ぎた。

慌てて車を停め、降りて前を見ると、そこは断崖絶壁になっていた。真っ青になって引き返し、さっきの分かれ道のところまで戻ると、あの火消したちはいなくなっていた。そしてその時になって、あの男たちの顔が狸だったことに気付いたという。そしてもう一方の道を走ったところ、無事に目的地に着いたが、断崖絶壁から落ちる寸前を救ってくれた火の玉は神様だったのではないかと思ったという。

松谷みよ子著『現代民話考11 狸・むじな』に載る。

百獣の王ノヅチ　山

転がりながら高速で走るUMA

山梨県の道志村には、山に出るノヅチという妖怪が伝えられていたという。

これは胴体が五升瓶ほどの大きさがある蛇で、頭と尾で転がるように地面を打ち、矢のような速さで走り抜けていくという。村民はこれを「百獣の王」と恐れ、警戒していたと伝えられている。

松谷みよ子著『現代民話考9 木霊・蛇・木の精霊・戦争と木』に載る。

富士山の光 山

死の予兆が見える中学生

ある中学生が林間学校で河口湖へ赴いた際のこと。その中学生が集合時刻に遅れまいと急いで学校へ向かっていたとき、車に轢かれて死んでいる野良犬を見かけた。

それから無事林間学校へ向かうことができた中学生だったが、バスの中で富士山の山頂が眩しく光っているのを見た。しかし隣の友達はそんなものは見えなかったという。

その夜のこと。就寝時間を過ぎても同じ部屋の友人らと遊んでいた彼だったが、見回りの先生が来たため、慌てて布団を被った。しかし先生がドアを開けたとき、薄目でその姿を見ると、先生の顔が白く光って見えた。それは昼間に見た富士山の光とそっくりだった。

中学生は目を開けたことが先生にばれ、こっぴどく叱られたが、それから約一〇日後、この先生が死んだという報せが彼の元に届いた。その死因は多数の野良犬に群がられ、殺されたためだったという。

実は中学生が林間学校に向かう朝、登校途中に見た野良犬の死体はこの先生によって轢き殺されたものだった。

そして中学生はそれ以来、たまに町中で顔が光っている人を見るようになった。しかし彼らのその後がどうなったのかは、知らないようにしているという。

アイプロダクション編『海の怪談・山の怪談』にある。

吹雪を見せた狐 山

幻の吹雪を見た人

山梨県での話。ある人物が山を下っていると、吹雪であった天候が突然おさまった。その上、地面にもどこにも雪など見当たらない。これは狐が化かしていたのだという。

松谷みよ子著『狐をめぐる世間話』に載る。

鳳凰三山《ほうおうさんざん》の亡霊

山

赤いセーターを着た学生の幽霊

山梨県の南アルプス北東部に存在する地蔵ヶ岳・観音ヶ岳・薬師ヶ岳の三山。これを総称し、鳳凰三山と呼ぶ。

この鳳凰三山には、かつてこの山で死んだ学生の幽霊が現れると噂されている。

この幽霊は学生が死んだ直後と思しき時から出現しているが、誰かに危害を加えることはなく、赤いボロボロのセーターを着て、ただ一点を見つめたままどこかへ去って行くという。

平川陽一著『山と村の怖い話』による。

孫右衛門《まごえもん》天狗

山

百歳以上生きた言葉が通じない怪人

北杜市と甲斐市に跨る茅ヶ岳には孫右衛門という怪人の話が伝わっている。

この怪人は元々人間であったが、山に入って行方不明になり、その後仙人となって百年以上にわたって生きたという。その姿は髪は長く、目は大きく、草や木の皮を衣服として纏い、人の言葉は通じなかったとされる。

また孫右衛門と遭遇すると、暴風と黒雲が発生して山を覆い、嵐が起きたともされる。

江戸時代の地誌『甲斐国誌』に載る。

とよだ時著『日本百霊山』によれば、明治から大正時代にかけて著された『本朝神仙記伝』に、近くの村人たちはこの孫右衛門を恐れて孫右衛門天狗と呼んでいたと記されているようだ。

真夜中の蝋燭

山小屋

消しても再び灯る蝋燭の怪現象

山梨県の北東部に位置する大菩薩嶺では、山小屋で起きた怪異譚が語られている。

太平洋戦争が開戦する年の晩秋、五人の若者がこの山に登り、泉水谷に入った。その途中で見つけた掘っ立て小屋で夜を明かすことにした。

夕食後、蝋燭の火を消して眠りについたところ、真夜中になって何者かに肩をゆすられ、若者の一人が目を覚ました。しかし辺りを見回すと全員眠っており、それなのに消したはずの蝋燭が灯っている。そこで蝋燭を消して再び眠りについたが、また何かの拍子に目を覚ますとやはり蝋燭の火が灯っている。

それが何度か続き、ある時じっと蝋燭を見つめていると、なぜか火の根元が溶けることなく、逆に上に向かってじりじりと伸びていることに気づいた。

これに驚いた若者は他の仲間たちを起こし、皆でこの蝋燭をじっと見つめていた。その間も蝋燭はじりじりと上に伸び続けていたという。

上村信太郎著『山の不可思議事件簿』に載る。

迷惑な山の神 山

謎の老人に連れまわされた少年

福地村(現富士吉田市)には、迷惑な山の神が現れたという。

明治時代のこと、滝次郎という子どもがいつものように薪を取りに山に登ったところ、そのまま帰って来なくなった。そこで彼の養父が心配をして滝次郎の実兄、儀助を呼んで捜しに行こうとしたところ、家の裏手でどさりという音が聞こえた。見に行ってみると、滝次郎が山のように薪を背負って気絶していた。

滝次郎を介抱し、目を覚ましたところで何があったのか聞いてみると、滝次郎は山に登っていつも通り薪を集め、休憩していたところ、どこからか怪しげな白髪の老人が白馬に乗って現れたという。そこで滝次郎が「狐狸妖怪の類であろうが、神に仕える俺がお前の自由になるか」と言ったところ、老人は笑って馬から降り、「面白い男だ。今から俺と遊べ」と言って滝次郎が拒否するのも構わず連れまわした。そして見慣れぬいでたちの二人の男の元に連れて行くと、木を引っこ抜いたり、ねじ切ったりして遊び始めた。そして滝次郎にもやってみろと言うため、尻込みをしていたが、滝次郎に木を抱えさせ、白髪の老人が力を添えると、面白いように木を引っこ抜くことができた。

これは面白いと遊んでいると、やがて日が暮れ始めたため、老いた養父がいるから帰りたいと申し出ると、老人は彼を元の場所に戻し、たくさんの薪を背負わせた後、谷に突き落とした。すると不思議なことに家に戻ってきていたのだという。

　またこれ以来、滝次郎は女は不浄と言うようになり、別間に閉じこもり、いつも疲れ果てているような様子で寝てばかりいるようになった、と語られている。

　湯本豪一編『明治妖怪新聞』に載る。同書によれば、これは明治一三年（一八八〇年）一〇月二六日の『東京絵入新聞』に掲載された記事だという。

夜叉神《やしゃじん》峠

峠

疫病・洪水を引き起こした神

　山梨県の南アルプスの入口に当たる夜叉神峠には、こんな由来が残されている。

　かつて水出川（現御勅使川）の上流に、身の丈二〇メートル以上の夜叉神が棲み付いていた。この悪神は疫病を流行らせ、洪水を起こし、暴風雨を操ったという。特に平安時代の初め、天長二年（八二五年）に起こった洪水は大きな被害を与えたため、甲斐国造である文屋秋津はこの惨状を朝廷に奏上し、それを聞いた淳和天皇は早速勅使を送り、水難除けを祈った。このために水出川は御勅使川と名前を変えたという。

　また他の伝説では、この辺りに住む村人たちは夜叉神の尋常ではない暴れ方に恐れおののいていたが、どうにかしなければと夜叉神を祭り上げ、御勅使谷を一望できるこの峠に石の祠を建てて夜叉神を封じ込めたという。これ以降も念入りに祭祀したためか、それから災害はなくなり、夜叉神は豊作の神、縁結びの神として信仰されるようになり、今も続いているという。

　とよだ時著『日本百霊山』に載る。

竜ヶ岳

水場

被災者を救った龍神

　山梨県の本栖湖の南には竜ヶ岳と呼ばれる山があるが、その山頂には池があり、竜神が棲んでいると伝えられている。この竜神は平安時代、貞観六年（八六四年）に富士山が噴火した際、逃げ惑う村人たちに水を吹き散らし、救ったと伝えられる。またこの山に雲がかかると必ず雨になるという言い伝えもある。

山村民俗の会編『山ことばと炉端話』に載る。

竜宮の洞穴　洞窟

天に昇った龍の棲処跡

富士山の北麓にある西湖の湖岸近くには、竜宮と呼ばれる洞窟がある。伝説によれば、平安時代の貞観六年（八六四年）に富士山が噴火した際、溶岩がこの地に流れ出し、湖に浸入した。この時、湖の竜神が水を吹いて天に昇っていった。

竜神の去った後は溶岩で埋められたが、竜宮だけ巨大な空洞が残り、洞窟の中は一年中氷が張っているという不思議な現象が起きるようになったという。

山村民俗の会編『山ことばと炉端話』に載る。

長野県

秋山ムジナ　山村

大好評だった貉のお灸

長野県には秋山郷と呼ばれる山間地域があるが、この地域に棲む秋山ムジナという貉がおり、灸の据え方を知っていたという。

秋山ムジナは「おらあ、秋山の灸点だが、灸据えるものはいねえか」と言いながら歩き回り、そこかしこで灸を据えていた。この灸は中々効くと評判だったと伝えられている。

またこの貉は腹の部分に全く毛がなかったと姿の証言も残されている。

松谷みよ子著『現代民話考11　狸・むじな』に載る。

天日矛《あめのひぼこ》　山

八岐大蛇を退治した槍

長野県と岐阜県に跨る槍ヶ岳。この山には、天日矛と呼ばれる槍があったと伝えられる。この槍は矛先が常に燃えているという槍で、那須国造はこの槍を使って八溝山に現れた八岐大蛇を退治したのだという。

藤沢衛彦著『雪ある山山の伝説』（『旅と伝説』通巻一号収録）に載る。

八岐大蛇退治の詳細は八溝山の八岐

大蛇の項目を参照。
天日矛は『古事記』や『日本書紀』において百済の王の名前として登場するが、この王とは関係ないようだ。

有明山　山

女性に冷笑されて成長をやめた山

安曇野市に聳える有明山だが、この山は山そのものに纏わるこんな伝説が残っている。

かつて、有明山は毎日少しずつ高くなる山で、このままいけば日本一の高さになるだろうと言われていた。しかしある日、一人のお腹の大きな女性が立小便をしながら有明山を見てせせら笑い、「毎日、毎日、あんなに持ち上がって、つまりはどうするつもりズラ」と言った。するとその日から有明山は高くなることをやめたという。

とよだ時著『日本百霊山』に載る。

一夜山《いちやさん》の鬼　山

遷都を中止させた急拵えの山

長野市にある一夜山。この山は由来として以下のような伝説が語られている。

昔、ある帝が、今この山のある辺りに城を造ろうとやって来た。これを知った鬼たちが「ここに城を建てられたら自分たちの居場所がなくなってしまう。邪魔をして遷都を思いとどまらせよう」と考えた。そして一夜の間に山を造り上げ、これが功を奏して帝は遷都を中止した。

この鬼たちが造った山が一夜山であり、一夜で造られたから一夜山と呼ばれているという。また、この鬼たちは後に退治されてしまい、今ではこの山のある里を鬼無里山と呼ぶのだという。

藤沢衛彦著『雪ある山山の伝説』（『旅と伝説』通巻一号収録）に載る。

空木岳《うつぎだけ》の鹿　山

人間に化けた鹿の手ぬぐいを拾う

長野県の中心部に位置する空木岳には、不思議な鹿の話が残っている。

ある年の夏、村の盆踊りの輪の中にその村の者ではない、ひときわ背の高い女がいた。女は手ぬぐいを被っていて顔は見えなかったが、月明かりに照らされたその女の影は鹿の形をしていた。

　気が付くとその女は見えなくなったが、頭に被っていた手ぬぐいには「伊奈川屋」と書いてあり、次の年、この女を目撃した猟師が空木岳で「伊奈川屋」と染められた手ぬぐいを拾ったという。

　とよだ時著『日本百霊山』に載る。同書によれば、この村には他にも山伏の呪文を唱えると信じられていた鹿も現れたという。

姥捨遺跡

姥捨山

発見された姥捨の痕跡

　明治時代の道路の拡張工事の最中、ある村の神社の裏にあった山に姥捨てを行った形跡が発見された。遺体は土の中から立ったままの状態か、座った状態で埋まっていた。

　その後の聞き取り調査によりこの地域では生産能力がなくなった老人を首だけ出して土中に埋め、数日間は食事や水などの世話をし、死が訪れるのを待ったという。

　またこの周囲では、時折人魂が目撃されていたと語られている。

　2ちゃんねる(現5ちゃんねる)オカルト板に立てられたスレッド「∧∧山にまつわる怖い・不思議な話Part44∧∧」に平成二一年(二〇〇九年)七月七日に書き込まれた話。

　長野県では狩着山の姥捨伝説が有名だが、それとは別の姥捨伝説のようだ。もちろん電子掲示板に書き込まれた情報であるため、実際にこのような行為が行われたかどうかは定かではない。

姥捨山の天狗

仏閣

癇癪を起こす酒好きの烏天狗

　姥捨伝説で知られる長野県の姥捨山。この山にある長楽寺の庭に生えた赤松に、戦前、烏天狗が棲み付いたことがあるという。この烏天狗は本堂に祀っている小さな観音様を守っていたが、非常に酒好きで、毎晩観音様に供えられていた酒を飲みに来たという。うっかり酒を供えるのを忘れると、姿は見せないものの「こんばんは、こんばんは」と声を掛けてきたので、それで酒を供え忘れていることに気付いて酒屋に走ったりしたのだという。この時、天狗の声を無視すると家中が大音響を立てて家が揺れたと伝えられている。

松谷みよ子著『現代民話考1　河童・天狗・神かくし』に載る。

大深山《おおみやま》の天狗　山

行方不明の子どものもとに現れる

長野県にある大深山には、かつて天狗がいたという。かつて、この山で子どもが行方不明になったことがあったが、翌朝見つかった。そのため子どもに何があったのか聞いてみると、山の中腹に一人で松の木の下にいたが、夜になると天狗が現れ、「ソウメンだから食べろ」と言ってミミズとカエルをくれたという。

松谷みよ子著『現代民話考1　河童・天狗・神かくし』に載る。

御嶽山の死霊　山

行方不明事件が多発する山

長野県と岐阜県に跨る御嶽山は、多くの死霊がさ迷っているなどと言われている。そのためか、昭和五四年（一九七九年）には御嶽神社へ登り、参拝するツアーに参加した女性と老人が行方不明になる事件が起きたり、その三年前にも若者がいなくなったりしており、死霊に引かれたのではないかと言われているという。

松谷みよ子著『現代民話考1　河童・天狗・神かくし』に載る。同書によれば、昭和五四年に放送されたテレビ番組『ミステリーゾーン』にて放送された内容だという。戦後以降の時代に失踪事件が神隠しとして扱われているのは珍しいが、失踪の原因となる存在が神や天狗ではなく死霊とされているのが近年の話らしい。

御嶽山の天狗　山

役行者が開山した天狗の梁山泊

長野県と岐阜県に跨って聳える御嶽山。この山は修験道の開祖である役小角が開山したこともあり、修験道に関わりの深い妖怪である天狗が大量にいると言われている。

中でも固有の名前をもつ天狗としては、前山の三笠山刀利天坊及び八開山大頭羅坊、阿留摩耶山のアルマヤ坊がおり、さらにそれを取り仕切る御嶽山六尺坊がいるという。

　このため、山には様々な天狗の像などが残されているようだ。

　とよだ時著『日本百霊山』に載る。

またこの山には多くの死霊が漂っているという話もある。詳細は御嶽山の死霊を参照。

甲斐駒ヶ岳の幽霊

山小屋

遭難者の霊が訪れる山小屋の番人

　山梨県と長野県に跨る甲斐駒ヶ岳。この山にある山小屋には、毎晩のように遭難者の霊が現れていたという。その山小屋番をしていた老人はこの幽霊が来るのが分かるらしく、幽霊が来ると「いらした」、帰ると「お帰りになられた」と言った。この幽霊は遭難した場所のすぐ近くにある岩の傍に埋められていたが、その場所から来て、そこへ帰って行ったのだという。

　工藤隆雄著『新編 山のミステリー』に載る。

餓鬼の飯

山

自然発酵でできた「食べられる砂」

　長野県にある飯縄山には、「餓鬼の飯」もしくは「天狗の麦飯」と呼ばれる砂がある。この山の名前自体が元々「飯砂山」で、食べられる砂があったことから名づけられたという説もあるようだ。

　この砂は実際に存在し、木の実や植物の芽、葉などが地面に落ちて重なり、年月が経つうちに醸成されて食べられるようになったものだという。昔、飢饉が起きた際にはこの砂を炊いて命を繋いだこともあったようだが、現在は天然記念物として採取が禁止されているようだ。

　とよだ時著『日本百霊山』に載る。

冠《かむり》着《き》山

姥捨山

悪妻に促されて伯母を山に捨てる

　別称を「姥捨山」と呼ばれる長野県にあるこの山は、日本で初めて姥捨山の舞台として語られた山だ。

　平安時代の『大和物語』には、更科の里に住む男が親代わりに育ててくれた伯母をこの山に捨てに行く話が記されている。

男は成長して結婚したが、その妻が気難しい女であったため、嫁は伯母の悪口を男に言うようになった。それから一年経ち、嫁に責められ続けた男はついに伯母を山に捨てる決心をする。月の明るい夜、男は伯母を背負って山を歩いた。山の寺で仏事があると彼女を騙していた。

そして一人で帰ることができないような高い峯の上に伯母を降ろして帰ろうとすると、伯母は悲し気な声を上げた。しかし男は決して振り返らず、家に帰った。すると後悔のために一睡もできず、翌朝には山に登って伯母を連れ帰った。それからというもの、「かむり山」と呼んでいた山を、人は「姥捨山」と呼ぶようになったのだという。

野呂進著『北国の史話と伝説（上巻）』によれば、深沢七郎はこの話を元に小説『楢山節考』を書いたという。

魏石鬼《ぎしき》　洞窟

坂上田村麻呂が退治した鬼

安曇野市にある有明山には、魏石鬼と呼ばれる鬼が棲み付いていたという。この鬼は八面大王とも呼ばれたが、大同元年（八〇六年）、坂上田村麻呂によって退治されたという。またこの魏石鬼が田村麻呂に対抗するために立てこもった洞窟は魏石鬼ヶ窟と呼ばれているという。

江戸時代の信濃国の地誌『信府統記』に載る。この魏石鬼ヶ窟は今も残されており、魏石鬼岩窟などと呼ばれている。

鬼女紅葉《きじょもみじ》　山

美女に化けた鬼に酒を勧められる

長野市にある戸隠山に潜んでいたという鬼。有名な能の『紅葉狩』では以下のように語られる。

ある時、戸隠山の鬼退治の命を受けた平維茂とその一行がその山へ赴いたとき、紅葉狩をして盛り上がっている上臈らと出会う。維茂はそのまま通り過ぎようとするが、女たちに酒宴に誘われ、そこで勧めに応じて酒を飲み、そのまま寝入ってしまう。すると上臈は鬼の姿に変じ、「目を覚ますなよ」と告げて山中に姿を消す。この上臈は戸隠山の鬼が化けたもので、自身を退治するために現れた維茂を先に殺してしまおうと考えていた。

しかし八幡宮の神が維茂の夢に現れ、神剣を授けて鬼神を退治するように伝える。目覚めた維茂は刀を抜いて鬼女を打ち倒したという。

紅葉伝説は長野県の戸隠、鬼無里、別所温泉などに伝わる伝説で、古くは江戸時代の『新府統記』にその名が見られる。

また「紅葉」の名は見られないが、古くは『太平記』に戸隠山の鬼を退治する話があり、ここでは平維茂ではなく多田満仲が鬼を退治したと記されている。

さらに明治時代になると『北向山霊験記』などの文献において紅葉伝説は琴の名人の美しい娘であったと語られる。紅葉はその美貌から源基経の寵愛を受けるが、実は第六天魔王の娘として生まれた存在で、怪しい妖術を使って基経の妃を病にさせる。

この行いが露見し、紅葉は信濃国の戸隠山に流されることとなり、そこで平維茂に退治されたという。

木曽駒ヶ岳の神馬《しんめ》 山

三〇センチの足跡を残した巨大馬

長野県中南部にある木曽駒ヶ岳には、古くから神馬が棲むと伝えられている。

寛文四年（一六六四年）のこと、尾張の役人たちが木曽駒ヶ岳を登ったときのこと、頂上付近で突然巨大な葦毛の馬が現れた。

その馬の首の毛や尾は地面に達しており引き摺るほど長く、目は鏡のように光り、その形相は身の毛がよだつほど恐ろしかった。馬は役人たちを見ると峰の中央に登って行き、急に湧き出した霧の中に消えてしまった。

その馬の蹄の跡を見るに、一尺（約三〇センチ）余りもあったという。江戸時代の説話集『新著聞集』に載る。

北八ヶ岳の亡霊 山道

姿を消したヤッケを着た老人

八ヶ岳を構成する山のひとつ、北

八ヶ岳。ある人々がこの山に登り、山小屋近くの遊歩道を歩いていたところ、霧が立ち込めてきた。そのまま進んでいると、茶色っぽいヤッケ（作業用の上着のようなもの）を着た老人の姿が見えたが、近付くとすっと離れてしまう。しかしついて行くうちにその姿がふと消えてしまったという。

平川陽一著『山と村の怖い話』にある。同書によれば、これは筆者の平川氏が実際に体験した話なのだという。

また、平川氏はその後山のロープウェイの駅で行方不明になった人物の張り紙を見つけ、それがあの時に見た老人の姿であったと確信したという。

狐の折詰

山小屋

子狐のお礼をする律儀な親狐

佐久市の岩村田の山奥にかつて水車小屋があった。ある時、小屋の老人が町に買い物に行き、戻って来ると、途中の山道に必ず子狐が待っているようになった。老人もこの子狐をかわいがり、お土産に油揚げなどを与えていたが、ある夜、物音がするので小屋の外に出て見ると、親狐が折詰を水車小屋の前に置いて座っていた。

親狐は老人を見ると跳ね上がって姿を消したが、老人はいつも子狐が世話になっているから、お礼に折詰を持ってきたのだろうと思ったという。

松谷みよ子著『狐をめぐる世間話』に載る。

九頭一尾鬼《くずいちび》

洞窟

四〇人以上の僧侶を殺した鬼の改悛

長野市に聳える戸隠山には様々な伝説が残るが、平安時代に現れたとされる九頭一尾鬼は、その中でも古い話に登場する。

嘉祥二年（八四九年）頃のこと、学問行者という人物が飯縄山で七日間、西の山に向かって祈念し、独鈷を投げた。すると独鈷が西の山に向かって飛んで行き、落ちた。これを追って行くと大きな岩屋があったため、そこで法華経を読経していると、南方から臭い風が吹き、九つの頭と一本の尾を持った鬼がやって来た。

鬼は、「今まで祈祷しに来た者がいたが、聴聞しに行くと皆毒気に当たって死んでしまった。こちらには害するつもりはないのに、触れた者はみんな死んでしまった」と語り、かつて自分は寺の別当だったが、貪欲な身であったため鬼になってしまったと教えた。そしてここで四十回余りは図らずも僧を殺してしまったが、自分も法華経の功徳によって菩提を得たいと言う。

そのため学問行者が「鬼は形を隠せ」と言うと、鬼は岩屋の中に帰って行った。学問行者はその岩屋の戸を封じ、地中に向かって「南無常住界会聖観自在尊三所利生大権現聖者」と唱えた。

その後、学問行者は寺を建てたが、岩屋の戸を封じたことから戸隠寺と呼ぶようになったという。

文永一二年(一二七五年)に記された『阿娑縛抄』に載る。

グリン様　峠

凶暴な本性をあらわした妖怪

昔、信州(現長野県)の遠山郷にある下栗の峠に夫婦が住んでいた。そんな夫婦の家に、年に一度、グリン様と呼ばれる妖怪が訪れるようになった。

グリン様は毎年一回この峠を抜けて北の方に抜けて行ったが、その際に夫と言葉を交わすようになり、顔なじみになった。

しかしある年、夫が里へ降りていて留守の時にグリン様が家を訪れた。そのため女房が対応し、夫が帰るまで家でくつろいでほしいと告げた。

だが赤い大鼻のグリン様は一段と顔を赤らめ、「月臭い身でこの私に口をきいたな!」と怒り、女房を引きずり出して片脚ずつ別の木に縛り付け、刀で刺して殺してしまった。

それからというもの、下栗の人々はこの峠に家を建てたり、畑を作ったりすることを恐れ、禁忌としたという。

山村民俗の会編『山の怪奇 百物語』に載る。

天狗のことを狗賓などと呼ぶが、グリン様も赤い大鼻などと描写されていることから、天狗かそれに近い存在が想定されていたのだろうか。

黒姫山 山

龍の妻となって洪水を鎮めた姫

長野県水内郡信濃町の黒姫山には、その名がつけられた以下のような伝説が残されている。

この地にいた武将、高梨政盛が黒姫を伴って花見に出かけた際、一匹の白蛇が現れた。政盛は黒姫にその蛇に酒を分けてやるように言い、黒姫がその通りにすると蛇はそれを飲み干して去って行った。

その夜、黒姫の元に狩衣を来た小姓が現れ、黒姫に求婚した。小姓は自分の正体は昼間の白蛇であることを伝えたが、黒姫もまたその小姓に心を奪われてしまう。

そして後日、小姓は改めて婚姻の許可をもらいに政盛の元を訪れた。しかし小姓が自身の正体を志賀山の大沼地に住む龍であると明かしたことで、政盛は竜に娘を嫁に出すわけにはいかないと追い返す。

それでも小姓は毎日彼の元を訪ねたため、政盛は小姓を罠にかけ、殺そうとした。それに激怒した小姓は竜の姿となり、洪水を引き起こして大地を荒らした。黒姫はこれを見て龍の妻になり、彼の怒りを鎮めることとした。

竜は彼女を乗せて去り、以来、山の池へと棲みついたため、その山は黒姫山と呼ばれるようになったという。

この池は火口原にあり、七ツ池と呼ばれて山を登る人々にとって観光地となっている。

権現池の竜神 水場

乗鞍岳から諏訪湖に至る巨大龍

長野県と岐阜県に跨る乗鞍岳の山頂には、権現池と呼ばれる池がある。長野県松本市安雲の大池にある梓川神社には、この池に纏わるこんな伝説が残されている。

この神社に祀られる梓水神(乗鞍権現)は雨を降らせる竜神とされるが、ある時、年を経た熊が竜神のいる大池にはまって死んでしまった。これに池を汚されたと怒った竜神は、空を昇って権現池に移ってしまう。しかしこの竜神は巨体であったため、頭は権現池に、胴体は大池に、尾は諏訪湖に及んだという。

とよだ時著『日本百霊山』に載る。

この乗鞍岳は那須国造が八岐大蛇退治を行ったという伝説にも登場する。詳細は天安鞍を参照。

峠 塩尻峠の神隠し

四時間で四〇キロ移動した生徒

塩尻市と岡谷市の境にある塩尻峠。昭和一三年(一九三八年)、この峠に遠足に行った生徒が一人、行方不明になるという事件が起きた。

村の人々や警察が捜したが見つからず、四時間ほど経った午後八時、伊那の本通りという場所でうずくまっているのが地元の人間によって発見された。

塩尻峠から伊那までは四、五〇キロあり、とても子どもが徒歩で移動できるような距離ではなかった。

子どもにその時何があったのか聞いてみると、下に明かりがちらちらと見えた、風がびゅーびゅーと吹いていたというぐらいのことを言うだけで、神隠しか天狗にさらわれたのかと噂されたという。

松谷みよ子著『現代民話考1 河童・天狗・神かくし』に載る。

トンネル 白坂トンネルの偽汽車

衝突すると消えた幻の機関車

長野県の潮沢山中にある白坂トンネル付近で、列車が前方からこちらに向かってくる列車を発見した。非常汽笛を鳴らすとあちらも鳴らし、止まると向こうも止まるという鏡写しのような行動をする。そこで思い切って列車の機関士が前に向かって発信すると、ぶつかった瞬間に向こうの列車が消えた。その後もこの付近では同じようなことが起きたが、ある時、線路に一匹の古狐の轢死体が見つかってから途絶えた。そのため、その附近の人々は列車が狐が化けたものだと信じているという。

松谷みよ子著『現代民話考3 偽汽車・船・自動車の笑いと怪談』に載る。

鉄道が開通した明治時代から昭和初期にかけて、日本では通常走っていないはずの汽車や列車が、走っている汽車や列車の前に出現し、惑わせたという話が多く語られた。これらの多くは狐や狸が化けたものとされ、偽汽車と呼ばれる。また狐狸が化けるためか、彼らが棲む山の付近で発生した話が多くある。ある意味これも山の怪異と言えるだろう。

狸が化けたものについては山間久住トンネルの偽汽車、権現山の狸列車を参照。

白馬岳のおんぶ幽霊　山

殺人者にしがみつく被害女性の霊

北アルプスの峰々の中の一つ、白馬岳。長野県と富山県に跨るこの山は、明治の頃、ある怪異譚の舞台となった。

明治三〇年（一八九七年）のこと。この山の中腹にある蓮華温泉を一人の紳士が訪れた。紳士は宿に泊まることを求めたため、宿の主人が食事を食べさせていると、主人の八歳になる子どもが泣き出し、あの男が怖いと言い出した。そのため紳士に事情を説明したところ、なぜか紳士は震え出して外へ飛び出してしまった。

後で子どもに聞いたところ、紳士の背中に髪を振り乱した女がしがみついているように見えたという。そして翌日、越中で女を殺した男が白馬岳に逃げてきたことが分かり、犯人は捕まった。その際、犯人は殺した女がいつまでも自分から離れず、恨み言を言い続けているのだと語ったという。

平川陽一著『山と村の怖い話』にある。

この類の話は現代でも語られており、多くの場合、自分の妻を殺した男が子どもに「どうしていつもお母さんをおんぶしているの?」と尋ねられ、自分の背中に妻の幽霊がいることに気付く、という怪談になっている。

西瓜　山

頭が割れた死者たちの行列

飛騨山脈南部にある槍ヶ岳。この山ではこのような怪異が語られている。

ある霊感の強い男性がこの山を登ったときのこと。この山は標高が高く、上部に行くと地面が凍り付いており、相応の装備があっても危険な場所となっている。

そのため毎年多くの事故が起きているが、犠牲者は斜面を滑り落ちる際、人体で最も重い部位である頭が下を向いてしまう。

　これにより多くの人は最後は頭が岩に当たって割れ、西瓜割りの西瓜のようになってしまうことから、そうなった死体は「西瓜」と呼ばれていた。

　そんな山道を男性が登っていると、前方から下山してくる人々が見えた。しかしよく見ると様子がおかしい。

　彼らは普通の人間ではなく、頭が割れて血を流しながら千鳥足で歩く幽霊たちだった。

　男性はこれが西瓜と呼ばれる死体にそっくりなことに気付いたが、彼らのことは見えていないふりをして歩いて行った。

　西瓜たちは男性を含む登山メンバーとすれ違いながら、一人一人の顔をじっくり覗き込み、横を通り過ぎて行く。そしてそのまま最後の一人とすれ違った。

　好奇心から男性が振り返ろうとすると、一番後ろを歩いていた人間に振り向くなと忠告された。

　それから程なくして山小屋に辿り着き、男性が先ほどの亡霊たちのことを尋ねると、あれらはこの山で死んだ人間たちの成れの果てであり、もしすれ違った後に振り返ると、その人間を山道から引き摺り下ろしてあの世へ連れて行ってしまうと告げられたという。

　WEBサイト「妖怪百物語」に投稿された怪異。

　現在でもネット上で公開されている他、百怪の会編『恐怖のネット怪談』にも収録されている。

スンデ　山

山の講の日の禁忌

　長野県の北安曇郡では、山の講の日にはスンデという妖怪が出現するため、この日には山に入ってはならないと戒められていたという。

　民俗学研究所編『綜合日本民俗語彙』に載る。

　山の講とは山の神を祀る日のことで、春と秋の年に二回行われていたという。

仙丈ヶ岳の山の神　山

山の神がご馳走したイチゴ

　長野県と山梨県に跨る仙丈ヶ岳。

長野県上伊那郡にいた浦の新三郎という人物は、この山に猟に入った際、山の神と出会ったという。

　それから新三郎は山で一週間行方不明になっていたが、本人が言うことには、山小屋から出てしばらく行くと立派な婦人が現れ手招きしていたので、それについて行ったという。するとイチゴなどが実る場所に連れて行かれ、たらふくごちそうになった。

　このため、一週間ほど行方不明になっていた間、空腹を感じることはなかったという。この話を聞いた人々はこの婦人を山の神であると考えたという。

　松谷みよ子著『現代民話考1 河童・天狗・神かくし』に載る。

千人塚　山城

死んだ兵士の祟りから疫病が発生

　長野県上伊那郡飯島にかつてあった北山城。この城には上沼氏が居城していたが、上沼左近が城主の時代、織田信忠の伊那侵攻のために落城した。

　織田氏の侵攻により戦場となった北山城周辺は、敵味方合わせて数千の死体が出た。これらの死体やその武具を埋めるため、塚が造られた。

　この塚は千人塚と呼ばれるようになったが、この一帯で悪疫が流行したことから、千人塚に埋められた死者たちの霊の仕業だとささやかれるようになった。そのため天保一五年(一八四四年)、千九人童子の碑という墓を建てたところ、祟りは止んだという。

タイヤ坂　山道

二輪のタイヤが転がり落ちてくる

　ある男性が長野県から山梨県に連なる八ヶ岳に行ったときのこと。この山の裾にある高原で写真を撮っていると、山道から突然二輪のタイヤが転がり落ちてきた。

　男性はその後、タイヤが落ちてきた方へ登っていったが、事故の形跡はなかった。また凹凸のある道にもかかわらず、タイヤはまっすぐに転がっており、それも不思議だったという。

　2ちゃんねる(現5ちゃんねる)オ

カルト板に立てられたスレッド「＜＜山にまつわる怖い話Ｐａｒｔ14＜＜＜」に平成一六年（二〇〇四年）一一月七日に書き込まれた怪異。

　無機物が坂を転がって来る怪異は案外多く、熊本県に伝わる徳利が転がって来る「とっくり坂」、東京都に伝わり、薬缶が転がって来る「薬缶坂」などがあるが、タイヤが転がって来るこの坂もそういった坂の一種なのだろうか。

タケ小僧　山

約束を守らなかった山男

　長野県の遠山谷に早撃ちの達人の助作という男が狩りに行ったときのこと。突然谷の上から大きな岩が落ちてきた。

　上を見ると山男がいたため、助作がすかさず銃を放つと、弾丸が足に命中した。続いて二発目を撃とうとすると山男は「俺が悪かった。許してくれ。俺は遠州のガンドウが峰のタケ小僧というものだ。末世まで災の来ないようにするから、もう撃たずにおいてくれ」と頼むので、鉄砲を引くとタケ小僧と名乗った妖怪は笹薮の中に姿を消した。

　助作はこの日から病で床に臥すようになり、それから六年ほど生きながらえたが、死に際に山男を撃った話をして息を引き取ったという。

　今野圓輔著『日本怪談集 妖怪編』に載る。末世まで災のないようにすると言ったその日から助作が病に倒れたところを見るに、タケ小僧は約束を守る妖怪ではなかったようだ。

蓼科山《たてしなやま》の雷獣　山

発見された雷獣の死体

　八ヶ岳連峰の北端に位置する蓼科山。この山には雷獣と呼ばれる獣がいたと伝えられている。雷獣の死体を見つけた記録によれば、この獣は子犬ほどの大きさの灰色の毛皮を持つ獣で、毛は松の葉のように鋭く、硬く、鳥のような嘴があり、色は黒い。尾は狐のようにふさふさとしていて、爪は鷹よりも鋭く、木に爪痕を残すという。

　雷獣は夏、雷雨が発生すると岩に登って空を望み、飛んで雲に入る。すると夕立が起こり、雷が落ちてくるという。

寛政一〇年(一七九八年)に記された『遠山奇談』に載る。雷獣は江戸時代、日本各地で目撃されたり、捕らえられたりした記録が残っており、これもその一つだと思われる。

でえらん坊

山

山の神の二人の娘が巨人を撃退

長野県から山梨県に跨る八ヶ岳。八つの峰があるこの山は、近くにある富士山とよく比較される。富士山が日本神話の女神である木花咲耶姫であるなら、八ヶ岳はその姉であり、醜い女神とされる磐長姫に例えられることも多い。

ある時、この八ヶ岳を自分のものにしようとでえらん坊という巨人が現れた。富士山の木花咲耶姫と八ヶ岳の磐長姫の姉妹神は協力してこれを迎え撃ち、撃退することができたが、その際に磐長姫が傷を負い、その傷からしたたり落ちる血が黒百合になった、という伝説があるという。

とよだ時著『日本百霊山』に載る。

デエランボー

水場

群馬・長野県境に残る巨人伝説

群馬県と長野県の県境付近には、デエランボーという巨人の伝説が残されている。

デエランボーは雲を突くような巨体を持っていたが、ある時、妙義山に足を乗せて眠っていた。その頭は碓氷峠に届くほどであったが、猪たちがその足を山芋と勘違いして齧り始めたため、怒って目を覚まし、浅間山から火種を取って来て、捕まえた猪を鍋に入れ、矢ヶ崎山のかまど岩に鍋を掛けて猪鍋を作った。

そして軽井沢の離山に腰を下ろしてこれを食べようとしたとき、足を踏み外して鍋を落としてしまった。

この煮汁がこぼれたところは一面不毛の大地となったとされ、今でも汁のような味のある水が湧くのだという。軽井沢の塩壺温泉などが塩辛いのは、そのせいだとも伝えられている。

とよだ時著『日本百霊山』に載る。日本全国に残るだいだらぼっちの伝説のひとつのようだ。

天狗岳のUFO　山

登山者と山小屋の番人が目撃

茅野市にある八ヶ岳連峰の山のひとつ、天狗岳。この山にUFOが下りてきたという話がある。

それによれば、一九八〇年代の後半、山の麓で山小屋を営んでいた人物が外で登山者が「UFOが来た！」と叫んでいるのを聞いた。

それで窓から見てみると、天狗岳の中腹に葉巻型の飛行物体が緑色の光を底から逆噴射するようにして降りてくるのが見えた。

その人物は万が一宇宙人が来るのに備え、古いピッケルを用意して眠りについたが、朝四時頃に眠りから覚めるとUFOは空に向かって飛んで行き、突然消えてしまったという。

工藤隆雄著『新編 山のミステリー』に載る。

天狗のテーブル　山道

突如出現して移動する平らな岩

長野県に聳える稲子岳。この山道の途中に、ある日突然出現した平らな岩があり、人々に天狗のテーブルと呼ばれている。

この岩は元々、五メートルほど離れた地面にあった。それが突然、地震も何もないのに移動した。そのため近くの山小屋の主人は天狗が宴会のために石をテーブル代わりに移動したか、さもなくば宇宙人がいたずらしたか、どちらかだろうと話しているという。

工藤隆雄著『新編 山のミステリー』に載る。

天狗の畑　水場

人が立ち入らない場所にある畑

長野県と富山県に跨る杓子岳。この山には、天狗の畑と呼ばれる不思議な場所がある。山の東面の岩石の重なり合っている場所の下にあり、まるで田んぼのようにイネ科の植物の畝が並び、水も張っている。

ある時、この場所を掻き払い、水をすっかり流してしまった人がいたが、しばらく経ってこの場所に来てみると、きちんと畔が修理され、水も張られていた。人々はこれを天狗の畑と呼び、天狗が作っているのだと噂したという。

松谷みよ子著『現代民話考1 河童・天狗・神かくし』に載る。

山 天狗山の貉《むじな》

足袋屋が遭遇した大入道

長野県に聳える天狗山での話。この山に登っていた足袋屋が、にやにやと笑う大入道と遭遇した。足袋屋は這う這うの体で逃げ帰ったが、それから気がおかしくなってしまったという。これは天狗山の貉のいたずらだったと言われている。

松谷みよ子著『現代民話考11 狸・むじな』に載る。

洞窟 戸隠山の九頭一尾の大竜

悪神から善神となった巨大竜

長野県の戸隠山には様々な伝説が残るが、平安時代に現れたという九頭一尾の大竜もそのひとつだ。

嘉祥三年（八五〇年）のこと、学問行者という人物が飯綱山に登り、戸隠山に向かって祈った後、金剛杵を投げて仏法の繁昌を唱えた。すると金剛杵は光を放って戸隠山の方に飛んで行ったため、それを追って行くと、戸隠山の岩屋に至った。

学問行者がこの岩屋で祈念すると、地の底から声がし、聖観、千手観音、釈迦などの像がたちまち現れた。これに感激し、頭を垂れて読経すると、夜に南方から臭い風が吹き、それとともに九頭一尾の大竜がやって来た。竜は学問行者が岩屋に来て経を読んだことに感謝し、そのおかげで自身の毒気がなくなったと告げた。

この竜はかつて寺の別当であったが、仏物をないがしろにしたため、竜の身になったのだという。

しかし学問行者のおかげで解脱を得たため、これからはこの山を守護することを誓い、学問行者に大伽藍を建ててほしいと伝え、岩屋に帰って行った。

この時、竜は岩屋の入口を大石を使って閉じたため、この山は戸隠山と呼ばれるようになったのだという。

長禄二年（一四五八年）に記された『顕光寺流記並序』に載る。

とよだ時著『日本百霊山』によれば、この九頭一尾の大竜は、現在は戸隠神社の祭神として祀られているという。

この九頭一尾の大竜が語られるようになる前には、学問行者が出会ったのは九頭一尾鬼であったという話も語られている。詳細は九頭一尾鬼を参照。

泥手 山

湿地の底から引き込もうとする手

ある少年が長野県から山梨県に跨る八ヶ岳に合宿に行ったときのこと。少年が泊まっていた合宿所の裏に半分沼のような湿地があり、毎日泥だらけになって遊んでいた。

そんなある日、いつものように湿地を歩いていると、何かに左足を掴まれた。そこから足が抜けなくなったため、大人を呼んで引っ張ってもらい、何とか抜け出したという。少年はこれは泥手ではなかったかと後に語っている。

2ちゃんねる(現5ちゃんねる)オカルト板に立てられたスレッド「∧∧山にまつわる怖い話Part14∧∧∧」に平成一六年(二〇〇四年)一〇月二八日に書き込まれた怪異。

泥手は木原浩勝・中山市朗著『新耳袋 第五夜』の中で語られる怪異で、泥の中に潜み、人を引きずり込もうとする存在だという。これに掴まれると助からないとも記されている。また砂地に現れる「砂手」というものもいるらしい。

鋸岳の火の玉 山

雪とともに下りてきた謎の光球

長野県と山梨県の県境辺りに聳える鋸岳。南アルプスを構成する山の一つであるこの山岳に、火の玉が現れたという話がある。

十一月半ばの早朝のこと、山小屋で働いていた女性が家に戻る途中、雪とともに丸い光が下りてきた。流れ星かと思ったが、明らかにそれよりも低い位置まで落ちてきたため、恐ろしくなって駆け出した。しばらくして振り返ると、鋸岳の中腹辺りに先ほどより大きな球状の光が見えた。

それは遭難した登山者の霊なのか、それとも太平洋戦争で亡くなった彼女の兄弟の霊だったのか、考えてみたが答えは出なかったという。

工藤隆雄著『新編 山のミステリー』に載る。

発動機の音 山

夜中に聞こえる発動機の怪音

夜、山の中でまくら木をひく移動製材の発動機の音が聞こえることがあるが、そこに行っても何もない。これは狸の仕業なのだという。

松谷みよ子著『現代民話考11 狸・むじな』に載る。

狸が何らかの音を真似る、という話は多いが、機械の音も真似してしまうようだ。

馬舟石《ばふねいし》 巨岩

馬を延命させる枯れない霊水

長野県の木曽駒ヶ岳には、馬舟石と呼ばれる石がある。

この石は広く窪んだ形をしており、水が貯まっているが、どんな日照りでもこの水は絶えることがなく、馬に飲ませると寿命が延びると伝えられていた。

とよだ時著『日本百霊山』に載る。

婆羅門《ばらもん》女天佝 山

全国的に珍しい女の天狗

長野県北部に聳える修那羅山には、珍しい女の天狗の石像があるという。この像は半分裸で一見すると童子風の姿をしており、鼻は高くないという。

また像の両脇に「婆羅門、女天佝」と記されており、なぜか「天狗」ではなく「天佝」という字が使われているようだ。

とよだ時著『日本百霊山』に載る。

女の天狗は尼僧がなるという尼天狗などがいるが、基本的には男であり、女天狗は珍しい。

一つ目案山子 山

一本足で毛むくじゃらの化け物

ある少年が家族で長野県の美ヶ原にキャンプに来ていたときのこと。季節は五月だったが、突然雹が降り始めたため、少年の父と弟が慌ててテントを張り始めた。ふと少年が二人の方を見ると、父親のすぐ後ろに一つ目の案山子が立っていた。案山子は毛むくじゃらの一本足を持ち、目は一つ目で、皮膚はどろどろに溶けていた。

　思わず持っていた鍋を落とし、それを拾い上げると、今度は案山子が少年の目の前に立っていた。少年は気付かないふりをして料理を続けていると、案山子は雹の中に霞むようにいなくなった。

　これは少年だけでなく、彼の弟にも見えていたらしく、少年が近づくと弟は「あれは無理や……」と呟いたという。

　2ちゃんねる（現5ちゃんねる）オカルト板に立てられたスレッド「＜＜＜山にまつわる怖い話Ｐａｒｔ14＞＞＞」に平成一六年（二〇〇四年）一二月一〇日に書き込まれた怪異。

百曲がりの小人　山道

転ぶ人間を見た三人の小人が大笑い

長野県にある登山道、百曲がり。ある人物がこの道を登っていたとき、何かに躓いて転んだ。

　躓いた辺りを見ると、茶色い服を着たドワーフのようなものが三人いて、「コケター！」と言って爆笑していたという。

　2ちゃんねる（現5ちゃんねる）オカルト板に立てられたスレッド「＜＜＜山にまつわる怖い話Ｐａｒｔ14＞＞＞」に平成一六年（二〇〇四年）一二月九日に書き込まれた怪異。同スレッドには、似たような存在を大分の山で目撃したという話も語られている。

松本地方の天狗　山

人をさらう天狗の弱点は鯖

長野県の松本地方の山では、神隠しに遭うことを天狗さまにさらわれると言った。

　この天狗による人さらいが起きる条件は分かっていないが、「鯖食った、鯖食った」と言うと回避できたと伝わる。これは天狗が鯖を非常に嫌うためだという。

　今野圓輔著『日本怪談集 妖怪編』に載る。

れている。

ミソカヨイ　山

大晦日には入山が禁止

長野県南佐久郡の村々では大晦日をミソカドシといい、山へ行くのを禁忌とした。

もしこの日山稼ぎに入る者があれば、「ミソカヨーイ」と呼ぶ声を聞くという。この声を聞いて振り返ろうとしても首が曲がらないといい、声の主は山の神だとも、鬼だとも伝えられている。

民俗学研究所編『綜合日本民俗語彙』に載る。

柳田国男著『年中行事覚書』によれば「ミソカヨイ」は「今日は晦日よ」という注意の言葉だったが、いつしか妖怪の名になったのだという。

むじ　山

暗い足元を照らす親切な妖怪

松本市の入山辺での話。ここにあった山には「むじ」と呼ばれる動物がおり、人をよく化かすと言われていた。ある時、男性が山の畑に行った帰り、夜に山道を下っていると、誰も提灯を点けていないのに前方を照らしてくれる者がいる。この光はずっと足下を照らしてくれており、これはむじが暗い帰り道を助けてくれたのだと言われたという。

松谷みよ子著『現代民話考11　狸・むじな』に載る。むじは恐らく「貉」のことであろう。貉は地方によって狸やアナグマなど、様々な獣を指すが、ここでは猫のようなものと語られている。

貉《むじな》の神隠し　山

子どもの親に化けて連れ去る

松本市での話。この地域では昔、貉がよく化けて出た。この貉は子どもを見つけると「おっかちゃんじゃにおんぶしろ、おっとちゃんじゃにおんぶしろ」と言って、子どもの親に化けて子どもを連れ去り、神隠しにしてしまったという。

松谷みよ子著『現代民話考11　狸・むじな』に載る。

狸や狐、貉といった化けるとされる動物が人を神隠しに遭わせる話は多いが、子どもに対し親に化けるとは悪質な妖怪である。

ヤカンマクリ

山村

山中で聞こえる薬缶を振る怪音

長野県の大鹿村にある丸山という山では、ヤカンマクリという妖怪が出たという。夜に丸山に行くとがらんがらんと薬缶をまくる(振る)音がした。しかし実際に見ても何もないため、人々は夜になるとヤカンマクリが出ると言って恐ろしがったという。

今野圓輔著『日本怪談集 妖怪編』に載る。

山に現れる薬缶の怪は多く、東京都には薬缶坂という薬缶の化け物が出た坂があり、新潟県では薬缶が木の上にぶら下がる怪現象が起きたという。薬缶が転がる坂の話も多い。

ヤケドを食う狐

温泉

ヤケドを負った少女の神隠し

明治の頃の話。長野県の山ノ内町の角間温泉で、ヤケドを負った少女が湯治をしていた。大分体が良くなり、家族の者は先に帰ったが、ある時、この少女が他の子どもたちと遊んだ後帰って来なかった。

大勢の人々が探したが何日も見つからず、あの子はヤケドをしていたためにヤケドした皮膚を好む狐に山奥に連れて行かれ、食われたのだろうと言われたという。

松谷みよ子著『狐をめぐる世間話』に載る。狐がヤケドを好むという話は多く、医者に化けて現れてヤケドした人間を狙った話もある。詳細はヤケドの治療、麻生上三諸炭坑の狐を参照。

八ヶ岳の報告者

山小屋

近況を山小屋に伝える謎の登山者

長野県から山梨県に跨る八ヶ岳。この山に学生時代何度も登った男性がいた。地元の学校へ教師としての採用が決まり、その報告を兼ねて山に登った時のこと。山小屋に入った途端、小屋の主人に「地元に戻って先生になるって？」と尋ねられた。話した覚えもなかったので驚いて聞くと、客が噂していたという。しかし自分の近況を知る者の中に山に登るような人間は思いつかず、意外に身近な人が山に登っているのかと思い、その時はあまり気にしなかった。

それから六年が経ち、久々に八ヶ岳に登ったときのこと。当時男性には結婚を約束した恋人がおり、その報告も兼ねて山を登っていた。

しかし小屋に入り、主人との再会を喜んでいると、主人は「結婚するんだろ？　今度嫁さんも連れてこい」と言った。

男性は驚き、誰から聞いたのかと尋ねると、やはり客から聞いたのだという。しかし結婚のことはまだ男性と恋人しか知らないはずで、客の特徴を聞いても特定できなかった。

しかし男性が後にその話をした際には、お化けでも何でも気にかけてくれることとありがたいことだ、笑ったという。

2ちゃんねる（現5ちゃんねる）オカルト板に立てられたスレッド「∧∧山にまつわる怖い話Part31∧∧∧」に平成一八年（二〇〇六年）一二月一五日に書き込まれた怪異。

八つ鹿

山村

何度撃ち殺しても八頭の群れのまま

長野県の大鹿村には、八つ鹿と呼ばれる怪異が伝わっている。これは村の七不思議のひとつに数えられ、山の中に八頭の鹿が連なって歩いているものだという。これだけではあまり不思議な話ではないが、ある時、猟師がこの鹿のうち一頭を撃ち、翌日同じところを通ったところ、また鹿が八頭歩いていたという。この鹿たちはいくら獲っても必ず八頭に戻っているのだ。

黒史郎著『ムー民俗奇譚　妖怪補遺々々』に載る。

山夫

山

人間の三倍の大きさの妖怪

長野県と山梨県に跨る金峰山。不思議な話が多く残るこの山には、江戸時代、山夫と呼ばれる妖怪たちが暮らしていたという記録が残っている。

山夫は人間の三倍もの大きさがあり、髪は乱れ、腰まで伸びている。若い山夫の髪は赤黒く、年老いた山夫の髪は白いという。木の葉を繋げて身に纏い、体は毛に覆われている。獣を捕まえて食うが、たまに人を攫う。人を見つけたとき、一度だけ声を上げる場合は問題ないが、二度、三度と声を上げるときは人を攫いに来る合図なので、これを聞いた場合は山からすぐに下りなければならないという。

　江戸時代の紀行本『遠山奇談』に載る。

新潟県

朝日村の怪火　墓場

雨の中で光り出すジャンパー

　新潟県の朝日村(現村上市)でのこと。ある人物が雨の中、村の墓地の隣を歩いていたところ、ふと自分の着ているジャンパーに目を向けると、何か光るものがついていた。それを手で拭おうとしても消えず、いつの間にか服全体が光っていた。まるで蛍が体中に止まっているかのようであったという。しかしこの光は墓地の横を抜けると消えてしまったとされる。

　山村民俗の会編『山の怪奇 百物語』に載る。

　柳田國男著『妖怪談義』によれば、新潟県には小雨の降る夜などに怪火が現れ、雨具として身に着けている蓑にくっつくという怪異が伝えられている。これは「蓑虫」などと呼ばれ、手で払いのけようとするとどんどん増えるが、熱さはないという。これは鼬の仕業とされている。これに類似した怪異は福井県、滋賀県、秋田県などにも伝わっており、死者を正体とする場合もある。

　朝日村に現れたのもこの蓑虫の類だろうか。

うそぶき　山

口笛の音だけが通り過ぎる

　ある若者が新潟県と長野県の県境にある山を友人と散策していたときのこと。二人の間を口笛の音だけが通り過ぎて行った。

　その夜、二人が止まった旅館でその話をすると、「うそぶき」ではないかと言われたという。うそぶきは人の声だけが聞こえる怪異だが、口笛だけというのは珍しいようだ。

　2ちゃんねる(現5ちゃんねる)オカルト板に立てられたスレッド「〈

＜山にまつわる怖い・不思議な話Part53＜＜」に平成二三年（二〇一一年）四月二日に書き込まれた話。

新潟県の妙高高原では、人の姿はなく鼻歌だけが聞こえたという体験談も語られている。詳細は妙高高原の鼻歌を参照。

越後の山の廃寺　仏閣

廃寺から聞こえてくる死者の嘆き

越後国、今でいう新潟県のある山中に、かつて大きな寺の廃墟があった。子どもたちがこの廃寺に近付いた際には突然空が暗くなり、明かりが灯った。その明かりの方向に行ってみると廃寺があり、近付くとすすり泣きのような声が聞こえた。


この寺はかつて村の中でも重要な寺であったが、戦争により檀家が減り、さらに住職のなり手がいなくなって外から呼んだ僧侶が生臭坊主で、とうとう廃寺になってしまった。そのためこの寺の墓に眠った人々の嘆きが聞こえてきたのだという。

しかし現在はこの寺のあった場所は住宅街になっており、今ではその面影もなくなってしまったという。

平川陽一著『山と村の怖い話』にある。

オモ荒れ　山

腰巻き姿で攫われた女性

新潟県の山間にある町、松代町（現十日町市）。この町ではかつて猛吹雪のことを「オモ荒れ」と呼んだが、その由来は以下のように伝えられている。

明治初期の頃、この町にオモという女性がいた。ある吹雪の夜、このオモが風呂上りに腰巻だけの姿で便所に行こうとして、そのまま行方不明になった。人々はオモが天狗にさらわれたとして方々を探したが、見つからなかった。

そんなある日、町の尼堂の庵主をしていた人物が戸締まりをしようと吹雪の夜に戸口に出ると、黒雲が飛んできて止まり、その雲の中から「庵主さまー」と助けを求める声が聞こえてきた。そのまま雲は東方に飛んで行き、見えなくなった。

これはオモの声だったと考えられ、風呂上りのオモに色情し、天狗がさらったのだと言われた。

それ以来、町では吹雪のことを「オモ荒れ」と呼ぶようになり、腰巻一つで便所に行くと天狗にさらわれる、と伝えられるようになったという。

松谷みよ子著『現代民話考1 河童・天狗・神かくし』に載る。

狐の恩返し

仏閣

若い女性に化けた母狐の恩返し

新潟県見附市の智徳寺という寺院での話。

昭和二五年（一九五〇年）頃、この寺の裏山にお腹の大きな狐が棲んでいた。

当時の住職の妻がそれに気づき、子どもがいるなら腹も減るだろうと食べ物をよく狐のいる穴のところに置いてやっていた。

それから子狐が生まれたようで、春になると子連れの母狐の姿を見かけるようになった。

そしてお盆になった頃、寺の縁側に何斤かの砂糖が紙に包んで置いてあったため、その紙を使っている雑貨屋に聞きに行くと、この辺りでは見かけない若い女性が砂糖を買って行ったと答えた。

さらに、その時は確かにお札だったものがただの紙切れになっていた、と話したため、もしかしたら裏山の狐が恩返しに砂糖を買ってきてくれたのではないかと話し合ったという。

松谷みよ子著『狐をめぐる世間話』に載る。

上越国境に現れる霊

山小屋

山小屋に現れる遭難者の亡霊

群馬県と新潟県の間を東西に走る上越国境には様々な山があるが、その山のうちのひとつには、かつて遭難して死んだ三人の登山者の幽霊が出現すると言われている。

このうちの一人の亡霊は度々山小屋に出現するようになり、よく登山者たちを驚かせているのだという。

平川陽一著『山と村の怖い話』にある。

登山者の幽霊が現れる話は世界中に多い。世界最高峰の山であるエレベストにも登山者の霊が出るというが、この霊は苦戦する登山者を登頂まで励ましてくれるという。

人獣 山

ニホンザルより大きい謎の類人猿

ルポライターの天歳真文は新潟県で測量の仕事をしていたとき、その過程で泊まった旅館で奇妙な動物と遭遇したという。

その動物は三体いたが、体長は二体が一三〇～一四〇センチ、体重は六〇～七〇キロほど。もう一体は体長九〇～一〇〇センチ、体重三〇～四〇キロほどだったという。

この旅館の女将によれば、これらの動物はその周辺地域に棲息するニホンザルの亜種だろうとのことだったが、どう考えてもニホンザルよりもはるかに大きかったと記録している。

洋泉社ＭＯＯＫ『怪奇秘宝「山の怪談」編』に載る。同書によれば天歳氏は別の現場でもこれと類似した獣を見たが、その際に思い出したのは、某国立博物館で見た、北京原人のものとされる標本サンプルだったという。

そば粉天狗 山

そば粉のお使いをさせられた天狗

魚沼市にある八海山。この山には、そば粉を運んだ天狗がいたという話が残されている。

江戸時代末期のこと、この山で修行している変摂という行者がいたが、修行中は米を食べず、そば粉を食べていた。このそば粉は天狗に言いつけて生家の大崎に取りに行かせていたもので、生家ではいつ来るか分からない天狗のため、そば粉を戸口に出しておいていたが、いつの間にかなくなっていたという。

とよだ時著『日本百霊山』に載る。

とんちぼ 山

木の葉で雨音を出す狸

新潟県で言う狸のこと。山に泊まる際、雨が降って来たような音がするのに、雨が降っていないという現象が起きるときは、このとんちぼが木の葉を高く舞い上げ、お手玉をするようにして音を出しているという。

松谷みよ子著『現代民話考11 狸・むじな』に載る。

ドンデン池の赤鬼

水場

山中で製鉄をする赤鬼

佐渡ヶ島にはタダラ峰という山があるが、ドンデン池はその山頂付近に存在する。この池に伝わる伝説によれば、昔、農夫が蕨取りにこの山に登ったところ赤鬼がドンデン、ドンデンと鉄を打っていたことからドンデン池と名付けられたのだという。

山村民俗の会編『山ことばと炉端話』に載る。

同書によればこの池は実際に製鉄所から取り出した鉄を冷やすのに使われた鉄池だったという。タダラ峰という山の名前もタタラ炉が建てられた山だったという歴史があり、ドンデン池の赤鬼もそういった歴史から生まれた鬼なのではないかと思われる。

苗場山の雪女

山小屋

足跡を残さずに雪上を歩く謎の女

新潟県の苗場山には和田小屋という山小屋が現在も残っているが、昭和九年（一九三四年）、当時の小屋の主人であった和田喜太郎という人物が雪女郎のことを語ったという。

当時からさらに二〇年前であるため、大正時代の話。苗場山では正月になると大学のスキー合宿が行われていたが、その合宿に参加していた一人の男性が「今、雪女郎を見た」と言って小屋に駆け込んで来た。その話によれば、一人でスキーを滑っていると目の前に美しい女が現れた。女はまるで天女のように雪の上をふわふわと歩いており、その男性に気付くと振り向いてにこりと笑った。しかし驚いたことに、彼女が歩いた跡には全く足跡がなかったという。

新潟では雪女郎を見ると一年後には死ぬ、という迷信があったが、実際にこの男性はその一年後にぽっくりと亡くなったという。

今野圓輔著『日本怪談集 妖怪編』に載る。

梨の木地蔵

祠

数万もの地蔵が並ぶ心霊スポット

佐渡市の梨の木峠には、たくさんの地蔵が安置されている。この石仏群は数千、数万もの地蔵からなるというが、心霊スポットとしても扱われている。この場所に行った人間がよく幽霊と遭遇するという。

　木の梨地蔵は子どもの病気平癒祈願のために安置されている地蔵であり、心願成就のお礼に収めるのがみがわり地蔵である。そのために非常に多くの地蔵が集まっている。

　地蔵が数多くある場所は心霊が出現する場所として扱われやすいが、ここにある地蔵たちは決して恐ろしいものではないのだ。

日蓮洞窟

洞窟

夜になると積み上がる石

新潟市にある日蓮洞窟は、古くは日蓮宗の開祖である日蓮が洞窟に棲む大蛇を説いて改心させ、教化したと伝わる洞窟だ。

　この洞窟にある石はなぜか夜になると勝手に積み上がるとされ、賽の河原とも呼ばれている。またこの石を崩すと呪われるという話もある。

　さらにこの洞窟は現在心霊スポットとして知られている。洞窟は水子の魂を供養する場所とされているが、そのためか子どもの霊が多く目撃されており、さらに子どもへの想いを抱く親の襟も引き寄せるのだという。

　怪奇伝説探究倶楽部編『日本「祟り・呪い」地図』に載る。

「七面大天女岩屋」という名でも知られる。これは日蓮が七つの頭を持つ大蛇を教化し、この大蛇が七面大天神となったためなのだという。

奴奈川姫《ぬなかわひめ》

神社

奴奈川姫と出会った少年

十日町市の松苧山《まつおさん》にある奴奈川神社。この神社は大同二年(八〇七年)に、坂上田村麻呂が奴奈川姫という女神を祀るために創建したと伝えられているが、この奴奈川姫と思しき女神が現代にも現れたという話がある。

　ある少年が松苧神社へ参詣した際、松苧山の中へ入り、行方不明になってしまった。大人たちが三日にわたり捜索するも見つからなかったが、四日目になって突然帰ってきた。そこで少年にそこで三日三晩どうしていたのかと尋ねると、「綺麗な女の人がね、膝枕して、しっぽつ(いがほおずき）っていうおいしいものを食べさせてくれた」と言う。女の人は白い着物を着ていたとされ、人々はそれは近くに祀っている奴奈川姫だったのではないかと話し合ったという。

松谷みよ子著『現代民話考1 河童・天狗・神かくし』による。奴奈川姫は沼河比売とも書き、『古事記』や『日本書紀』にも記されている。

ノヤミ

山

野山に入るとかかる病

新潟県の岩船郡では、野山に入った者が不意に病むことを野やみと呼んだ。これは正月に団子を茹でた後の水を飲むと防ぐことができたという。

民俗学研究所編『綜合日本民俗語彙』に載る。類似した怪異にヒラケやホノニウテルがいる。

化かす山

山

帰り道を阻む巨大な滝と大岩

昔、苗場山に入った老人が山に化かされたという。

その日、老人は沢で魚を釣っていたが、ちっとも釣れなかった。

しかもいつもより異常に日が暮れるのが早く、妙だと思った老人はすぐに帰ろうとしたが、どういうわけか帰り道に巨大な滝が出現しており、その先に進むことができなかった。

そこで来た道を戻ろうとすると、今度は大岩が立ちはだかり、見覚えのない大松がその上に一本生えていた。

山に化かされたと思った老人は一晩中震えながら夜明けを待った。

やがて日が昇った頃、驚いたことに塞がれていたはずの道が見えてきて、老人はもつれる足を励ましながら転がるように山を下りた。

そして里に着くと、人々に「日が暮れる頃に山にいると、山に化かされる」と話したという。これは昭和三二年（一九五七年）頃の話だそうだ。

山村民俗の会編『山の怪奇 百物語』に載る。

狸や狐が人を化かして帰り道を分からなくさせる話はよくあるが、山そのものに化かされるという話は珍しい。

禿《はげ》の高《たか》の狐　山

自宅と妻の幻を見た男

昭和二三年（一九四八年）頃、ある公務員の男性が新潟県相川町（現佐渡市）の禿の高という山を越えようとしていた時だった。

山を下りた場所に自分の家があるはずなのに、山道に家が現れた。変だな、と思っていたが、妻が出てきて風呂が沸いているというので、言われるままに風呂に入っていると、何者かに肩を叩かれた。見てみるとそれは村人で、その途端に家がぱっと消えた。そして自分が水溜まりの中に入っていたのに気づいたのだという。これは狐に化かされていたのだそうだ。

松谷みよ子著『狐をめぐる世間話』に載る。

一ツ目蛇　山

順徳院の言葉で一ツ目になった蛇

佐渡ヶ島にある金北山には一ツ目の蛇の伝説が残っている。

鎌倉時代の初期、承久の変で敗れた後鳥羽上皇の皇子である順徳院が佐渡ヶ島に流されてきた。ある日、この金北山に登った順徳院は蛇に出会い、「こんな山奥の蛇にも目が二つあるのか」と妙な驚き方をして以来、付近の蛇は一ツ目になってしまったという。

山村民俗の会編『山ことばと炉端話』に載る。

ミミズ鳴き　水場

不気味な声で鳴くミミズ

新潟県の朝日村（現村上市）の鷹取山の麓における話。

この辺りに住む人が子どもの頃、ミミズを捕まえて餌とし、川で魚を釣ろうと、ミミズを釣り針に刺そうとした。

その瞬間、ミミズが「キーキー」と甲高い鳴き声を上げた。それは酷くぞっとするような声で、彼は釣り竿ごとミミズを放り投げ、逃げ帰ったという。

山村民俗の会編『山の怪奇 百物語』に載る。

妙高高原の鼻歌　山

姿なく通り過ぎる鼻歌

新潟県にある妙高高原に発生したという怪異。

ある人物がこの高原にある別荘に遊びに行ったときのこと。別荘の持ち主である友人と森を歩いていると、後ろから鼻歌が聞こえてきた。しかし鼻歌を歌っている人間はおらず、鼻歌だけが二人の間をすり抜けて行ったという。

2ちゃんねる(現5ちゃんねる)オカルト板に立てられたスレッド「∧∧山にまつわる怖い話Ｐａｒｔ36∧∧」に平成二〇年(二〇〇八年)一月三一日に書き込まれた話。

妙高山足立坊　仏閣

特に力を持った四八の大天狗の一人

新潟県妙高市に聳える妙高山。この山には足立坊という名前の天狗がいると伝えられている。

足立坊は阿弥陀堂を守る天狗とされ、普段は従者を引き連れて妙高山頂直下の天狗平あたりに棲んでいるとされる。

とよだ時著『日本百霊山』に載る。江戸時代中期に書かれた密教系の祈祷秘経『天狗経』にも妙高山足立坊の名が見え、四八の大天狗の一人とされている。

村松の大蝦蟇《がま》　巨岩

大口を開けて瞬きをする大岩

新潟県の村松町(現五泉市)には、かつて山中で巨大な蟇蛙《ひきがえる》が出現したという話がある。

ある男がこの河内谷という谷の渓流で釣りをしていたところ、さっぱり釣れないので場所を移動した。山陰の淵の側に大きな岩があったため、それに乗って釣りをすることにした。しかし川の向こう岸にいた侍がしきりに手招きするため、不思議に思いながらそれに従い、山を下りると、侍が「お前の座っていた岩が大口を開け、瞬きしたのを見たのだ」と教えた。侍はあれは山中の大蝦蟇だったのではないかと語ったという。

近世の越後の風俗習慣等を記録した書物『北越雪譜』に載る。

富山県

刈込《かりこめ》池　水場

悪竜や大蛇が封じ込められた池

富山県の立山カルデラの池沼のひとつである刈込池は、竜王の棲み処だと伝えられている。この池には立山開山の祖である佐伯有頼が常願寺川の氾濫を鎮めるため、立山権現に祈って水害をもたらす悪竜や大蛇たちをこの池に封じ込めたことに由来するのだという。

とよだ時著『日本百霊山』に載る。

同書によれば、これは安政五年（一八五八年）に起きた地震による水害を記憶するために生まれた伝承という説もあるようだ。

黒部峡谷の狒々《ひひ》　谷

熊と戦う剛力の者でも敵わない怪物

黒部市にある黒部峡谷には、狒々という怪獣が現れたという。

昔、伊折りの源助という杣頭《そまがしら》がいた。源助は素手で猿や狸を打ち殺し、山刀一つで熊と格闘できる剛力の者であった。

源助が作兵衛という杣と一緒に井戸菊の谷を伐採しようと入ったとき、人が飛ばされるほどの風雲が巻き起こった。そのため谷を離れようとした途端、作兵衛が物の怪に取り憑かれて気を失い、狒々が作兵衛を空宙に引き上げて引き裂こうとした。

しかし源助は何とか狒々から作兵衛を取り戻し、作兵衛は血まみれになったが何とか連れ帰ることができたという。

野崎雅明著『肯搆泉達録』に載る。

黒部峡谷の呼び声　谷

声を掛け合うと行方不明になる

富山県の黒部渓谷には、猟師に伝わる怪異がある。

山の中で「オーイ」という声が聞こえた場合、それは化け物の呼び声である。こちらが「オーイ」と答えると再び「オーイ」と返事があり、そのまま声を掛け合うと不思議な力に引き寄せられ、最後は行方不明になってしまうという。

上村信太郎著『山の不可思議事件簿』に載る。

黒部の大蛇と大岩魚

水場

男が目撃した大蛇と大岩魚の死闘

黒部市にある黒部峡谷には、安永年間（一七七二〜一七八一年）の頃、大蛇と大岩魚が現れたという。

この時代、仁左エ門という男が黒部の上流に岩魚釣りにやって来た。大漁であったため、大きな淵の上で腰を下ろして一服していると、向かいの老木に長さ九尺（約二・七メートル）もある蛇が現れ、水面を伺っていた。すると水面が波立ち、七、八尺（約二・一〜二・四メートル）もある大岩魚が現れ、大蛇に飛び掛かった。しかし大蛇も岩魚を引き上げようと尾に力を込める。こうして大蛇と大岩魚の死闘が始まったが、ついに大蛇の方が力尽き、水中に引きずり込まれてしまったという。

山村民俗の会編『山ことばと炉端話』に載る。

山燈　龍燈

仏閣

毎年七月に立山に飛来した怪火

江戸時代の紀行文『東遊記』には、越中国（現富山県）にある寺、立山寺についての不思議な話が載せられている。

それによれば、眼目山（立山寺）には、毎年七月一三日の夜になると、立山の頂上から山燈、海中から龍燈と呼ばれる怪火が飛来したという。

橘南谿著『東遊記』に載る。

志合谷の泡雪崩

家屋

三、四階を吹き飛ばした自然現象

富山県の宇奈月町（現黒部市）では、かつて昭和一三年（一九三八年）、発電所建設に伴うトンネル工事のために作業員たちが泊まっていた宿舎の三、四階部分が一夜にして消えたという事件が起きた。

この時、宿舎のあった場所が一面雪野原になっていたことから、雪崩が起きたことは間違いないとなった。

しかし消えた三、四階部分には一〇〇人近い作業員が眠っていたものの、死体は二人が見つかっただけで、他は見つからなかった。

それから三ヶ月後、ついに消えた三、四階部分が見つかった。その場所は宿舎があった志合谷とは尾根を隔てた別の谷で、距離にして六〇〇メートル離れていた。そこには宿舎の残骸の他、八四名の遺体が見つかり、宿舎の上二階は何等かの巨大な力で地上からむしり取られ、空中を吹き飛ばされたことが明らかになった。

その後、調査が進められ、専門家によってこの場所に泡雪崩という現象が起きたことが断定された。これは、新雪が急峻な氷盤上に積もった際に起こる恐ろしい雪崩で、気温が低い時に起きやすく、通常の雪崩よりも非常に大きなエネルギーをもつという。これが宿舎に直撃したことで、宿舎の三、四階がきれいに吹き飛ばされたのだとされる。

上村信太郎著『山の不可思議事件簿』に載る。原因不明の怪現象ではなく、実際に原理が解明されている自然現象がここまでの不可思議な事故を発生させたというのが恐ろしい。

死者の人呼び　山

死者が出ると呼ぶ声が聞こえる沢

黒部市の音沢と呼ばれる地域での話。この辺りでは昔、山で落ちるなどの事故で死んだ人がいると、「よおおい」「おーい、おーい」といった人を呼ぶ声が聞こえたという。これは死んだ人が呼ぶのか、貉が悪戯で呼んでいるのかわからないが、誰が行ってもその声が聞こえたと伝えられている。

松谷みよ子著『現代民話考11 狸・むじな』に載る。

坪野鉱泉　廃墟

肝試しに訪れた女性二人が行方不明

富山県魚津市の山の中にある坪野鉱泉。この場所には昭和五八年（一九八三年）に廃業して以来放置されているリゾートホテルの廃墟、ホテル坪野が残っている。このホテルは昔から心霊スポットとして知られているが、平成八年（一九九六年）にはここに肝試しに行くと告げたまま女性二人が行方不明になるという事件が起きている。また不良や暴走族の溜まり場にもなっており、ここに肝試しに行く際には幽霊の他に生きた人間にも気を付けなければならないと噂されているようだ。

　吉田悠軌編著『ホラースポット探訪ナビ』に載る。同書に載る女性二人の行方不明事件は坪野鉱泉女性失踪事件などと呼ばれるが、令和二年（二〇二〇年）四月になって遺体が見つかっている。遺体が発見されたのは富山県射水市で、富山新港から自動車ごと海中に転落した事故により亡くなったようだということが分かった。このため坪野鉱泉に肝試しに行ったことが直接の原因ではないようだが、現在も坪野ホテル周辺は不良がたむろしているようなので、安易に近付くのは止めた方がよいだろう。

劔岳の幻影　山

首をしめてきた遭難死亡者

　飛騨山脈北部にあり、富山県に聳える劔岳。昭和三八年（一九六三年）、この劔岳の岸壁を登っていた三人の登山者のうちの二人が墜落して死亡するという事故が起きた。

　この事故を目撃していた男性がシュラフで眠っていた真夜中、近くで落石の音がして目が覚めた。真っ暗なテントの中に人の気配がして目を凝らすと無言でうずくまる黒い影がある。

　この黒い影が近づいてきて、飛び起きようとした男性の首を絞めた。薄れゆく視界の中でその影を見ると、昼間墜落して死んだ登山者の一人のようだった。再び落石音が響き、相手の圧力が軽くなったため、男性はその男を巴投げで投げ飛ばした。

　しかしテントの中には誰もおらず、首を絞められた感覚だけが残っていたという。

　上村信太郎著『山の不可思議事件簿』に載る。

日本アルプスの霊　山

遭難現場に映る遭難者本人の姿

　昭和五一年（一九七六年）のこと。テレビ局で日本アルプスを写したフィルムを編集していたところ、その中の一コマにだけ岩場に悄然と腰かけている登山者の姿が映されていた。そこは登山者の遭難現場だったという。

松谷みよ子著『現代民話考8 ラジオ・テレビ局の笑いと怪談』に載る。

谷 祖母谷《ばばだに》と祖父谷《じじだに》

愛憎劇から生まれた二つの地名

黒部市にある祖母谷と祖父谷。現在は温泉で有名なこの地には、以下のような由来が語られている。

昔、この辺りに竜左エ門という器量の良い男がいた。この男は非常に女好きで、妻のお新がいるにもかかわらず女遊びが絶えなかった。

その癖は年老いても続き、お新の嫉妬はその度に募り続けた。ある時、ついにお新の我慢の限界が訪れ、堪りかねた竜左エ門は信州へ逃れようと嵐の晩に家を出た。これに気付いたお新も後を追った。

竜左エ門は黒部川を伝って逃げたが、餓鬼岳を登ったところで力尽き、死んでしまった。一方、彼を追っていたお新も途中で力尽きてしまった。やがてそこから熱湯が噴き出すようになったが、これはお新の嫉妬の怨念によるものだと言われている。

また、竜左エ門が死んだ谷を祖父谷、お新が死んだ谷を祖母谷と呼ぶようになったという。

山村民俗の会編『山ことばと炉端話』に載る。

山道 東山の大猫

人を襲った体長六八センチの巨大猫

富山県魚津市にある東山では、二〇世紀後半に人が巨大な猫に襲われた事件が起きた。

昭和四三年(一九六八年)一二月八日のこと、ある男性が炭焼きの仕事のために東山の山道を登っていると、杉の木の上から大猫が襲ってきた。男性は持っていた棒で何とかその猫を打ち殺したが、猫の大きさは体長六八センチ、尾の長さ二二センチであった。

この猫はもしかしたらヤマネコかもしれないと国立科学博物館に鑑定が依頼されたが、鑑定結果はイエネコが野生化したものだったという。

上村信太郎著『山の不可思議事件簿』に載る。

ミクリガ池の大蛇　水場

池の主の怒りを買った法師

富山県の立山にはミクリガ池と呼ばれる池がある。この池の地名の由来は、以下のように語られている。

江戸時代初期の頃、越前（現福井県）から来た小山という法師が地獄谷を見物していた。

その際、この池にさしかかり、近くの立山室堂の行者、延命坊に「八寒地獄」の恐ろしさの説明を受けた。しかし小山は何ともつまらぬ池だと池の中に飛び込み、裸で泳ぎ始めた。

そして池の中を一巡り、二巡りし、三巡りしたときのこと、突然大波が立ち、池の底から大蛇が現れ、小山の体を水中に引き摺り込んでしまった。

延命坊はこれを哀れに思い、「八寒地獄の王よ、小山法師の振る舞いは業死も仕方ない罰なれど、人の世の別れに今一度法師の顔を見せたまえ」と告げると、水面が再び波立ち、小山の姿がぽっかりと浮かんできた。そして再び水底に沈んでいった。

このため、小山が池を三巡りしたことから、池を「三繰りヶ池」と呼ぶようになったのだという。そしてミクリガ池がいつも波立っているのは、この主がいるためだと伝えられている。

とよだ時著『日本百霊山』に載る。

龍王岳の天狗　山

登山者を引き裂く凶暴な天狗

富山県中新川郡に聳える龍王岳。この山の頂にはかつて雄山神社の末社、龍王岳社があり、天地の水を司る神である天水分神と国水分神が祀られていたというが、今はこの社もなくなっているという。

かつて、この山頂には天狗が棲んでいるとも言われていた。この天狗は登って来る者を引き裂いてしまう、恐ろしい天狗として伝えられていたようだ。

とよだ時著『日本百霊山』に載る。

石川県

千蛇ヶ池

水場

三千匹の蛇を三ヶ所に封じる

石川県と岐阜県に跨る白山の山頂には、千蛇ヶ池と呼ばれる池がある。この池はかつて三千匹もの蛇がおり、麓の村人たちを悩ませていた。そこで奈良時代、泰澄上人がやって来て、大蛇たちを呼び寄せ、そのうち凶悪な一千匹を切り捨てて塚に埋めた。これが今も残る蛇塚だという。次の一千匹は千蛇ヶ池に封じ込め、雪で蓋をして再び出て来られないようにした。もし雪が消えた際には、池のすぐ上の御宝庫という岩が崩れ落ち、この池を埋めるという。

そして残る一千匹は白山南方三ノ峰の南西麓にある刈込池に封じ込められていると伝えられている。

とよだ時著『日本百霊山』に載る。

天狗の剣

山村

女の作業員を襲った天狗

石川県の白山の麓にあった白峰村（現白山市）。この村では、山中で原因不明の怪我をしたり、死んでしまったりしたときは、天狗の剣術によるものだと考えられ、「天狗の剣にかかる」と言った。

戦後間もないころ、白峰村の女の作業員が仕事始めに転倒し、太ももを打ったが気にせずに山道を登った。しかし仕事場に着き、太ももに触れると出血しており、はいていたモンペには傷もないにもかかわらず、太ももの肉が刃物で斬られたように傷付いていたという。

また同じく戦後の頃、白峰の女の作業員が昼食の湯茶を汲みに谷川に降りたまま戻ってこないため見に行くと、頭を粉砕されて死んでいた。これも天狗の剣にかかったのだと言われたという。

松谷みよ子著『現代民話考1 河童・天狗・神かくし』に載る。

白馬に化けた天狗

山

突進する白馬によって負傷した女性

石川県の虎狼山には天狗が棲んでいるという。明治の末の頃、ある女が白昼にこの山を通ったとき、天狗が白馬の姿になって突進し、負傷させた。この時、近くの畑にいたものは白馬を見なかったという。

松谷みよ子著『現代民話考1 河童・天狗・神かくし』に載る。

福井県

椿トンネルの霊

トンネル

若くして死んだ新妻の亡霊

福井県の美浜町にある椿トンネルには、幽霊が出現すると言われている。このトンネルを通ると自動車のルームミラーに乗せているはずのない女が写る、写真を撮ると見知らぬ女が写る、といった話がある。この女の霊はかつて塩尻の村のはずれにあった家の嫁が歳若くして亡くなった後、夫が後妻を迎えて金沢に転勤になったため、成仏できずにさ迷っているのだという。

松谷みよ子著『現代民話考3 偽汽車・船・自動車の笑いと怪談』に載る。

猫の鉱泉

温泉

全身ヤケドの猫が治療に使った水

福井県の越前町には天谷鉱泉というヤケドに効く湯が湧いている。この鉱泉を発見した由来は以下のようなものだ。

明治初期、全身にヤケドを負った猫がこの辺りにやってきて、流れている水を自身の前足で掬って体に塗り、ついにヤケドをすっかり治してしまった。これを見ていた人々がこの水を自分の家に引き、やがてヤケドや皮膚病で苦しんでいる人々に解放したのが天谷鉱泉の始まりだったという。

またこの鉱泉にはお堂が造られているが、そこに祀られている神は鉱泉のことを教えてくれた猫だろうと言われている。

松谷みよ子著『現代民話考10 狼・山犬・猫』に載る。

福井の山の謎の声

水場

川に流した箸が上流から返ってくる

これはネット上に書き込まれた怪異である。ある小学生が福井県南部の山に遊び行ったときのこと。夕方、夕飯を食べて食器を川で洗っていた際、箸を流してしまった。

しかしまだフォークもあるからとあまり気にせずにいると、上流からその箸が流れてきた。

不思議に思って川の流れを確認したり、試しに木の枝を流したりしてみたが、やはり流したものが戻って来る構造にはなっていない。

そこでもう一度箸を流してみようとしたとき、突然「おいおい、一回しか返してやらんぞ?」というチェロの音のような声がはっきりと聞こえた。

それは笑い交じりでとても友好的な調子で、イントネーションも地元のものだった。しかし、辺りを見回しても半径一〇〇メートルには誰もいなかったという。

2ちゃんねる(現5ちゃんねる)オカルト板に立てられたスレッド「∧∧山にまつわる怖い話Ｐａｒｔ４∧∧∧」にて、平成一五年(二〇〇三年)一二月一一日に書き込まれた体験談。

静岡県

山 足柄山の山姥

鬼退治をした坂田金時の母

神奈川県と静岡県に跨る足柄山。この山は金太郎こと坂田金時の出生地であることが知られているが、彼の母親は山姥だったという伝説が残っている。

江戸時代の通俗史書『前太平記』においては、金時(公時)は足柄峠の山姥が夢で赤竜と交わった後、雷鳴により飛び起きた際に腹の中にいた子なのだと語られている。

金時は山岳を駆け抜け、岩を軽々と持ち上げる身体能力を持ち、それを見込まれて源頼光の家臣のひとり、渡辺綱によって頼光の元に招致され、金時を含めた四天王が揃ったという。

こうして頼光四天王のひとりとなった金時は、頼光や他の四天王とともに土蜘蛛(葛城山の土蜘蛛参照)、酒呑童子(大江山の酒呑童子参照)といった妖怪たちと戦ったという。

現代においても金時は金太郎の名で子どもたちに親しまれ、足柄山の名前も子どもたちにとって親しみ深い山となっている。

雨乞山《あまごいやま》　山

藁で作った龍を山頂に運ぶ

富士市にある雨乞山は、その名の通り雨乞いに使われていた山だった。この地方では藁で竜を作り、大勢の村人でこれを担いで山頂まで昇り、一緒に登った僧侶たちが読経する中で村人たちは仰向けに寝て、以下のような唄を歌ったという。

「雨乞山の水神坊、矢所山の水神坊、雨降れ竜恩ない。竹の下の水神坊、さるご山の水神坊、雨降れ竜恩ない」

この雨乞いが終わると、竜を再び担いで山を下り、富士川に流して完結したのだとされる。

山村民俗の会編『山ことばと炉端話』に載る。

馬を食う穴　洞窟

三倍に広がり馬を飲み込む謎の穴

静岡県のアンモ山と呼ばれていた禿山の山頂には、馬を食う穴があったという。

明治時代のこと、万野村(現富士宮市)の川村治平という人物が馬を連れてこの山を登ったところ、山頂に一尺(約三〇センチ)四方の穴を見つけた。この穴に馬が前足を滑らせて入り込んでしまったところ、突然その穴が鳴動し、見る見るうちに三尺(約九〇センチ)四方の大穴となり、馬を飲んでしまった。

その時馬はまだ無事だったと見え、嘶き声が聞こえたため、治平は何か食べさせようと秣を投げたところ、穴の中から風が起こり、投げ入れた秣を吹き飛ばしてしまった。

これに驚いた治平が今度は木や石を投げ込むと、鳴動はいよいよ激しくなり、天地も砕けるばかりの有様となったため、治平は馬を捨て置いて命からがら逃げたという。

湯本豪一編『明治妖怪新聞』に載る。同書によればこれは明治一七年(一八八四年)付けの『絵入自由新聞』に掲載された記事だという。

大渕小僧　墓場

大人たちに殺された孤児の呪い

富士山麓に出現する妖怪。その場所には「大渕小僧の墓」というものがあり、それはかつて親がいない寂しさを紛らわすため、村の人々にいたずらをして回っていた結果、心無い大人たちに殺されてしまった大渕小僧という名の子どもの墓なのだとされる。

しかし大渕小僧はいまだ成仏していないらしく、この墓の側を通ると子どもの笑い声が聞こえたり、墓の前で手を二回叩いてお参りすると呪われる、などの噂がある。また墓にいたずらした場合、夜になると大渕小僧と思しき六歳ほどのぼろぼろの着物を着た少年が現れ、首を絞めたり、噛み付いてきたりするのだという。

ピチ・ブックス編集委員会編『私の学校のこわい話2』にある怪異。大渕小僧の話は実際に静岡県に伝わる昔話で、静岡県富士市発行の『ふるさとの昔話』によれば現在も大渕小僧のほこらが残っており、地元の小学生などが時々お参りに来ているという。

お竹狐 山

お膳を貸してくれる親切な古狐

静岡県の金山という山には、昔、お竹という古狐が棲んでいた。

手越の辺りに住む人は、葬式など人が大勢集まるとき、皆に出すお膳が足りなくなると夜に金山に登り、「いついつまでにお膳を一五人分、足りないから貸しておくれ」と言って帰ってくると、その日までに頼んだ場所に立派なお膳が揃えてあったという。

今野圓輔著『日本怪談集 妖怪編』に載る。同書によれば、この金山は安倍川の西にあったと記されているため、安倍金山を構成する金山のひとつだろうか。

山や塚、淵などで何者かから椀や膳を借りる伝説は椀貸伝説と呼ばれ、全国に類話が存在する。

片瀬山の天狗 山

天狗が男を谷底に投げ飛ばす

静岡県にある片瀬山という山に天狗が出たという話がある。

明治末期のこと、夜遅くにこの山を登っていた鳥澤氏という人物が天狗と遭遇した。鳥澤氏は度胸があったので、これを無視して前に進もうとすると、天狗が後ろから抱き着き、彼を傍らの谷底に投げ込んでしまった。

鳥澤氏は命はとりとめたものの傷を負い、どちらに行けば家に帰れるかも分からなくなり、その場で一夜を明かした。翌朝、畑に行く途中の百姓たちが彼を見つけたおかげで家に帰ることができたという。

今野圓輔著『日本怪談集 妖怪編』に載る。

旧天城山隧道

トンネル

トンネル壁面に現れる巨大な人面

伊豆市と賀茂郡河津町を結ぶトンネル。現在は新天城トンネルの登場により旧天城トンネルと呼ばれる。川端康成の『伊豆の踊子』、松本清張の『天城越え』などの小説に登場することでも知られるこのトンネルだが、怪異が発生したという話もある。

昭和三九年(一九六四年)頃、ある男性が天城峠を越えて天城山隧道に入ったとき、トンネルの壁一面に普通の人間の顔と比べると大きさが二、三倍はある顔が、トンネルの角石に沿って何十も並んでいた。

その男性が顔のひとつを指でつついてみると、指が触れている間は消えているが、放すとまた現れる。

男性がトンネルを進もうとすると今度は目の前に白衣を着た女が二人現れた。しかし無視すると特に危害は加えられなかった。

しかしそれから数日後、男性が眠りにつくと、その夢に天城山隧道の壁に張り付いていた顔が現れるようになった。これらの顔は同時にひとつから五つぐらい現れ、すごい勢いで突進して来たり、何百倍にも膨らんだりしたという。しかしこれも二週間ほどで止み、それ以降は特段何もなかったという。

平野威馬雄著『お化けの住所録』による。

九頭竜山《くずりゅうやま》の大蛇

山

雨をもたらす大蛇の死体を祀る

静岡県にある九頭竜山には、大木のような大蛇が棲んでいたという。ある時、この大蛇の死体を見つけた村人たちは、大蛇を祀るために小さな祠を建てた。

雨を願う時は、この山に登って三日三晩祈り、大蛇に水を求めたという。

山村民俗の会編『山ことばと炉端話』に載る。

狗賓《ぐひん》 山

信心深い若者を助けた天狗

天狗の一種。静岡県の両河内村（現静岡市）に伝わる話では、日頃信心深い若者が狗賓の手のひらに乗せられ、竜爪山に連れて行ってもらったという話がある。また村が火事になったとき、この若者の家だけは助かったともいう。

千葉幹夫編『全国妖怪事典』にある。

コボッチ 山

人間をたぶらかす子どもの妖怪

静岡県の遠江地方に伝わる妖怪で、少童の姿をしており、山中に現れるとされる。間の谷間にあるグミの林に棲み、往来の人をたぶらかしたり、取り憑いたりすると伝わる。

また水中に現れることもあり、河童の類であるともされる。これは人を誑かして水中に引き込むという。

磐田郡（現磐田市）の山村ではこれをクダギツネとも呼んだとされ、鼬に似た獣で病人に憑いて、見ないことを千里眼のように語らせるという話もある。

民俗学研究所編『綜合日本民俗語彙』に載る。

五郎左衛門狐 山

祝言や寄合でお膳を貸してくれる狐

静岡県の安倍川の河原には、舟山という小さな山がある。この山には五郎左衛門狐と呼ばれる狐がおり、祝言や寄合がある時、この五郎左衛門狐の元に行って頼むと、後日お膳やお椀を持ってきてくれたという。

今野圓輔著『日本怪談集 妖怪編』に載る。椀や膳が足りない時に頼むと何者かが貸してくれる、という伝説は全国にあり、椀貸伝説と呼ばれる。安倍川の周辺では他にもお竹狐と呼ばれる狐が膳を貸してくれたという伝説がある。詳細は当該項目参照。

小夜の中山の夜泣石　峠

斬殺された母の仇を取った刀研師

　小夜の中山は静岡県掛川市佐夜鹿にある峠だが、この峠には遠州七不思議のひとつとして、赤ん坊のような泣き声を上げたと伝わる夜泣き石が現存している。この石に纏わる伝説は以下のようなものだ。

　お石という妊婦が小夜の中山に住んでおり、麓で仕事をして帰る途中、中山の丸石の松の根元で陣痛に見舞われた。そこに男が通りかかって介抱していたが、お石が持っている金に目がくらみ、お石を殺してしまった。偶然にも子どもは無事で、近くにあった久延寺の住職が育てたが、妊婦の霊は石に取りつき、毎夜のように泣き声を上げるようになったという。

　また生まれた子どもは音八と名付けられたが、成長した後は刀研師になった。そんなある日、音八は客が持ってきた刀が刃こぼれしていることに気付き、その理由を問うと、かつて小夜の中山で妊婦を斬った際、石に当たって刃こぼれしたのだと言う。これにより母を殺した男だと気付いた音八は、見事母の仇を取ったという。

　近世の随筆『煙霞綺談』に載る。

シャグマ　山

頭と背に蓑のような長毛がある妖怪

　浜松市にある竜頭山には、かつてシャグマという妖怪が出現した話が伝わっている。これは頭と背に蓑のような長毛がある猿のような妖怪だったとされる。

　千葉幹夫編『全国妖怪事典』にある。同書によれば、シャグマという妖怪は同県内の常光寺で捕らわれたこともあり、その姿は顔が赤く、頭は深い毛で覆われた狒々《ひひ》のようなものだったという。

竹採《たけとり》姫　山

かぐや姫が誕生した地

　富士市の竹採公園には、竹採塚と呼ばれる塚があり、「竹採姫」と刻まれた石を支えている。この石がある場所は無量寿禅寺の跡地であり、寺の開山である白隠が記した『無量寿禅寺草創記』には、この場所がかぐや姫誕育の地であることが記されているという。

　山村民俗の会編『山ことばと炉端話』及び富士市のホームページに載る。

　かぐや姫が登場する『竹取物語』は最後に富士山が登場することで知られており、富士山にはかぐや姫に纏わる伝説がいくつか残されている。赫夜姫の項目も参照。

狸の八畳敷　山道

家に化けて旅人を招いた狸

　これは浜松市での話である。ある商人が夜に山道を歩いて宿を探していると、一軒家が見えた。そこで戸を叩くと一人のお爺さんが出迎えてくれ、座敷に通された。

　商人は着物のほころびを直すために針と糸を所望し、お爺さんが寝ている間、着物を直していた。

　その時、ふと畳に針を刺したところ、突然「アッチチチー」という声がして辺りは真っ暗になり、家も座敷も消えてしまった。

　そのため商人は狸に化かされたことに気付き、狸の陰嚢に座っていたのだとくやしがったという。

　松谷みよ子著『現代民話考11 狸・むじな』に載る。狸の陰嚢は大きいという俗信があり、狸はこれを使って座敷などの幻を見せ、人を化かすという話が全国に残っている。

狸の腹鼓　山

捕まって箱に入れられたいたずら狸

　ある男性が山仕事をしていた際のこと。

　いたずら狸がいたため、捕まえて箱に入れておいた。すると狸は背中をもたれてあぐらをかき、腹をぽんぽこと叩き始めたという。これは珍しいと人が集まって見物していたが、そのせいで腹鼓の音は聞こえなくなってしまったということだ。

　松谷みよ子著『現代民話考11 狸・むじな』に載る。

　猟師に正体がばれた狸が腹鼓を打って命乞いをする『狸腹鼓』という狂言があるが、この狸も命乞いをしていたのだろうか。

丹那トンネルの抗夫の霊

トンネル

汽車の白煙が坑夫の姿に変わる

伊豆半島に聳える多賀火山を貫く丹那トンネル。

昭和一五年(一九四〇年)頃のこと。列車がこのトンネルを通っていると、デッキに立ち込めた白煙が人の形になり、そのうちツルハシを持った五、六人の抗夫の姿になった。話し声も聞こえたが、何を言っているのかは分からなかった。これはトンネル工事の事故でなくなった人々の霊ではないかという。

松谷みよ子著『現代民話考3 偽汽車・船・自動車の笑いと怪談』に載る。

長者ヶ池

水場

驕った二代目が財産をすべて失う

富士宮市、富士山の西麓にある田貫湖。この田貫湖はかつて「長者ヶ池」と呼ばれていたが、それにはこんな由来がある。

昔、京都に富士姫という娘がいた。ある時、彼女の夢に老人が現れ、「富士姫の名と同じ名を持つ駿河の山に、白い煙を目印に旅立ちなさい」と告げた。そこで富士姫がそれに従い、長い道のりを歩いて行くと、白い煙の元にあったのは一軒の炭焼き小屋だった。

彼女はその小屋の主人である若者にこれも何かの縁と小判を渡したが、若者はこんなものは裏の山にいくらでも転がっているという。そこで山に入ってみると、そこには数多の金塊が転がっていた。

富士姫はこの若者、藤次郎と結婚し、藤次郎は金塊を売った金で近くの沼地を開拓し、大きな田園として、その一部を自宅の池水として豪邸を建てた。

それから二人の間に子どもが生まれ、父親と同じ藤次郎の名が付けられた。この二代目藤次郎が家の主人となる頃、太陽がいつもより早く西の山(天子ヶ岳)に近付いていた。そこで藤次郎が「返せ、返せ」と叫び、扇で太陽を招くと、不思議なことに太陽は中天に戻って来た。藤次郎は上機嫌で酒を飲み、そのまま酔いつぶれた。

しかし翌朝になってみると、藤次

郎の前には荒れ果てた沼が広がっていた。彼の両親が建てた豪邸はなくなり、一夜にして昔のままの原野に戻ってしまったのだ。

藤次郎は馬に飛び乗ると、そのまま狂ったように駆け出し、川に飛び込んで浮かんでこなかった。この川は長者淵と呼ばれるようになったという。

山村民俗の会編『山ことばと炉端話』に載る。

日本坂トンネル　トンネル

七名死亡の玉突き事故の現場

静岡市駿河区と焼津市を繋ぐ日本坂トンネル。

昭和五四年(一九七九年)七月一一日、このトンネルで玉突き事故が起こり、大火災が発生し、これにより七名が亡くなった。また、火災により一七三台の自動車が焼失したという。

この事故のためか、日本坂トンネルを通過すると運転手の耳元で何者かが囁く声がするだとか、カーラジオが突然受信できなくなり、突然「焼け死ね!」という声が聞こえるといった噂が語られるようになった。

またトンネルの内壁に人の顔が浮き出したり、車の前に突然人が飛び出してくるといった話や、半身が焼け爛れた男女の幽霊が出現したり、天井から焼け爛れた腕や足が突き出る、という話もあるようだ。

怪奇伝説探究倶楽部編『日本「祟り・呪い」地図』に載る。

羽鮒山の蝦蟇石　山

蛇籠を池に納めて雨乞いをする

富士宮市の羽鮒山には蝦蟇の形をした石があるという。

かつてこの周辺の村に住んでいた人々は、日照りが続くと蛇籠を作ってこの石のところに行き、蛇籠を近くの池に納め、石を何度も叩いて雨乞いをしたという。

今野圓輔著『日本怪談集 妖怪編』に載る。

一つ目入道と三つ目入道　山道

一つ目と三つ目の二人の入道

静岡県の白山の花がら坂と呼ばれ

ていた坂には、かつて一つ目入道と三つ目入道が出たという。これは夜分にこの坂道を通ると現れたが、「見越した、見越した」と言うと消えると伝えられていた。

今野圓輔著『日本怪談集 妖怪編』に載る。「見越した」という言葉で撃退できる妖怪は見越し入道、見上げ入道などと呼ばれ、全国に例がある。

富士山の姥捨て伝説　姥捨山

捨てられるはずの父が息子を救う

日本で最大の高さを誇る山、富士山。この山の麓は富士山の噴火による火山灰や火山弾が積み重なった貧しい土地で、農作物があまり採れなかった。さらに富士山が陽光を遮り、野菜の出来が悪い土地も多く、「富士山日陰」などと呼ばれていた。

そんな貧しさから、この場所で老人が働けなくなったりすると富士山中に捨てる姥捨てが行われたという。

ある時、働けなくなった父親を富士山に捨てるため、山を登っていた若者がいた。父親は息子の背中で揺られながら、近くの枝を折っては地面に撒いていた。

若者は開けた場所に出ると、わずかばかりの水と握り飯を置き、父親を降ろして振り返ることもせずにその場を逃げ出した。しかし彼は岩の割れ目に落ちてしまい、何とか崖を手で掴んでかろうじてぶら下がった状態になった。

それを見た老人は、今まで歩くこともできなかった体でいざり寄り、息子を引き揚げようとしたが、彼の力ではそれも難しかった。

老人は天を見上げ、言った。

「奥山に　捨つる枝折は誰がためぞ
わが身を起きて　帰る子のため」

この歌が天に通じたのか、やがて若者は崖から這い上がることができた。そして若者は父親を背負って山を下りた。富士山の別名に「枝折山」という名があるのは、この話に由来するのだという。

山村民俗の会編『山ことばと炉端話』に載る。

富士山の天狗　山

山小屋に投げつけられる石

日本最大の山、富士山には多くの

天狗に纏わる話が伝わっている。

　例えば「天狗つぶて」と呼ばれる怪異は、山小屋に泊まっているときなどに小屋めがけて何者かが石を投げて来る現象をいう。

　驚いて小屋の外に出るとぴたりと止まり、これは天狗の仕業だと言われている。

　また大木を切る音が突然響き、さらに木が倒れてくる音がするが、見てみると何もない。これは「空木倒し」と呼ばれ、やはり天狗の仕業だとされる。

　他にも山のあちこちから高笑いが聞こえてくる場合があり、これは「天狗の高笑い」と言われるという。

　山村民俗の会編『山ことばと炉端話』に載る。

富士山の日の出の怪光　山

テレビカメラに撮影された謎の光

　昭和五二年（一九七七年）のこと、テレビ静岡で富士山の日の出を撮影したとき、宝永山を右肩に見るあたりに得体のしれぬ光る物体が現れた。

　さらに四年後、新たに富士山の日の出を撮ったところ、やはり同じ怪光が現れたという。

　松谷みよ子著『現代民話考8 ラジオ・テレビ局の笑いと怪談』に載る。

富士山の笑い声　山

女の笑い声とともに滑落

　これはネット上で語られた怪異である。ある男性が富士山を登っていたときのこと。悲鳴が聞こえたため確認すると、直前に知り合ったグループのうち、二人が落ちたという。

　助けに行こうかと状況を確認していると、突然耳の後ろで「あはははははははは」と女の笑い声が聞こえ、振り返った瞬間、突風が吹いてその男性も落ちてしまった。

　男性は骨折したが、先に落ちた二人は助からなかったという。

　2ちゃんねる（現5ちゃんねる）オカルト板に立てられた「∧∧∧山にまつわる怖い話Ｐａｒｔ10∧∧∧」スレッドに平成一六年（二〇〇四年）七月八日に書き込まれた体験談に登場する怪異。笑い声の正体がなんだったのかについては触れられていなかった。

富士の人穴

洞窟

洞窟の怪音を聞いた四人が死亡

富士山には、「人穴」と呼ばれる洞窟がある。この洞窟は様々な怪奇現象を引き起こすことで知られている。

怪奇伝説探究倶楽部編『日本「祟り・呪い」地図』に載る。

古くは鎌倉時代に記された『吾妻鏡』にこの洞窟についての記述がある、源頼朝に人穴の調査を命じられた仁田四郎常忠とその家来五人が洞窟に入ったが、千人の鬨の声のような音が響いたり、人の泣く声が聞こえたりした上、奥に進むと大河があり、その向こう側に光が見えたかと思うと不思議な姿の人が現れ、家来四人がたちまち死んでしまったという。常忠は驚いて頼朝から授かった刀を川に投げ入れたことで、残った家来一人とともに洞窟から逃げることができたという。

またこの話を元に『御伽草子』の一編、『富士の人穴草子』が作られている。

先述した『日本「祟り・呪い」地図』によれば、今でもこの洞窟に入った人間が呪われた、という噂が語られているようだ。

宝永大噴火

山

幕府の悪政から天変地異が起きた

江戸時代、宝永四年(一七〇七年)のこと。富士山が大噴火を起こし、これは後に宝永大噴火と呼ばれた。この噴火の原因としてこんな話が残されている。

江戸幕府の幕臣であった荻原重秀が、勘定奉公を務めていた徳川綱吉の時代、財政難を立て直すよう命じられた。そこで金銀の貨幣を改鋳して銅を主な材料とし、量を増やして金をばらまくことで財政難を緩和した。

しかしこの悪政は天変地異をたて続けに呼び、奇怪な雲や不可思議な星、光り物などが出現した。また上総浦から安房相模において、海が著しい轟音を立てて鳴った。

これは凶事の前触れであると考えられ、寺院にて祈祷が行われたが、なおも怪事は続き、狐狸が様々な怪異を起こした後、富士山が噴火を起こしたという。

江戸時代の随筆『翁草』に載る。

万三郎坊と万二郎坊

大蛇を退治した仲の良い兄弟天狗

山

静岡県の天城山には、主峰の万三郎岳と隣に聳える万二郎岳がある。これらの山にはそれぞれ万三郎坊と万二郎坊と呼ばれる天狗が棲んでおり、万三郎坊が兄で、万二郎坊が弟の兄弟だという。

この兄弟はとても仲が良く、村人たちは天気が良い日にはこの天狗たちが水浴びしたり、相撲を取っていると言った。兄弟が水浴びするとされる池は「八丁の池」と呼ばれ、相撲を取ると言われた場所は「天狗の土俵」といい、その場所だけ木が生えないのだという。

またこの兄弟が七頭七尾の大蛇を退治したという伝説も残っているようだ。

とよだ時著『日本百霊山』に載る。

唯称寺《ゆいしょうじ》のカワス

巣穴を直した和尚に恩返しした河童

仏閣

富士山の南麓にある静岡県富士市にある唯称寺。この寺にカワスに纏わる伝説がある。カワスは河童のことで、かつてこの周辺で大雨が続いたある日のこと、寺の和尚の夢にカワスが現れた。カワスが「巣穴が大雨と出水のため流れてきた農具のせいでふさがってしまい困っている」と言うため、和尚がその場所に行って農具をどけてやったところ、翌日カワスはお礼にスズキと茶壷を置いて行ったという。この茶壷は今も唯称寺に残されている。

山村民俗の会編『山ことばと炉端話』に載る。

岐阜県

小豆洗い

夜中に怪音を鳴らす小豆洗い

山

ある人物が岐阜県に高山祭を見に行った時のこと。その人物は川沿いの民宿に泊まっていたが、そこで眠る際、うとうとしていると川のせせらぎに交じって何かをしゃきしゃきと研ぐ音と、老人の声のようなものが聞こえてきた。その日は旅館の誰かが朝餉の支度をしているのだろうと思い眠りについたが、翌朝宿の人間にその話をすると、笑いながら「夜中にそんな事しません。それは小豆洗いです」と答えたという。

　2ちゃんねる(現5ちゃんねる)オカルト板に立てられたスレッド「∧∧山にまつわる怖い話Part19∧∧∧」に平成一七年(二〇〇五年)六月六日に書き込まれた怪異。

　小豆洗いは全国に見られる妖怪で、川の側で小豆を洗う音をさせるが姿は見えないと語られることが多い。また小豆を研ぐ際に「あずき研ごうか人とって食おか」などと歌うという伝承もあり、研ぐ音とともに聞こえた老人の声は小豆洗いが歌っていた声なのかもしれない。

天安鞍《あまのやすくら》　山

空飛ぶ馬を制御する不思議な鞍

　長野県と岐阜県に跨る乗鞍岳。この山にある天安鞍と呼ばれる鞍は、これを使った馬はどんな馬であっても振り落とされることがなくなるという不思議な鞍であったという。

　藤沢衛彦著『雪ある山山の伝説』(『旅と伝説』通巻一号収録)に載る。

　元々この山の名前の由来は形が鞍のように見えることに拠るようだが、名前から天安鞍の伝説が生まれたのだろうか。

　この天安鞍は那須国造の八岐大蛇退治の伝説に登場し、大蛇を倒すために那須国造が見つけた空飛ぶ馬を制御するために使われた。詳細は八溝山の八岐大蛇の項目を参照。

高山の白狐　山

撃った猟師に化けて復讐した狐

　現在でいう岐阜県高山市に現れた狐の怪。

　ある時、この辺りに住む猟師、与治作が深山に入り、獲物を探していたところ、白狐が出現した。猟師はこれを捕ろうとしたが、銃弾が外れ、白狐は逃げてしまった。

　この日、三太郎という別の猟師も山に入っていたが、ある岩の麓で白狐が草を取って頭へ乗せ、肩へ掛けるなどしているのが見えたかと思うと、その姿が与治作に変わった。三太郎はさては与治作に化けて俺を騙す気だなと考え、近付いて来たら銃を放ってやると待ち構えていると、与治作に化けた白狐はどこかへ向かって歩いて行く。

　そこで三太郎は皆にこれを報せ、寄ってたかって倒してやろうと考え、村の寄合場に行ってそれを話した。

　するとしばらくして与治作が帰ってきたが、白狐が化けたものだと考えた村の者たちは寄ってたかってこれを打った。しかしこの与治作は本物の与治作であったため、それに気付いた皆は慌てて水を飲ませ、薬を与えて手当てをしたので、命に別状はなかった。

　しかしこれは白狐の報いであろうと与治作は深く恐れ、猟師を辞めて農家となったという。

　湯本豪一編『明治妖怪新聞』に載る。

同書によれば、これは明治一六年（一八八三年）九月一二日付けの『絵入朝野新聞』に載った記事だという。

単眼オヤジ

神社

子どもに帰宅を促した異形のオヤジ

　岐阜県のある山に現れた怪異。兄弟二人が友人たちとともにこの山の中腹にある神社の境内で蝉を取って遊んでいると、日暮れが迫ってきたため、他の友だちは帰って行った。

　しかし弟はまだ蝉が取れていないため帰りたがらず、兄がそれに付き合っていると、二人の背後から足音がして振り返った。

　そこにいたのは茶色い草履にグレーのズボン、青っぽいジャンパーを着たごま塩頭の男性だったが、通常二つあるはずの目玉がなく、一〇センチほどの大きさのアーモンド形の目が一つ顔についていた。

　しかし兄の方は怖さよりもどうしてかなつかしさを感じ、単眼オヤジの方もまた兄弟を見て「一緒に帰るか？」と優しく言った。

　しかし弟は「いやだ、まだ遊ぶ」と即答した。すると単眼オヤジは「早く帰らないとヒトに捕られるぞ。気をつけな」と心配そうに言って、神社の裏へ姿を消したという。

　2ちゃんねる（現5ちゃんねる）オカルト板に立てられたスレッド「＜＜山にまつわる怖い話Ｐａｒｔ20＜＜＜」に平成一七年（二〇〇五年）六月二七日に書き込まれた怪異。

稚児の岩

山

自殺した少年の泣き声が聞こえる岩

揖斐郡揖斐川町、この町にある妙法ヶ岳には華厳寺、横蔵寺といった寺があるが、今では廃寺になってしまった寺がもう一つあったという。その寺の跡地には稚児の岩と呼ばれる岩があり、その名前の由来は以下のように語られている。

かつてその寺には七つほどの少年がいたが、修行の辛さから自ら命を絶ってしまった。以来、自殺した場所にあった岩の近くを夜中に通ると子どもの泣き声が聞こえるようになった。そのためその岩を稚児の岩と呼ぶようになったのだという。

室生忠著『都市妖怪物語』による。

一声呼び

山

怪物や神霊は名前を連呼しない

岐阜県大野郡の山小屋では人を呼ぶ際には必ず二回続けて呼んだ。これは怪物が人に声をかける際にはいつも一声しか呼ばず、神霊もまたおそらく名前を連呼しなかったためだと考えられる。

民俗学研究所編『綜合日本民俗語彙』に載る。

淵主

水場

お気に入りの子どもを連れ去る妖怪

岐阜県の他県と接する山間の村に伝わるという妖怪。この村には川が流れており、その川に出没する男か女かも分からない、魚のような丸い目と海藻のような髪を垂らした子どもの姿をした妖怪が、他の子どもたちに遊ぼうと呼びかけるという。もしこれと遊んでしまい、淵主のお気に入りになってしまうと、淵主に連れて行かれる。そして次のお気に入りができると淵主は連れ去った子どもを返すが、それまでに数年以上かかるため、連れ去られた子どもが返って来るときにはミイラ化した死体になっているという。

2ちゃんねる(現5ちゃんねる)オカルト板に立てられたスレッド「∧∧山にまつわる怖い話Part20∧∧∧」に平成一七年(二〇〇五年)六月二八日に書き込まれた。このスレッドには実際に淵主に遭遇したという人物の体験談が書き込まれているが、それによれば河童に類似した妖怪だとされている。

貉《むじな》の石転がし　山小屋

夜に落ちてきた幻の石

岐阜県の古峠での話。この峠の奥で炭焼きをしていた男性がいたが、夜になって一服していると、山の上から転がって来た石が炭焼きの小屋にぶつかった音がした。春先だし雪が解けて石が落ちてきたのだろうと思っていたが、落ちてくる石が次第に大きくなってきているようだった。

壁に当たると小屋が揺れるほどになったため、男性は慌てて壁を抑えたが、大小の石が次々と落ちてくるため、あちらこちらを押さえているとやがて夜が明け、石も落ちて来なくなった。そこで外へ出てみると、石は落ちておらず、小屋の周りの雪の上は貉の足跡だらけだったという。

松谷みよ子著『現代民話考11 狸・むじな』に載る。

ヤマガロ　山

弁当を盗むいたずら好きの妖怪

飛騨(現岐阜県)の山里に伝わるという妖怪。人間でも獣でも神様でもないが、山を支配しているものとされ、樵《きこり》の背負っている荷物にそっと乗っかり、弁当を盗むなどのいたずらをする。しかし直接人間に害を加えることはないという。

今野圓輔著『日本怪談集 妖怪編』に載る。

山の神婆　山

出会いを人に言うと死を招く老婆

岐阜県の下牧村(現美濃市)では一一月七日に山の講を行うが、この日は山に行くことを禁じていた。

もしこの山の講の日に山へ行くと、山の神婆というものに逢うことがある。

すると山の神婆は必ず自分に逢ったことを人に告げるなと言うが、もしこれを破って誰かに告げれば、その人は死ぬと言われていた。

民俗学研究所編『綜合日本民俗語彙』に載る。

愛知県

負《お》んでくれ

山

男の家に三年居ついた狸

昔、フルハタという山に行った男性が、「負んでくれ！」という声を聞いて、子どもかと思って負ぶったところ、狸だった。男は狸を家まで連れて帰ってしまったが、狸はそこに居ついてしまったため、三年ぐらい飼った。そのうちに狸はいなくなったが、男性は狸に化かされたと思ったという。

松谷みよ子著『現代民話考11 狸・むじな』に載る。同書には他にも愛知県南設楽郡（現新城市）の、のっこしの峠と呼ばれるところで狸が「負んでくれ！」と呼ぶ声がする、という話も載せられている。

片足上臈《じょうろう》

山

草履や獲物を奪う片足の美女の妖怪

愛知県の鳳来町（現新城市）には、片足上臈と呼ばれる妖怪が伝わっている。この妖怪は栃の窪という場所からはだなし山と呼ばれる山に現れたとされ、美しい上臈の姿をしているが、足は片方しかない。

紙製の鼻緒の草履を履いた者がいると、その片方を奪うとされ、また山中で猟師が獲物を一時的に置いておいてそこから離れた際には、その隙に獲物を奪い取るとも伝えられていた。この場合は猟銃と山刀を十字に組んだり、袢纏を掛けておくと片足上臈の被害を防ぐことができたという。

今野圓輔著『日本怪談集 妖怪編』、早川孝太郎著『猪・鹿・狸』に載る。片脚上臈と表記される場合もある。

北設楽の山女

山小屋

木の葉でつくった衣服をまとった女

愛知県の出沢村の鈴木戸作という男が北設楽郡（現新城市）の山の山小屋で仕事をしていたところ、木の葉などを綴り合わせて作ったぼろぼろの着物を着た女が現れ、塩を無心に来た。そこでどこの者かと聞くと紀州（現和歌山県）の者だと答えたという。

今野圓輔著『日本怪談集 妖怪編』に載る。

狐の火柱

祠

巨大な火柱が線香から上がる

昭和一三年(一九三八年)頃、愛知県の山村での話。ある女性が墓参りの後に墓地の横手にある狐を祀った祠に参った。

そこで線香を供え、手を合わせていると、突然ぼっという音がして幅一メートルほどの天井まで届く火柱が立ち上った。女性は慌てて逃げ出したが、一瞬にして辺りは元に戻っていたという。

松谷みよ子著『狐をめぐる世間話』に載る。

コンコン

山

山頂に出現する正体不明の化け物

愛知県の下山村(現豊田市)には四辻と呼ばれる山頂があるが、そこには「コンコン」という化け物が出るという。

佐藤清明著『現行全国妖怪辞典』に載る。どのような化け物なのかは不明。

ジャンピングババア

トンネル

飛び跳ねながら追いかけてくる老婆の怪

愛知県豊橋市の多米町と静岡県の三ヶ日を繋ぐ多米峠にある多米トンネル付近には、ジャンピングババアなる老婆が出現するという。

この老婆は着物を着ており、下駄を履き、一回のジャンプで四メートルは跳ぶと言われている。

夜中に多米トンネルを通るとこの老婆が跳びながら追いかけてきて、事故に合わせてしまうとも伝えられる。

池田香代子・他著『走るお婆さん』に載る。

狸囃子

山

姿を見せずに鳴り響く笛と太鼓

南設楽郡(現新城市)での話。この辺りの地域では、一人で炭などを焼いていると、山の陰などから笛の音や太鼓の音が聞こえ、いかにも賑やかに囃し立てて近づいて来る。あと一息で目の前に現れる、といった距離で音は消えてしまうと言い、狸の悪戯なのだと言われている。

松谷みよ子著『現代民話考11 狸・むじな』に載る。狸が太鼓や笛などの囃子の音を響かせる話は全国にある。特に東京都の本所に七不思議として伝わる狸囃子の怪談が有名。

鉈箱の音　山

姿を現さない下山者の音

ある男性が山に入ったとき、鉈箱を鳴らしながら下りてくる者がいた。この山に入った人間は男性以外には彼の知り合い一人だけだったため、男性はその知人を待っていたが、一向に姿を現さない。そのため男性は音を追ったが、知人は一切姿を見せなかった上、鉈箱の音が足下から鳴り出したことで男性はこれが狸の悪戯だと気付いたのだという。

松谷みよ子著『現代民話考11 狸・むじな』に載る。

猫のお林　仏閣

林の木を伐ったことで檀家が死亡

愛知県の稲武町（現豊田市）には「猫のお林」と呼ばれる山があった。この山のすぐ側には寺があったが、ある時この寺が破損し、檀家が集まって猫のお林の木を伐って売り、修繕のための金にしようと相談した。しかしこの集まりに参加した檀家は次々と死んでいき、その顔は猫のようになっていた。

また寺の小僧が客殿に赴いたところ、そこに巨大な猫がおり、小僧は気絶してしまったという。

これには檀家の人々も猫の祟りに違いないと考え、近所の寺の和尚たちも皆で猫のお林を拝んだという。

松谷みよ子著『現代民話考9 木霊・蛇・木の精霊・戦争と木』に載る。

ピョンピョンばばあ　山道

追いつかれると死を招く亡霊

愛知県の山道に出現するという老婆。小刻みにジャンプしながら車を追い掛けてくるが、これに追いつかれた運転手は呪われて死んでしまうとされる。

この老婆は由来も伝わっており、元はオートバイでこの山道を走っているときに自動車に撥ねられて死亡した人間の女性だったのだという。

ポプラ社編集部編『映画「学校の怪談」によせられたこわーいうわさ』による。

鳳来寺山《ほうらいじ》の少女の声 山

助けを求める少女の声が響く

新城市鳳来寺にある鳳来寺山。この山では、どうしてか山に入った人々によって「助けてー、助けてちょうだい」という少女の声がよく聞かれている。また、人によっては少女の霊を見る場合もあるという。

室生忠著『都市妖怪物語』にある。

山姥になった女 山

一八年後に帰ってきた女

かつて、北小木村、今でいう愛知県西春日井郡に一人の女がいたが、子どもを産んですぐ乱心し、家を出て行方不明になった。それから一八年後、この女が家に帰ってきたが、その姿は裸身に草や葉を纏い、髪は赤く、目は巨大化し、骨が盛り上がった恐ろしい姿になっていた。夫はこの様子に恐れをなして逃げ出し、友人の家に向かったが、女もついてきた。そのため「家に入れることはできないから、出ていけ」と伝えると、女は「私は昔家を出た後、夢うつつのうちに山に入り、今日まで至った。そのようなことを言われるのは悲しい。どこに行けば良いのか」と言って走り出した。

その途中、猟師がこの女を見つけて銃で撃とうとしたため、女は凄まじい速さで猟師に近付くと、その腕を掴んで「私はこの村の何某の妻だ。家を出て、しばらくして帰ってきたのに追い出されたのだ」と言った。さらに「例え銃であろうと私は死なない。これを見よ、今まで私に銃弾が撃ち込まれた跡だ」と胸に残った傷跡を見せた。

そこで猟師が今までどこにいて、何を食っていたのかと問うと、女は「私は山に入り、火蟲を取って食っていた。しかしそれでは足りないので、狐狸を見つけては捕らえ、引き裂いて食っていた。そのうちに力が満ち、寒さも感じず、物を欲しいとも思わなくなり、月日を山を登り、谷を下って過ごした」と答えた。猟師はそれであれば恐ろしい妖魅の類だと思い、急いでその場を立ち去った。しばらくして振り返ると、女が獣のごとく山に分け入って行くのが見えた。猟師はこれは女が山姥になったのだろうと語ったという。

今野圓輔著『日本怪談集 妖怪編』に載る。行方不明になった女が年老いて帰ってきて、また山に戻って行く話はほかに寒戸の婆がある。詳細は当該項目参照。

Column

トンネルの怪異

日本全国に数えきれないほど存在するトンネル。しかし、その中には心霊スポットとして怪異譚が語られるものも多い。その理由を考えてみたい。

まずトンネルは、山などの障害のこちら側と向こう側の二つの場所を繋げる特殊な空間だ。外とは全く違う、昼間でも薄暗く、左右を壁に囲まれた空間が続いている。さらに通るのは車ばかりで、人通りは少ない。これはつまり、トンネルを歩いている途中に何かが現れれば前か後ろに一人で逃げなければならないことを意味する。

こういった空間は人に恐怖心を覚えさせやすい。さらにトンネルには事故が付き物だ。交通事故はもちろんのこと、建設中の事故で工事をしていた人々が亡くなったり、落盤事故により一度にたくさんの人が亡くなった例もある。

暗く、狭く、死を連想させる空間という要素が組み合わさったトンネルは、そこに何か人ならざる存在の出現を予感させる。それが心霊スポットとなりやすい理由なのかもしれない。

近畿地方

三重県

大台ヶ原の大猫　山小屋

天井から現れた巨大な獣の手

奈良県と三重県の県境に聳える大台ヶ原山。明治の中頃、この山に杣小屋があった。一人の杣がこの小屋に泊まっていると、天井で大きな音がして屋根裏に吊るされていた魚や肉を奪おうとする巨大な獣の手が現れた。杣は斧を手に取ると、この獣の手を切断してしまった。獣は大暴れした後、小屋を去って行った。

それからというもの、この山では片手のない獣がよく目撃されるようになった。ある時この獣が罠に掛かっていたが、その正体は体重二〇キロもある巨大な獣であったという。

松谷みよ子著『現代民話考10 狼・山犬・猫』に載る。

餓鬼憑き　峠

人に取り憑く餓死した怨霊

伊勢から伊賀へと越える峠道で発生したという怪異で、突然飢餓感に襲われて一歩も動けなくなることを言ったという。この正体は餓鬼が憑いたことで、餓死した乞食などの怨念がその場所に残り、餓鬼となって通行人に取り憑くのだという。

江戸時代の随筆『雲萍雑志』に載る。山道で急激な飢餓感に襲われ、動けなくなるという怪異は全国に例があるが、柳田國男著『妖怪談義』においては、これが見つかった中では最も古い例だとされている。

鈴鹿御前　山

鈴鹿山を根城にした女盗賊

三重県に聳える鈴鹿山。この山には立烏帽子や鈴鹿御前と呼ばれる女盗賊、もしくは天女とも鬼女とも言われる女が住んでいたと伝えられている。

平安時代に記された仏教説話集『宝物集』には、鈴鹿山で立烏帽子という盗賊が捕らえられ、処刑されたことが記されている。鎌倉時代初期の軍記物語『保元物語』には鈴鹿山の立烏帽子が捕らえられた、と記されている。

同じく鎌倉時代に記された説話集『古今著聞集』にも鈴鹿山の女盗賊が捕まえられた話が載せられており、同時代の『弘長元年十二月九日公卿勅使記』には盗賊、立烏帽子が崇拝する神として、鈴鹿姫について記されている。

これらが次第に習合して、鈴鹿山に住む女盗賊、立烏帽子や後述する鈴鹿御前の物語や伝承が生まれた。

また、室町時代に記された戦記物語『太平記』においては、鈴鹿御前と征夷大将軍である坂上田村麻呂が鈴鹿山にて剣を合わせたという物語が記され、同時代の後期には『鈴鹿の草子』、『田村の草子』といった御伽草子にて鈴鹿山に住む天女、もしくは第六天魔王の娘として鈴鹿御前が登場する。この鈴鹿御前は空を駆ける車を持っていたり、三本の宝刀を自在に操るなどして人ならざるものとしての力を見せるほか、田村麻呂と恋に落ち、共に悪路王などの鬼を退治し、夫婦となって子をもうけるといった描写が見られる。また東北地方で盛んであった奥浄瑠璃『田村三大記』においても田村麻呂と鈴鹿御前の物語が描かれ、今に残されている。

阿部幹男著『東北の田村語り』等に載る。

狸の火　山

人里に下りてこない怪火

奈良県、三重県、和歌山県に跨る大台ヶ原でのこと。大正時代の初め頃、この山ではちょうちんのような火が見えることがあったが、これはいくら待っても人間の方には近付いてこなかった。この火は狸が出したもので、「狸の火」と呼ばれていたという。

松谷みよ子著『現代民話考11 狸・むじな』に載る。

天神の火　山

呼ぶと近づいてくる怪火

三重県の天神山には、夏と秋の夜になると茂みに火が現れる。この火は里の方から呼ぶとあっという間に近付いて来る。その大きさは唐傘ほどで、地面から三〇～六〇センチほど浮いている。火の中からはうめき声のようなものが聞こえ、人が歩くとついて来るが、悪さはしないという。

千葉幹夫編『全国妖怪事典』に載る。

真夜中の御在所岳 山

遭難した孫を助けた祖父の戦友の霊

平成三〇年(二〇一八年)七月一八日午後五時二〇分ごろ、三重県の鎌ヶ岳で一人登山中だった男性が父親に「道に迷った」と連絡。それにより父親から一一〇番がなされた。

しかし翌日未明に男性が下山。男性が言うことには、偶然山中で出会った二人の案内で御在所岳のロープウエイの山温泉駅まで下山できた。

歩いてついて行くのに必死で会話はほとんどできなかったが、気がつくと名前も告げずに去っていたということだった。

男性がこのことを母親に話したところ、母親は「それはお前の爺さんの戦友に違いない」と言って顔を覆ったという。

前大戦時、母親の父は陸軍小隊長として出征していた。

小隊長は部下達を大事にし、身寄りのないある二人については、我が子のように可愛がった。

ある時、休暇を貰った小隊長は、帰省する家もない二人を連れて帰ってきた。しかし休暇が終わり、三人は再び戦場へと戻り、その後母国の土を踏むことはなかった。

しかし出征の折、二人は「小隊長殿に受けた恩は必ず、必ずあなた達に返しにきます」と告げたという。

その二人が死してなおこの地に帰って来て、男性を助けてくれたのだ。

そう言って母親が見せたアルバムの写真には、男性を助けたあの二人の姿が写っていたのだ。

ネット上に載る怪異である。男性が下山した前半までは平成三〇年七月二〇日付け、朝日新聞の記事として掲載されたもの。

男性の母親が登場する以降の後半部分は2ちゃんねる(現5ちゃんねる)オカルト板に立てられたスレッド「∧∧山にまつわる怖い・不思議な話Part50∧∧」にて創作され、付け足されたものと考えられる。

現在では前半部分と後半部分がセットで語られることが多い。

滋賀県

伊吹山の神

山

日本武尊を殺した山の神

滋賀県と岐阜県に跨る伊吹山。この山は日本神話に描かれる英雄、日本武尊(倭建命)の死の原因となった神が棲んでいたことで知られている。

日本武尊は伊吹山の荒神を倒すためにこの山に登るが、途中、牛のような巨大な体の白猪と遭遇する。日本武尊はこれを神の使いと判断して「今殺さずとも、山の神を殺してから帰り道に殺していこう」と言って見逃すが、白猪は伊吹山の神そのものであったため、日本武尊の言葉に怒り狂った。そして日本武尊は伊吹山の神により氷雨をぶつけられてしまい、これによって病に倒れ、ついには亡くなってしまったとされる。

奈良時代の歴史書『古事記』に載る。『日本書紀』でも同様の話が載るが、伊吹山の神は大蛇の姿をしていたと記されている。

またこの『日本書紀』における記述のためか、伊吹山の神は同じく日本神話に登場する八岐大蛇と同一視されることもある。室町時代の御伽草子『伊吹童子』では、八岐大蛇が素戔嗚尊に殺された後変じたのが伊吹大明神であり、伊吹大明神を司る伊吹の弥三郎という男の元に生まれたのが、後に平安京で略奪を働いた鬼、酒呑童子だという物語が語られている(大江山の酒呑童子も参照)。また同じく御伽草子の『酒呑童子』では、殺された八岐大蛇の御霊が伊吹大明神として崇められ、その伊吹大明神がある美しい娘の元に通って生まれたのが後の酒呑童子だと語られている。つまりこの話では酒呑童子は八岐大蛇の息子ということになる。

観音寺坂トンネルの霊

トンネル

白いワンピースの若い女の霊

滋賀県の長浜市と米原市を繋いでいた観音寺坂トンネル。現在は新観音寺坂トンネルの開通により役目を終えたこのトンネルだが、昭和五二年(一九七七年)頃、このトンネルで幽霊と遭遇したという体験談が語られている。

ある女性が自動車でこのトンネル

を抜けた際、道の片側に白い車が止まっており、そこに若い女が白いワンピースを着て立っていた。人を待っているのだろうと徐行して側を通り過ぎたが、バックミラーに何も映らなかったため、不思議に思って振り返ると、女も車も消えていた。

あとで聞いた話によれば、その場所で車の事故があり、運転していた若い女性が死亡したという。

松谷みよ子著『現代民話考3 偽汽車・船・自動車の笑いと怪談』に載る。

小女郎ヶ池の蛇　水場

蛇となって大蛇に嫁いだ女

琵琶湖の西岸にある蓬莱山には、こんな伝説が残る。

かつて、南船路村(現大津市)に貧しい農夫が住んでいた。ある日、その女房が蛇の境遇に憧れて「蛇になりたい」と言い出し、山頂の池に向かった。亭主は赤子を連れて追いすがったが、女房は愛児に別れを惜しんでから、乳の代わりにと自分の右目を抉り出して子どもの口に含ませた。そして池畔の石に青苔が生えたとき、「私は小松ノ滝の大蛇に嫁ぎます。我が子に片目を与えた思いは百年、池の魚を一つ目にします」と池に身を躍らせた。

それ以来、その池を小女郎ヶ池と呼ぶようになったという。

山村民俗の会編『山ことばと炉端話』に載る。蛇が片目を乳替わりに自分の子どもに与える、という話は婚姻を結んだ女の正体が蛇だったという蛇女房の話によく見られるが、人間だった女が後から蛇になる展開は珍しい。

なぜ小女郎ヶ池という名前になったかといえば、この女房の名前がお孝といい、池の主の大蛇に魅入られたために池に通うようになり、最後はその池に入ったので元々、孝女郎池と呼ばれていたものが、いつしか小女郎ヶ池となったという説があるようだ。

狸の大坊主　山道

大坊主に化けて道をふさいだ狸

滋賀県と岐阜県に跨る伊吹山での話。ある時、岐阜県の人が早朝に山道を歩いていると、大きな坊主が目の前に立ちふさがった。しかし構わず馬を走らせると、大坊主は消え、狸の死体が残っていたという。

松谷みよ子著『現代民話考11 狸・むじな』に載る。狸などが大坊主や大入道に化けたという話は多い。

土倉鉱山跡

鉱山

無数の視線を感じる鉱山跡

滋賀県にある土倉鉱山跡。この鉱山は明治四〇年（一九〇七年）に発見され、昭和に閉山されるまで従業員やその家族が一五〇〇人ほどその周辺に住んでいたという。

現在、閉山されたこの鉱山に入ると、無数の視線に囲まれた、といった体験談が語られているという。

吉田悠軌編著『ホラースポット探訪ナビ』に載る。

飛行上人

山

体重三グラムの空飛ぶ僧侶

滋賀県と岐阜県に跨る伊吹山には、三朱沙門飛行上人と呼ばれる怪人の伝説が残り、数百年もの間この山に棲んであちこちに仏跡を残したとされる。

この飛行上人は体重が三朱（約三グラム）しかなく、風に乗ってどんな障害も乗り越えることができたため、飛行上人と呼ばれたという。

ある時、都で時の皇后が重い病にかかり、飛行上人が祈祷のため呼ばれた。上人は使いに来た勅使を掴むと、伊吹山の頂から飛んで琵琶湖を飛び越え、帝と皇后の元に馳せ参じ、休むことなく加持祈祷を行った。皇后の病気はたちまち癒えたという。この功績により飛行上人は帝から地神明神の正一位を賜ったとされる。

室町時代の説話集『三国伝記』に載る。

京都府

芦生演習林の怪物

水場

遺体を咥え、蓑笠を着た人型の怪物

京都大学が所持する研究林、芦生演習林（現在は芦生研究林）に、かつて化け物が現れたという。芦生の山で木挽きが死亡し、川を流されてい

ったことがあった。そこで人々が芦生演習林に遺体を捜しに行くと、木挽きの遺体は川に倒れ込んだ大木に引っかかっていたが、蓑笠を着た人型の怪物がその亡骸を咥えようとした。しかしこの怪物は人が近づくと消えてしまった。

人々は木挽《こび》きの遺体を牛車で運んでいたが、再びあの蓑笠の怪物が現れ、後を付けてきた。しかし何も手を出してくることはなかったという。

山村民俗の会編『山の怪奇 百物語』に載る。

愛宕山の竜神　山

龍神の願いを叶えた僧侶

京都市にある愛宕山。天狗で有名な山だが、謡曲『愛宕空也』では、平安時代の僧侶である空也が竜神と出会う舞台として描かれている。

空也が愛宕山に参拝した時のこと、山の地蔵権現に行った際、法華経を読誦していると、どこからともなく一人の老人が現れた。老人は空也に対し願いを聞いてほしいという。

そこで空也がその内容を問うと、老人は実は自分はこの山に住む竜神で、空也が感得した仏舎利を与えられれば三熱(仏教において竜蛇が受ける三つの苦悩)の苦しみから解放されるという。

そこで空也が仏舎利を老人に渡すと、老人は礼として何でも望みを叶えるという。そこで空也は愛宕山上に水を湧かせて、末代まで絶えることのないようにしてほしいと頼んだ。

それから三日後、空也が空を見ていると、空模様が突然変化し、雨が降り始めた。その嵐の中にあの老人の正体であろう竜神が出現し、峰に上ると、枯れ木を倒し、岩を砕いた。するとその穴から清水が湧き始めた。これに感激した空也は、岩に登って水を掬い、天地の神々に供えた。竜神はこれを見届けると、たちまち雲を起こし、飛び去って消えてしまったという。

英胡《えいこ》・軽足《かるあし》・土熊《つちぐま》　山

妖術を操る三体の鬼

京都府の大江山は鬼に纏わる伝説が多く残るが、古くは飛鳥時代、大江山が三上ヶ嶽と呼ばれていた時代、英胡、軽足、土熊という鬼の頭領が数多の鬼を率いて民を苦しめていたとされる。

　この鬼たちの討伐を命じられたのが用明天皇の第三皇子である当麻皇子で、彼は七仏薬師の法を修め、旅に出た。その途中、皇子は地中から聞こえる馬の鳴き声に気付き、兵士に命じて掘らせてみると、栗毛の龍馬が現れた。皇子はこれは天から賜ったものだと喜び、その馬に乗った。

　すると馬は驚くべき瞬足で如何なる悪路も平地の如く走り、鬼たちの潜む三上ヶ嶽へと皇子を連れて行った。

　英胡、軽足、土熊の三鬼は妖術を自在に操り、空を翔け、海を渡り、岩を砕き、雨を自在に降らせる力を持っていた。そのため普通に戦っても勝てないと考えた皇子が薬師如来に祈願したところ、頭に鏡を載せた犬が皇子の元に現れた。

　これを神仏の加護であると確信した皇子は、この犬に先に立たせて鬼たちの棲み処に攻め入った。すると鬼たちは犬の頭の鏡から発する光のために神通力を失い、恐れおののいて逃げ回った。

　しかし当麻皇子らの活躍で英胡、軽足の二体の鬼はその眷属ともども討ち取られた。

　ひとり生き残った土熊が命乞いをすると、皇子は「お前がやったことは許されることではないが、この場所に七堂伽藍を建立するための地を一夜で開くことができれば命を助けよう」と告げた。

　すると土熊は喜んで石を砕き木を伐り、土を運んで一夜にして広い土地を作った。そこで皇子は岩窟から出ないことを条件に土熊の命を助け、自身は七堂伽藍を建立して、七仏薬師のうち一体をそこに安置した。それが現在の清園寺であるという。

　『清園寺縁起絵巻』等の京都府の寺社に残る縁起に載る。

エンニチ　山

答えてはいけない妖怪の呼ぶ声

　京都府の静原の水田に面した山では、「ホーイ、ホーイ」と人を呼ぶ声がすることがある。この「ホーイ、ホーイ」という声には決して返事をしてはならないという。またここではぺちゃぺちゃと人が話している声が聞こえることもある。

　こういった場所は「エンニチ」と呼ばれ、一人で行ってはいけないとされる。

　山村民俗の会編『山の怪奇 百物語』に載る。この「ホーイ、ホーイ」という声は妖怪が人を呼ぶ際によく使われる声で、海では水死者の成れの果てと言われる船幽霊が呼びかけるという話があり、山では貉や狐などの獣、また河童がこの声を出すという話が多い。

大江山の酒呑童子　山

都の人々が恐れた鬼の首魁

　京都府の与謝野町、福知山市、宮津市にまたがる大江山。この山は様々な鬼の伝説で知られているが、中でも有名なのは、平安時代、この山を根城にしていたという酒呑童子の伝説であろう。

　酒呑童子が登場する作品として最も古いもののひとつとされる『大江山絵詞』をはじめとして、絵巻の『酒典童子絵巻』、御伽草子の『酒呑童子』など、様々に語られ、人々に享受された。これらの作品において酒呑童子は酒を好み、夜な夜な平安京から人を攫ってその血肉を食ったり、姫を侍らせたりする鬼の頭領として描かれる。

　一条天皇の時代、平安京において安倍晴明が誘拐事件の原因が酒呑童子ら大江山の鬼たちであることを突き止めた。この討伐に藤原保昌、源頼光とその四天王、渡辺綱・坂田金時・卜部季武・碓井貞光らが命じられた。

　彼らは大江山に向かうが、その途中、白髪の老人たちに出会い、そこで山伏に化けて鬼を騙すよう助言を受け、そして「神便鬼毒酒」という鬼をも酩酊させる酒を与えられた。一行は老人たちの助言に従い、山伏に変装して大江山にある鬼王の城に向かった。

　そこで鬼たちの歓迎を受けた頼光らは鬼たちに怪しまれないように、提供された人の血肉を食らいながら隙を伺った。そして神便鬼毒酒を勧めて飲ませ、酒呑童子が眠りこけているところを襲って頼光がその首を切り落とした。

　しかし首だけになった酒呑童子が空中に舞い上がり、頼光の頭に噛み付いた。頼光は兜を被っていたおかげでこれを防ぐことができた。この時、酒呑童子は自分が騙し討ちによって首を落とされたことに対し、「鬼に横道なきものを」と言葉を残したという。

その後、酒呑童子の配下である鬼たちを倒した頼光らは、酒呑童子の首を持って山を下りたという。この首は現在も京都市に残されている首塚大明神に祀られている。御伽草子『酒呑童子』などの物語では酒呑童子の首は天皇らが叡覧した後、平等院の宝蔵に納められたとされているが、首塚大明神に伝わる伝説では頼光らが平安京に凱旋しようとした際、子安地蔵が不浄の鬼の首を京の都に入れるなと告げ、酒呑童子の首が動かなくなったため、そこに塚を造り、埋めたのが首塚大明神のはじまりだと伝えられている。

小松和彦著『日本妖怪異聞録』、鈴木和雄著『酒天童子絵巻の謎』等に載る。

花山洞《かざんどう》

トンネル

京都三大葬送地にあるトンネル

京都市にある、東山区清閑寺山ノ内町と山科区北花山大峰町を結ぶ歩行者用のトンネル。

トンネルの上に火葬場があり、元は処刑場だったなどと噂されるこの場所では、落武者の霊、首なしライダー、赤い着物の女といった霊が出現するといわれているが、具体的にどのような出現の仕方をして、何をしてくるのかはあまり語られていないようだ。

このトンネルのある阿弥陀ヶ峰周辺は京都三大葬送地の一つ「鳥辺野」として知られており、平安時代以降多くの死者がこの場所で葬送された。『源氏物語』や『徒然草』にも登場し、紫式部や清少納言と同時代の人物であり、藤原氏摂関政治の最盛期を築いた藤原道長もこの鳥辺野で火葬されたと言われている。

北山の幻の屋敷

家屋

剣士に兵法を授けて消えた謎の僧侶

京都府の北山には、こんな話が伝わっている。昔、富田無敵という剣士がおり、月に一度の鞍馬詣でを習わしとしていた。

ある時、この鞍馬詣での際、北山に入る辺りで一人の僧と出会い、同行することになった。途中、僧は自分の庵に寄って行けと言う。しかし無敵は、この僧はただものではない、天狗か山賊であろうと思い、懐から弾丸を取り出し、僧の首に打ち付けた。しかし僧は首筋をこするだけで平気な様子であった。

やがて木立の奥から屈強な男たちが迎えにやって来た、案内されたところは大きな屋敷で、美しい女性の姿もあった。無敵はそこで接待を受けたが、僧の子である少年と立ち会っても一向に打ち込むことができなかった。その後、僧と兵法の話をして、朝を迎えてから屋敷を出てしばらくすると、屋敷は見えなくなったという。

山村民俗の会編『山の怪奇 百物語』に載る。

清滝トンネル　トンネル

走行中ボンネットに落ちてくる霊

京都市右京区にある清滝トンネル。このトンネルは京都で最も恐ろしい心霊スポットなどとしてよく紹介されている。

このトンネルを自動車で通るとボンネットに人が落ちてくる、窓に手形が張り付く、深夜に行くと足音が追いかけてくる、老婆に追いかけられる、といった話がある。またトンネル近くにある真下を向いたカーブミラーに何かが映っているのが見える、といった噂もあるようだ。

鞍馬天狗　山

源義経に剣術と兵法を伝授

京都府の鞍馬山には、鞍馬天狗と呼ばれる大天狗が棲むと伝えられている。

この天狗は源義経が師事したことで有名で、能『鞍馬天狗』などでは、義経が鞍馬寺に預けられていた時代、剣術や兵法をこの天狗に習ったと語られている。

鞍馬天狗は義経の稽古が終わった後、中国の故事を例として兵法を伝える。平家打倒を志す義経を称賛し、最後にどこにいてもお前を守ると告げ、去って行く。

この話は義経の生涯を記した『義経記』などには見られず、何かしら元になった物語はあると考えられているが、明確になっていない。しかし義経が天狗に兵法や武術を習ったという物語は、現在でも多くの創作作品等に取り入れられている。

鷲峯山《じゅうぶざん》の鬼怪　山

雲に乗って近づいてきた異形のもの

江戸時代の読本『絵本小夜時雨』には、京都の鷲峯山を舞台としたこんな怪談が載せられている。ある人が鷲峯山に参詣し、日が落ちたので下山しようとしたところ、山頂から異形のものが雲に乗って近付いてきた。これに驚いたその人物は、驚いて坂道を転げるようにして逃げ帰ったという。

近藤瑞木編『百鬼繚乱』による。

杖の奇特　家屋

人間になりすました狸の集団

昔、丹波（現京都府）のかめ山というところに宇都宮小兵衛という百姓がおり、四人の娘がいた。うち三人は嫁に行ったが、最後の一人に良い縁がなかったため、隣人の計らいで見合いをすることになった。

しかし仲人となった隣人の都合が悪くなり、見合いの日にちを早めてほしいと頼むため、それに同意し、当日になって婿と仲人もやってきた。

彼らは供え物を持ってきて屋敷に並べ、宴が始まった。夜になって、遠くに住んでいる姉がやっと屋敷に着いたが、彼女は夜道で化け物に出会わないようにと、卒塔婆の杖を持ってきていた。

姉はまず婿殿を見てみようとこっそり家の裏に回り、窓から杖ですだれを掻き上げて覗き見てみると、家族と一緒にいるのは毛の禿げた古狸だった。

そこで不思議に思い、亭主を呼んで見せてみると「人じゃないか」と言う。しかし姉の目には狸に見えた上、座敷に並べられている供物と思しきものは皆馬か牛の骨に見えた。姉は不審に思い、はたと思いついて自分の持っている杖を貸し、亭主にすだれを杖で上げさせて家の中を見せてみると、亭主の目にも狸と牛馬の骨が見えた。

亭主は驚き、家の中にいた別の妹の亭主を呼び、「このような次第だ。互いに抜かるな」と言って示し合わせ、戸と窓を塞いだ。そして姉の亭主が中に入り、座敷へ上がって「婿殿の盃を下さい」と言った。そこで末の妹の婿が近づいてきたため、突然その腕を掴んで取り押さえ、「己は憎きやつだな」と叫んだ。

これには客人や仲人が「このような狼藉を」と騒いだが、妹の亭主が脇差を抜き、仲人を刺殺した。

姉妹の父と母は「狂ったか」と叫んだが、妹の亭主は聞き入れず、他の客人にも切りかかった。彼らは「我々は人間です。許してください」と縁の下、窓の外へと逃げ出すが、それは叶わず皆斬り殺されてしまった。

その死体を見ると、年を経た狸の姿に変わっていた。人々は驚き、夜が明けた後、本当の婿がやってきたため、狸の正体を見破ることができたのは卒塔婆の杖の奇特であると皆で感激したという。

江戸時代の怪談集『諸国百物語』に載る。

峠 月に化けた狐

新月の日に空に現れた月

京都府の周枳《すき》峠でのこと。ある人物が雨が降る夜にこの峠への道を登っているとき、頂上に着くと雨が止み、西の空に月が出て明るくなった。ほっとして一休みをしようとしたが、この日は月末であったため、月が出るはずがない（当時は太陰暦）と気が付いた。すると突然辺りが真っ暗になり、また雨が降り出したため、狐に化かされたことが分かったという。

松谷みよ子著『狐をめぐる世間話』に載る。

山 ツチノコ

誰もが知る蛇に似たＵＭＡ

一九六〇年代、大ブームを巻き起こした未確認動物、ツチノコ。その姿は大きさは体長三〇～八〇センチ程の短い蛇で、三角形の頭が太く短い体に繋がっており、その間には蛇にもかかわらずくびれが存在するように描かれることが多い。尾は短く細いとされ、ここもまた他の蛇とは異なる特徴である。ビール瓶に似ていると形容されることもある。

また行動の特徴として、胴を平たくして数メートルを一気に跳ぶ、坂を転がる、いびきをかいて眠る、尾を使って木にぶら下がる、他の蛇のように蛇行して移動せず、尺取り虫のように体を伸び縮みさせて進む、鼠のような声で鳴く、などが報告されている。非常に強い毒を持っているとされることも多い。

このようにある程度共通したイメージがあるツチノコだが、元々ツチノコの類は様々な地域で伝承されており、言葉を話したり、見ただけで祟りがあったりと未確認動物よりも妖怪の類として扱われそうな特徴を持っていた。また名前や姿も地域によって様々だった。

しかし、ツチノコのイメージが全国的に統一されるきっかけとなった出来事があった。それが山本素石という人物とツチノコとの遭遇だった。

釣り仲間の集まりであった「ノータリンクラブ」のメンバーの一人だった山本素石は、昭和三四年(一九五九年)、京都府の北山の栗夜叉谷において賀茂川の渓流沿いで釣りを行っている最中に奇妙な蛇を発見した。それは「ビールのような格好をした蛇」と形容される容姿をしており、北山周辺でその蛇が「ツチノコ」と呼ばれる存在であると教えてもらった山本氏は、ツチノコに魅せられてノータリンクラブの面々とともに日本全国にその目撃談を追い求める。その過程で全国に伝承の残る蛇の妖怪たちは「ツチノコ」という統一された名を与えられ、妖怪ではなく未確認動物として人々の前に姿を現すことになった。

一九六三年にはノータリンクラブの手によって「ツチノコの手配書」が作られ、後に西武百貨店が通報先として定められて最高三億円の賞金が掛けられた。

また一九七二年には山本素石をモデルにした田辺聖子の小説『すべってころんで』が朝日新聞に連載され、全国的にツチノコの名前が知られることになる。その後も漫画の題材にされるなどして、ツチノコは一気にブームとなった。

しかし、山本素石は昭和四八年(一九七三年)にツチノコの探索を止めてしまった。氏はツチノコをダシにするピエロになりたくはないとツチノコとの決別の書である『逃げろツチノコ』を書き上げた。そして氏はその後書きで自分がツチノコ探索ブームのきっかけになってしまったことの後悔と、未だ残るツチノコへの情熱を書き残した。氏は昭和六三年（一九八八年）にこの世を去った。彼がもう一度ツチノコに逢えたのかは、彼のみが知るのであろう。

茄子婆 仏閣

紫色の顔色をした不気味な老婆

比叡山七不思議のひとつとして語り継がれる妖怪。茄子婆さんとも呼ばれる。

比叡山延暦寺に伝わる話では、顔色が茄子のような紫色の奇怪な老婆がことあるごとに出現したという。遭遇してもにたりと笑うぐらいで悪さをせず、ただ気味が悪いだけなのだとされる。

織田信長によって比叡山が焼き討ちされた際には、鐘をついて僧侶に警告したという話もあるなど、茄子婆は比叡山や延暦寺の味方であったようだ。

焼き討ち以降も、変事が起こると茄子婆が鐘を鳴らして知らせるようになったという話もあり、どこか憎めない妖怪である。

謎の女と上空の化け物 山道

弟子と妻子を連れ去られた猿楽の男

ある時、丹波猿楽をしている男性が妻子や弟子たちを引き連れ、二〇人ほどで京都に上る際、山に入った。その山で一夜を明かすことになったが、ちょうど妻が臨月で、その場で子どもが生まれた。

夜が明ける頃、二〇歳ばかりの女が一人、そこを通りかかったため、猿楽の男性が彼女を呼び寄せて言った。「どなたか存じませんが、良いところに通りかかりました。この子を抱いていただけませんか」すると女は「お安い御用です」と言い、生まれたばかりの赤子を抱いたが、人々が少し眠っている間に、女は子どもの頭をぺろぺろと舐めていた。その時、猿楽の男性が目を覚まし、見ていると、女はついに赤子の全身を舐めてしまった。

猿楽の男性は驚き、弟子たちを起

こすと、何者とも知れぬものが弟子たち二〇人ばかりを掴み、空を目指して飛び上がった。猿楽の男性が一人残ってしまったが、虚空からしわがれた声で「そこに残った男も捕らえろ」と聞こえた。しかし女は「この男も捕らえるべきかと思いますが、脇差を二本持っているので、捕まえられません」と答えた。すると再び虚空から「捕まえられなければ、助けてやれ」と声が聞こえ、女も消えてしまった。猿楽の男性は驚き、夜が明けるのを震えながら待っていたが、すぐに空が明るくなり、時間帯は既に昼過ぎだったという。

江戸時代の怪談集『諸国百物語』に載る。これらの化け物の正体には触れられておらず、不明であった。

七瀬谷の怪音

山小屋

深夜に響く木を切る音

京都府の七瀬谷には、かつて作業所があったという。この作業所ではよく泊まり込みで山仕事をしに来る人があったが、深夜になると山奥で木を切り倒す音や、砂を屋根にぱらぱらと捲く音が聞こえたという。

山村民俗の会編『山の怪奇 百物語』に載る。同書でも指摘されているが、こういった怪音はかつて天狗の仕業とされることが多かった。しかしこの話を聞いた昭和四〇年代には、この音の正体を天狗に仮託するような話はなかったようだ。

ネコヤマ

山

猫に憑かれて死んだ女

鞍馬と静原の境界付近の山地には、「ネコヤマ」と呼ばれる山があった。ここはシキビがたくさん生えていたが、人が入ってはいけない場所だと言われていた。実際にこの山に入った女性がいたが、シキビを採って家に帰ったところ、それから「ニャオ、ニャオ」と鳴くようになり、ついに死んでしまったという。

山村民俗の会編『山の怪奇 百物語』に載る。

比叡山回転展望閣

廃墟

京都の鬼門にある遊園地跡

京都府の比叡山の頂上にかつてあったという比叡山頂遊園地。遊園地自体は平成十二年（二〇〇〇年）に廃園になったが、非常に恐ろしいと評判のお化け屋敷があった。しかしそのお化け屋敷も今はなく、現在は回転展望閣と呼ばれる展望閣のみが残されている。

この展望閣は今では心霊スポットとして有名になっており、その理由は日本三大霊山の一つである比叡山にあるため、周囲の浮遊霊を引き寄せる、などと語られている。またこの場所から山を見渡すとたくさんの霊が見えるなどともいう。

人喰岩

巨岩

山の中腹にある人面岩

京丹後市久美浜町には、兜山という山がある。この山には人喰岩と呼ばれる岩があり、元は山の中腹にある神石であったが、遠くから見るとそれが人面に見え、口に当たる部分が赤く見えることから、いつしか人喰岩と呼ばれるようになったのだという。

東雅夫著『妖怪伝説奇聞』に載る。

人呼塚

水場

失踪者の手掛かりを示す塚

京都の伏見稲荷山に谺ヶ池という池があり、別名を熊鷹池という。この池畔で失踪者のあった場合、中ノ峰の人呼塚の方へ向って拍手をし、その反響する方向を捜すと必ず手掛りがあると言われていた。

民俗学研究所編『綜合日本民俗語彙』に載る。

船岡山の足音

山

殺人事件が起きた応仁の乱の古戦場

京都市北区に存在する小山、船岡山。この山はかつて応仁の乱の戦場となったことでも知られており、現在は船岡山公園が造られ、人々の生活に欠かせない場所になっている。

しかし、京都ではこの山は心霊スポットとしても知られている。

昭和四九年(一九七四年)、船岡山公園で警察官がナイフで刺され、拳銃を奪われて背中に発砲される事件が発生した。この警官は病院に運ばれたものの出血多量で死亡。殺人事件となる。

この犯人は同日に大阪府大阪市の消費者金融で強盗を行い、店員を射殺した後、現金を奪って逃走したものの、捕まっている。

先の応仁の乱及びこの事件の印象からか、霊が多数いるなどという噂が流布している。また誰もいないのに足音がついて来る、といった話が語られることもあるようだ。

歴史の長い京都府であるため、平安京の時代から考えれば洛中を含めいたるところで人が死んでいるはずである。死の現場が心霊スポットとなるのであれば、京都中が心霊スポットとなっても不思議はなさそうだが、やはり印象的な事件が起きた場所は心霊スポットとなりやすいようだ。これは今を生きる人々の意識に影響されているのだろう。

大阪府

石に化けた狐　山

登山者に笑いかける転がる石

ある山に登ると上から石がころころと転がって来てその石がにやっと笑ったという。これは狐が化けたものだと言われていた。

松谷みよ子著『狐をめぐる世間話』に載る。

犬鳴山の由来　仏閣

命をかけて主人を救った忠犬

大阪府と奈良県にまたがる犬鳴山。この山にはその名前が付けられた由来として不思議な話が残されている。

この山にある七宝瀧寺に残る伝説によれば、寛平二年(八九〇年)のこと、紀州(現和歌山県)の猟師が犬を一匹連れてこの山中で鹿を狩っていた。

漁師が鹿を見つけて矢を放とうとしたところ、犬が突然吠え始め、鹿が逃げてしまった。そこで猟師は怒り、犬の首を刎ねてしまったが、その首が飛びあがって木の枝に当たり、大蛇の首に噛み付いて落ちてきた。大蛇はそのまま息絶え、漁師は犬が自分を大蛇から助けようと吠えたてたのだと知り、その忠義に心打たれた。

漁師は犬の亡骸を懇ろに葬り、七宝瀧寺で僧になったという。またこの話から山号を犬鳴と改め、その名前そのまま山の名前として使われることになったという。

大木山の天狗 山

木を切ると祟りが起きる

大阪府の大木山では昔天狗が木を切り倒す音をさせていたが、大正時代にはこの音がしなくなったという。またこの大木山で木を切ると、その人間が病気になったり、家が倒れたりすると伝えられていたようだ。

松谷みよ子著『現代民話考1 河童・天狗・神かくし』に載る。

大阪の巨人 山

木と同じほどの巨人を小学生が目撃

ある少年が小学校の遠足で大阪府のある山に行ったときのこと。ロープウェイで山頂に登っていると、山の森の中に木と同じぐらいの大きさがある巨人が立っていたという。

2ちゃんねる(現5ちゃんねる)オカルト板に立てられたスレッド「∧∧山にまつわる怖い話Part12∧∧∧」に平成一六年(二〇〇四年)九月七日に書き込まれた怪異。

旧生駒トンネル トンネル

トンネル通過中は満席になる怪現象

大阪府の生駒山地を通る生駒トンネル。現在使われているトンネルは二つだが、その傍らには現在使われていない旧生駒トンネルがある。

鉄道トンネルであるこのトンネルは工事中の落盤事故や車両火災により多くの死傷者を出した。そのためかこのトンネルでは生き埋めになった人々や焼け死んだ事故死者の亡霊がよく目撃されるという。

また、電車がこのトンネルを通っていた当時には、奈良方面に向かう終電でこのトンネルを通過する時だけ、空席だらけのはずの電車が満席になる、という噂が語られていたという。

吉田悠軌編著『ホラースポット探訪ナビ』に載る。

コロ 山

転がりながら人を追いかける妖怪

大阪府河内長野市の山では、コロという蛇の太く短いものが伝わっていた。

これはころころと転がりながら人を追いかける妖怪で、遭遇した人間が寝込むなどしたという。

松谷みよ子著『現代民話考9 木霊・蛇・木の精霊・戦争と木』に載る。

赤眼《せきがん》・黄口《こうこう》 山

役小角が人に変えた鬼の夫婦

飛鳥時代、修験道の開祖とも伝えられる役小角。彼によって使役された鬼がいたとされるが、彼らに纏わるこんな物語が残されている。

現在でいう大阪府箕面市の箕面山に、かつて赤眼、黄口という名の夫婦の鬼が棲み付き、子を生んだ。

この夫婦の鬼の子はそれぞれ鬼一、鬼次、鬼助、鬼虎、鬼彦と名付けられ、鬼たちは親子で幾千人もの人間を殺し、食らった。

この悪行を知った役小角は鬼彦を岩窟へ隠してしまう。

赤眼と黄口は驚き、天井から黄泉国まで探し回ったが、鬼彦は見つからなかった。そのため最後には役小角の元へきて頭を地に擦り、小角に鬼彦の居場所を教えてくれと願った。

小角はこの夫婦に自分に従うならば子を返そうと言い、彼らに人を殺さず、食う獣もいなければ粟を食って飢えを凌げと伝えた。また、その際に空に不動明王を出現させ、もしこの言葉に従わなかった場合は、汝らが人を害したように私が汝らを害すだろうと告げ、鬼彦を返してやった。夫婦の鬼はそれに感謝し、役小角に師事することを申し出た。

役小角はそれを許可し、彼らに四句の偈《げ》(仏の教えを韻文の形で述べたもの)を与え、常にこれを読ませた。すると夫婦は永久に人になることができた。

そして役小角は箕面山を釈迦之岳

に改め、また夫婦の鬼の名を前鬼、五鬼と名付けたという。

江戸時代の修験道の教義書『修験心鑑鈔』に載る。

人を食う悪鬼の子どもを隠し、悪鬼を諭す話は釈迦が鬼子母神に行った話が有名。この赤眼・黄口の話もそれが元になっているのだろう。

また役小角に従った鬼は前鬼・五鬼ではなく前鬼・後鬼という表記であることが多い。これについては当該項目を参照。

前鬼・後鬼 山

役小角に仕えた二匹の鬼

飛鳥時代、修験道の開祖とも伝えられる役小角によって使役されたことで知られる前鬼・後鬼。彼らにはこんな伝説が残されている。

白鳳元年(六七二年)のこと。現在でいう奈良県と大阪府の県境に位置する生駒岳に役小角が登り、修行をしていた時のこと。夫婦の鬼が彼の前に現れ、自分たちは天ノ手力男神の末裔であり、先祖の神の使いで役小角に仕えたいと申し出た。

そこで役小角は夫の鬼に善童鬼、妻の鬼に妙童鬼という名を与え、自分に仕えることを許した。

それから夫婦の鬼は常に役小角の左右に付き従った。善童鬼は役小角の左におり、右手にまさかりを握り、左手は拳を握って腰に置き、背には笈を負っていたという。これはまさかりによって迷いの世界を切り開き、拳は魔鬼を打ち砕き、笈は金蔵を表したとされる。またその身は赤く陽を示し、口は常に閉じて吽を唱え、金剛を示していたという。

また妙童鬼は常に右におり、左手に水瓶を持ち、右手に施無畏印の印相を作って、民衆に大慈を施すことを表した。その身は青緑で陰を示し、口は開いて阿字を唱え、胎蔵性を表していたという。

やがて、これらの鬼は前鬼・後鬼と呼ばれるようになったという。

室町時代末期に書かれた伝記『役行者本記』に載る。

化け熊蜂 山

一・九メートルの巨大スズメバチ

大阪府の能勢郡(現能勢町・豊能

町)は京都府まで連続して山が連なる地域だが、この山に奇怪な化け物が現れたという。

ある時、三次という猟師が一人の仲間と山に入った際、天を覆うほど巨大な羽を持つ怪鳥のようなものに襲われた。

三次はこれに鉄砲を放ったが、弾は外れてしまい、逆に怪鳥が襲い掛かって来た。

三次と仲間の猟師が慌てて着ていた上着を脱ぎ棄てたところ、怪鳥はそれを掴んで虚空に去って行ってしまった。

二人は命からがら逃げ出し、村人たちにこれを伝えたところ、他の猟師たちはこれは捨て置けないと大勢の仲間を呼び、怪鳥を倒すため山へ入った。

しばらくして、あの怪鳥が木に止まっているのが発見された。猟師たちはこれに鉄砲を向け、一斉に弾丸を放ったところ、怪鳥は地面に落ちた。

近付いてこれを見てみると、それは鳥などではなく巨大な熊蜂(スズメバチの方言)であった。

まだ死にきれないという様子で蠢いていたため、抵抗されるかもしれないと警戒して離れて見ていると、やがて動かなくなり、死んだようであった。

その死骸の大きさは六尺三寸(約一・九メートル)もあり、重さは一六貫(六〇キロ)もあったという。

湯本豪一編『明治妖怪新聞』に載る。同書によれば、これは明治一四年(一八八一年)六月一五日付けの記事に記されたものだという。

妙見山しおき場

処刑場

処刑場跡地に伝わる怪現象

大阪府豊能郡にある妙見山の北側には、戦国時代に処刑場となっていた、しおき場と呼ばれる史跡がある。この場所は罪人の首を落とすために使われていたとされ、女性の悲鳴が聞こえたり、首無しの幽霊が現れるなどという。

松原タニシ著『恐い旅』等に載る。「しおき場」は「仕置場」と書き、公的に設置された処刑を執行する場所を指す言葉である。

妙瀧《みょうりゅう》寺《じ》の猫憑き事件

仏閣

なぶり殺された猫の怨霊

大阪府豊能郡の妙見山にある妙瀧寺。この寺には、猫の霊に憑かれた少女を救った話が残っている。

昭和四三年（一九六八年）のこと、兵庫県神戸市に住む農家の娘の様子が突然おかしくなった。

きっかけは彼女の父が酔って崖から落ち、死んだこと。それ以来娘は動物の悲鳴のような声を上げて夜道をさ迷い歩くようになった。

医者に見せても一向に回復の兆しがないため、娘の母親は妙瀧寺に助けを求めた。

妙瀧寺の尼僧は娘の様子を見てすぐに彼女に修行を勧め、それが二ヶ月ほど続いた時のこと。夜、堂で読経していた娘の様子が豹変し、悲鳴を上げ、自分はこの娘に取り憑いている雄猫の霊だと口走った。

そこでともに修行をしていた尼僧がこれと対話すると、雄猫はこの娘の父親が酔ってなぶり殺しにした猫だと答えた。

そして父親を崖から落として殺したがそれでも収まらず、父親と血縁関係にある人間を全て殺そうとしているのだという。

そのため、尼僧がどうすれば成仏するのかと問うと、自分の霊を祀る祠を建ててほしいと猫の霊が答えたため、その通りにした。すると娘の狂乱は嘘のように治まったのだという。

室生忠著『都市妖怪物語』による。

妙瀧寺は除霊で有名な寺らしく、現在もお祓いや除霊の依頼を受け付けている。

兵庫県

丑女

神社

丑三刻に現れる親子の幽霊

兵庫県の六甲山の裏山あたりにある神社の境内に出現するという親子の幽霊。

午前二時頃、つまり丑三刻に現れる女と子どもの二人連れの幽霊とされるが、幼稚園の制服を着た子どものみが現れることもある。

木原浩勝・他著『新耳袋 第一夜』にある怪異。牛女とは六甲山に出現するという特徴と「うしおんな」という名前が共通しているが、どちらが先に出現しているのかは分かっていない。

牛女

山道

戦前に生まれた半牛半人の女

西宮市の甲山には、牛女と呼ばれる怪異が出現すると伝えられる。

牛女は牛の頭に人間の女の体を持ち、赤い着物を着ているという牛頭人身の怪異で、口から赤い血を滴らせているという。

戦前、とある屋敷（牧場や屠殺場とも言われる）で半牛半人の娘が生まれた。その娘は世間の目に触れさせられないと座敷牢に閉じ込められていたが、芦屋・西宮市一帯が空襲で壊滅したときに逃げ出し、その焼け跡に牛女が現れたという。

木原浩勝・他著『新耳袋 第一夜』に載る。

池田香代子・他著『走るお婆さん』では深夜に六甲山を車で走っていると顔が人間で体が牛の女がバイクに乗って走って来るという話や、ある人が西宮市の甲山にある噂の岩を蹴ったり騒がしく囃し立てて通り過ぎたところ、四つん這いになった獣のような女に追い掛けられて次々と事故を起こしたという話が載る。

また小松左京の小説『くだんのはは』のルーツとなったという話もある。この小説においても戦時中の芦屋市を舞台に牛頭人身の娘が登場するが、ここではその娘は牛女ではなく件《くだん》であるとされている。ただし一般的に伝わっている件は人頭牛身であるため、牛女とは人と牛の部分が逆であり、遭遇すると事故を起こすといった話もない。

他にもまた木原浩勝・他著『都市の穴』では体が牛で顔が般若の姿をした牛女や、白い着物を着て角を生やした般若のような顔の女が牛女と呼ばれているという話が記されており、加えて同書によれば一九八〇年代後半には甲山で宙に浮いた首のない牛がバイクを追いかけて来たという噂が語られていたという。

また鷲林寺に「牛女の塚」があるとされることもあるが、これはテレビ番組で紹介されたものの、実在はしていない。

詳しい顛末は鷲林寺の公式ホーム

ページの「牛女伝説の真実」に記されているが、この牛女の噂により鷲林寺は多大な被害を受けた経緯があるため、留意してほしい。

甲山《かぶとやま》の大鷲

寺院

弘法大使が封じ込めた大鷲

兵庫県の甲山にある鷲林寺には、こんな由来がある。

天長一〇年（八三三年）のこと、弘法大師（空海）が淳和天皇の勅願で観音霊場を建立しようと広田神社にて夜を通し拝んでいたときのこと。化人が現れて「ここを去って西山に入るべし。汝の所期をみたすであろう」と告げられた。

弘法大師が早朝、西の方角にある山に向かっている途中で大鷲が現れ、口から火を吹いて弘法大師の入山を妨げた。その大鷲は「麁乱神」という悪神で、山の支配者だった。

しかし弘法大師は側にあった木を切り、湧き出る六甲の清水に浸して加持をし、大鷲を桜の霊木に封じ込めた。

すると再び化人が現れて「観音示現の地、なんじの求める霊域はこの処なり。汝、しばらく礼拝せよ」と告げたため弘法大師は自分の体を地に投じて礼拝をすると、不思議にも観音が姿を現した。

弘法大師はその姿を写し、大鷲を封じ込めた桜の霊木に十一面観世音菩薩を刻み、寺号を鷲林寺とした。

これが鷲林寺の由来だという。

江戸時代の地誌『摂陽群談』、鷲林寺ホームページに載る。このホームページにある牛女については詳細は当該項目参照。

ガンコロガシ

姥捨山

老人を生きたまま棺に入れて捨てる

丹波市にある見内という集落では、松尾山の尾根の部分を「ガンコロガシ」もしくは「ガンコガシ」と呼ぶ。

「ガン」は「龕」と書き、遺体を納める棺や輿を意味するとされ、「ガンコロガシ」の名はこの棺や輿に老人を入れて尾根から投げ落とした風習に由来するという。

そして死亡するか、瀕死になった老人を尾根伝いの先にある高仙寺の阿弥陀堂まで運び、そこで埋葬したという。

丹波市商工会発行の『丹波新聞』の記事「姥捨て山の〝真相〟に迫る(上・下)」に載る。

同記事によれば、そういった伝承は残されているものの、事実として姥捨が行われていた証拠はなく、現在は本当に姥捨の風習があったのか分からなくなっているという。

神呪寺《かんのうじ》

寺院

尼僧が夢に見た異様な地

平安時代、淳和天皇の妃であり、後に空海に仕えて尼僧となった如意尼によって開かれた甲山の神呪寺。

この寺には以下のような由来がある。

如意尼は夢で甲山を幻視し、皇居を出奔した後、甲山に至る。そこは野辺に百合が咲き、五色の雲気が湧き出るかと思えば、向こうの山から黒気を吐く大蛾が飛来し、山頂には紫雲がたなびく異様な環境だったという。そこに広田明神という女神が現れ、この地はかつて宝を埋めた摩尼の峯であるから、ここに仏宇を建立せよと告げる。そこで如意尼は甲山に空海を勧請し、その教示によって先の大蛾の他、西の峯の大鷲、八面八臂の鬼を封じ、ついに開山を果たしたという。

東雅夫著『妖怪伝説奇聞』に載る。

この甲山には他に牛女と呼ばれる怪物が現代まで伝わっている。詳細は当該項目参照。

三吉《さんき》ったん

山

機織り上手の女狐

飯盛山には、大正時代、三吉ったんと呼ばれる狐が棲んでいたという。

この狐はよく通行人を騙したといい、特に機織りが上手であった。

夜にこの山を通ると明かりのついた家があり、そこでは美しい女がいい声で歌いながら機を織っている。それについ見とれてしまっていると、いつの間にか日が昇り、家は消えていたという。

しかし今は飯盛山は開発が進み、狐も棲めなくなってしまったと語られている。

松谷みよ子著『狐をめぐる世間話』に載る。

城山の龍燈

山

漁師を救った金毘羅権現の龍燈

兵庫県宍粟市にある城山には、かつて龍燈という怪火が出た話があるという。

昔、吉田三郎兵衛という人物が鰯漁に出たとき、霧が生じて一寸先も見えなくなった。

海は荒れ模様で、どうにもならなくなった三郎兵衛が一心に立山の金毘羅大権現に祈ったところ、城山の大松の頂上に龍燈が灯り、それを目当てに無事に帰り着くことができたという。

山村民俗の会編『山ことばと炉端話』に載る。

狸の恩返し

山村

草刈りのお礼に障子を張り替えた狸

兵庫県の淡路島南あわじ市の阿那賀という地域は山地の多い村であるが、そこに住む一人の老人が狸の巣穴の入口の草を刈ってやったことがあった。

それから大晦日の夜、老人の家では障子を張り替えていなかったが、狸がやってきて障子を綺麗に張り替えてくれたという。

そして老人に「これで晴れやかでよかろう」と言い、狸穴に帰って行ったと語られている。

松谷みよ子著『現代民話考11 狸・むじな』に載る。

手振り地蔵

山道

地蔵が手を振る向きで吉凶がわかる

兵庫県の六甲山に纏わる怪異のひとつ。

六甲山にはある地蔵が立っている。その場所を通るとき、地蔵が手を振っているように見えることがあるが、これが「ばいばい」をしているように横に振られている時は問題ない。しかし「おいでおいで」をしているように縦に振られている場合には、その帰り道、事故に遭ってしまうと伝えられている。

渡辺節子・他編著『夢で田中にふりむくな』等による。

同じく兵庫県の満池谷墓地にあるマリちゃんの像と呼ばれるブロンズ

像も手振り地蔵という名前で呼ばれることがある。この像についても「おいでおいで」をするように手招きする動きをしている様子が見えると帰り道に事故を起こす、という話があり、どちらかの話が混同され、同じ話が語られるようになった可能性がある。

遠阪《とおさか》トンネルの子育て幽霊　トンネル

死別した子どもに会いに行く女の霊

丹波市と朝来市の間にある遠阪トンネルには、かつて幽霊が出現したという。

一人のトラック運転手が真夏の深夜、トンネル近くで若い女性を運転席の横に乗せ、走っていた。しかしトンネルに入った途端いつもより強い寒気を感じ、前方に燐火が飛んでいるのが見えた。トンネルを抜けた先の遠阪の村の明かりが見えるところで降ろしてくれと女性が言うため、運転手がその通りにすると、寒気がなくなったという。

この女性は遠阪に嫁に行ったが、身ごもったまま離縁され、子どもを産んで死んだ。この子どもは丹波の家に引き取られたため、女性の霊はトラックに乗せてもらうなどして遠阪トンネルを通り、墓から丹波の家へと通って幼子に乳を飲ませていたのだという。

松谷みよ子著『現代民話考3 偽汽車・船・自動車の笑いと怪談』に載る。

姫路城　山城

天守に住む妖怪の姫

兵庫県の姫山に築かれた姫路城。この城には、様々な妖怪や怪異が出現することでも知られている。

まず有名なものは刑部姫と呼ばれる妖怪だろう。長壁姫、小坂部姫とも記されるこの妖怪は、姫路城の天守に棲むと伝えられ、年に一度城主と会ったという。

刑部姫は近世の文献に多く見られ、肥前国平戸藩第九代藩主、松浦清が書いた随筆『甲子夜話』では「長壁大明神」として祀られていることが記されている。

また江戸時代に流行した百物語怪談本の先駆け、『諸国百物語』では、姫路城の城主であった池田輝政が刑部姫によって殺害された話が記されている。それによれば、輝政が病みついたため、比叡山から阿闍梨を呼んで天守で祈祷させたところ、七日目の夜に齢三〇ほどの女が現れた。女は阿闍梨に対し、「なにゆえそのように加持祈祷をなさるか。どうせ意味のないことです。早くやめなさい」と言うため、阿闍梨が「女の姿で私と言葉を交わそうとするお前は何者だ」と問うと、女は身の丈二丈（約六メートル）の鬼の姿に変化し、阿闍梨を蹴り殺して消えてしまったという。

他にも会津藩の武士、三坂春編が会津地方の怪談を集めた『老媼茶話』にも刑部姫について記されており、それによれば一四歳の少年が仲間内で賭けをして城の天守に登ったところ、刑部姫がおり、少年のために賭けの証拠を手渡したり、ぼんぼりに火をつけてあげたりと何かとかわいがっている。

また宮本武蔵が姫路城の天守で小刑部姫を名乗る妖怪と戦った話が明治時代の『今古實録 増補英雄美談』に載せられている。

この他、「皿屋敷」の怪談で有名なお菊に纏わる井戸もこの姫路城に残されている。

戦国時代、小寺則職が姫路城主であった頃、家臣の青山鉄山という男が城の乗っ取りを企て、則職を毒殺しようとする。しかし則職の忠臣、衣笠元信の妾であったお菊がこれを通報して未遂に終わった。その後もお菊は鉄山の動向を探るため、彼に仕えたが、鉄山の家臣である町坪弾四郎が彼女を怪しみ、鉄山が大切にしていた一〇枚の皿のうち、一枚を隠してその罪をお菊に着せる。

さらにお菊を庭の松の木に縛り付け、一七日間に及んでせっかんした上、それでも従わないお菊を斬り殺し、庭の井戸に投げ込んだ。

すると夜になる度に井戸の辺りから「一枚、二枚、三枚、四枚、五枚、六枚、七枚、八枚、九枚……」と、皿を数える声が聞こえ、皿の音が屋敷内で鳴動するようになったため、人々は鉄山の屋敷を皿屋敷と呼ぶようになった。

この井戸は今も姫路城に残されており、お菊井戸と呼ばれている。

姫路の透明人間

山道

山道を横切る透明な人型

姫路市にある山でのこと。ある男性がこの山道を自動車で走っていたところ、道路の前方を透明な人型が横切ったという。

2ちゃんねる(現5ちゃんねる)オカルト板に立てられたスレッド「∧∧山にまつわる怖い・不思議な話Part41∧∧」に平成二一年(二〇〇九年)三月九日に書き込まれた話。

再度山《ふたたびやま》の怪《かい》

山道

急に崖に向かって道案内を始める

神戸市の再度山をあるカップルがドライブしていたときのこと。

山道を走っていると、眠っているはずの女性が「そこ、右。次のカーブはきついからね……」などと道案内を始めた。

そこで男性は案内通りにハンドルを切っていたが、目の前に崖が現れた。

ぎりぎりでブレーキは間に合ったが、「どうしてそんな案内をしたのか」と女性に向かって詰め寄ると、突然太く低い声で「くそーっ」と言い、そのまま気絶してしまった。

後で聞いたところによると、女性はその間ずっと寝ていたと答えたという。

近藤雅樹・他編著『魔女の伝言板』に載る。

法輪寺の古狐

仏閣

村人に愛された踊り好きの狐

南あわじ市の山に昔、法輪寺という大きな寺があった。天明年間(一七八一～八九年)の頃、この寺に一匹の古狐が棲んでおり、夜な夜な人を化かしていた。

この古狐は踊りが好きで、村人たちを化かすと奇妙で愉快な踊りをさせていたため、村人たちは化かされても怒る気になれず、いつしかこの狐に愛着を持っていたという。

ある晩、庄屋がこの近くを歩いていると、案の定心が浮き立ってきた。さては狐だなと思いながらも、庄屋は気分よく踊っていたが、狐がひょっこりと現れて彼に告げた。

「淡路では狸ばかりがもてはやされ、狐は話題にもされません。むしろ狐は悪者だと思われています。だからこんな狐もいることを知ってもらいたくて、村人を化かしてきたのです」

これには庄屋も狐に同情したが、それ以来狐のいたずらはぷっつりとなくなってしまった。村人たちは寂しくなり、寺の付近を捜したが、狐の行方は分からなかった。

それから村人たちは狐に化かされた踊りの楽しさが忘れられず、酒の席などでは狐の真似をして踊るようになった。今でも郷土芸能「きつね踊り」として残されているという。

人文社著『江戸諸国百物語 西日本編』に載る。現在も「きつね踊り」は郷土芸能として残っているようだ。

メリーさんの館　廃墟

白人の子どもの霊に取り囲まれる

神戸市の六甲山のどこかにあるという廃墟。この洋館には白人の亡霊たちが潜むと伝えられている。

ある二人の若者が六甲山をドライブしていた際、この山のどこかにある「メリーさんの館」の話となり、そこで二人はその場所を探すこととした。

二人はしばらく道に迷った末にそれらしい洋館を見つけ、一人は外で待機し、もう一人が入ってみることとした。

洋館の入り口を潜ると電気がついていないのに異様に白く明るい。階段を上り、二階に入ってもやはりその様相は変わらなかった。

しかし二階の部屋に入った途端、ドアがひとりでに閉まった。若者が怯えていると、いつの間にか彼は真っ白な目をした白人の子どもたちに取り囲まれていた。それを見た瞬間彼は意識を失い、気が付けば病院に寝かされていた。

後から聞いた話によれば、外で待っていたもう一人が失神している彼を見つけ、病院に連れて行ったのだそうだ。

そして今も、あの館が何だったのかは分かっていない。

稲川淳二著『すご〜く怖い話』による。なぜメリーさんの館と名付けられているのかは不明。

六甲山には他にも様々な怪異が語られている。

六甲山のスカイフィッシュ　山

世界中で目撃例があるＵＭＡ

神戸市に聳える六甲山。この山では、アメリカを中心に世界各地に出現しているスカイフィッシュが現れるという話がある。

スカイフィッシュは白もしくは黒の棒状の謎の物体で、複数の羽を持つ場合もあるが、肉眼では捉えきれないほどの高速で飛行するため、主に写真や動画でその姿を確認することができる。

六甲山のスカイフィッシュも同様で、肉眼では見ることができない。また六甲山の中でも地獄谷に生息地があるとも言われている。

並木伸一郎著『未確認動物ＵＭＡ大全』に載る。

奈良県

霊《あや》しき鳥《とり》　山

天皇に忠告した尾の長い鳥

雄略天皇の時代のこと。天皇が今でいう奈良県の葛城山で狩りを行っていた際、雀ほどの大きさで、尾が地面に引き摺るほどに長い鳥が現れ、天皇に対し「油断してはなりません」と言葉を発した。

直後、怒り狂った猪が突如現れ、人々を追い回したという。

奈良時代の歴史書『日本書紀』に載る。

猪笹王《いのざさおう》　山

一本足の鬼の姿の大猪の亡霊

奈良県の伯母ヶ峰には猪笹王と呼ばれる怪物がいるという。

これはかつて伯母ヶ峰に棲んでいた大猪が殺された後、亡霊と化した存在で、一本足の鬼の姿をしていたという。

猪笹王はこの山に現れては旅人を取って食っていたが、丹誠上人という高僧によって封じられた。

しかし毎年旧暦一二月の二〇日だけは猪笹王を自由にすることとしたため、この日だけは山に入らぬよう戒められていたという。

今野圓輔著『日本怪談集 妖怪編』に載る。

山

大物主神《おおものぬしのかみ》

美しい小蛇の姿をした神

桜井市に聳える三輪山は、日本神話にも登場する大物主神が坐す山として知られている。

日本神話に伝わる物語はこのようなものだ。

百襲姫《ももそひめ》という女性が大物主の妻となった。しかし大物主は夜にしか姿を現さず、その顔を見ることもできずにいた。そこで百襲姫は朝までここにいて、その姿を見せて欲しいと懇願する。すると大物主は「あなたの言うことはよく分かった。私は明日の朝、あなたの櫛笥に入っている。しかし、私の姿を見て驚いてはならない」と告げる。

そして朝日が昇ったため、百襲姫が言われた通りに櫛笥を覗くと、そこにいたのは美しい小蛇だった。百襲姫はそれを見て驚いてしまい、大物主はすぐに人の姿に変化して、妻に向かって「私に恥をかかせた」と言放ち、三輪山に帰ってしまった。

それを後悔した百襲姫は、自ら箸で陰部を突いて命を絶ったという。

この話は奈良時代の歴史書『日本書紀』に載る。

この他にも大物主は『古事記』『日本書紀』において様々な場面で登場する。『古事記』では大国主神とともに国造りを行っていた少名毘古那神《すくなびこなのかみ》が常世国へ去り、大国主がその後の国造りに悩んでいた際、海の向こうから大物主が現れ、三輪山に自身を祀ることで国造りはうまくいくと教えたとされる。

また同じく『古事記』では勢夜陀多《せやだた》良比売《らひめ》という女性を気に入り、赤い丹塗り矢に姿を変えて川の上流から流れて行き、用を足している彼女の陰部を突いた。驚いた勢夜陀多良比売がこの矢を部屋に持ち帰ると、大物主は美しい男の姿になり、二人は結ばれ、富登多多良伊須須岐比売《ほとたたらいすすきひめ》が生まれた。この娘は後に比売多多良《ひめたたら》伊須気余理比売《いすけよりひめ》と名を変えて初代天皇である神武天皇の皇后となり、第二代天皇である綏靖天皇を生んだとされる。

また崇神天皇の時代には、疫病や災害が起きて苦しんでいた天皇の夢に現れ、意富多多泥古に自分を祀らせれば国は安らかになると告げた。そこでその通りにすると国は平和になったという。この意富多多泥古はかつて大物主が活玉依毘売という女性に産ませた娘であったことも語られている。

伯母峰の亡霊　山

猟師をたぶらかそうとした狸

奈良県の伯母峰での話。この山では一丈(三メートル)もある松の木の根元で狸がいい女に化けて出たと言われている。ある時、郵便局員が猟師についてきてもらってこの場所を通ったところ、松から女が出てきて「うらめしいよう」と言う。そのため猟師が「なぜか」と問うと、「水害に遭ってみな死んでわしひとりだ」と答える。そこで猟師は「お前を世話してやるから手を出せ」と言い、女の手を取ると、人間の女の手とはまるで違っていた。そこで縄で括って朝まで待っていると、大きな狸の正体を現したという。

松谷みよ子著『現代民話考11 狸・むじな』に載る。

葛城山の土蜘蛛　山

頼光を殺そうとした蜘蛛の妖怪

奈良県に聳える葛城山。能『土蜘蛛』などでは、妖怪、土蜘蛛がこの山から来たと語る場面がある。

平安時代中期の武将であり、妖怪退治の伝説を数多に残す源頼光が病で臥せっていると、僧の格好をした何者かが近づいて来る。この僧は頼光の病は自分のせいだと言って近付き、蜘蛛の糸を投げつけるが、頼光は枕元にあった刀でこれを斬り付ける。僧の姿をした何者かは逃げてしまうが、駆け付けてきた独武者《ひとり》にその血痕を追わせると、古い塚が続いていたため、その塚を崩すと火炎や水を操って抵抗してきた。そして、鬼神が姿を現し、自分は葛城山の歳を経た精魂であり、頼光を害するために近付いたのだと語る。しかし独武者は従者たちとともにこれと戦い、ついにその首を落としたという。

この話の原型は『平家物語』の「剣巻」に見られるが、そこでは土蜘蛛ではなく山蜘蛛という名の妖怪が語られ、身の丈四尺(約一・二メートル)の蜘蛛の化け物として登場する。ここで山蜘蛛を退治するのは頼光配下の四天王、すなわち渡辺綱、卜部季武、碓井貞光、坂田金時とされている。また葛城山の名も出てこない。

　葛城山には現在も土蜘蛛塚と呼ばれる塚が残るが、これは妖怪の土蜘蛛が埋められた塚ではなく、記紀神話などで大和朝廷に従わない先住民を、その手足の長さから土蜘蛛と呼んだことに由来する。神武天皇が先住民を捕らえ、頭、胴、足の三つに切断してこの塚に埋めたと伝えられている。

狐の祟り　山

消防団の捜索を妨害した狐

　奈良県のある地域で、一人の男性が狐に山に連れて行かれて帰って来られなくなった。消防団が捜したが、結局見つからず、男性は後日一人で帰って来た。

　彼の話によれば、消防団が近くに来て声を掛けようとしても声が出ず、また狐が尾を振ると消防団は別の場所へ行ってしまったのだという。

　この辺りでは狐を捕ると病人や精神を病む人間が出るので、決して狐を捕ることはなかったという。

　松谷みよ子著『狐をめぐる世間話』に載る。

麒麟の角　山

中国の伝説上の動物の角

　天武天皇の時代のこと。ある人物が今でいう奈良県の葛城山で鹿の角のようなものを拾った。それは根元が二つに分かれ、先は一つになっており、肉がついていた。これは麒麟の角ではないかと考えられたという。

　奈良時代の歴史書『日本書紀』に載る。

　麒麟は中国に伝わる伝説の動物で、鹿に似ているが体は遥かに大きく、顔は龍に似ており、牛の尾と馬の蹄を持ち、背毛は五色に染まり、毛は黄色く、身体には鱗があり、角を持つなどと伝えられる。また頭上の角は仁懐の意を表し、歩く調子は律呂に叶い、曲がるときには正確に直角に曲がり、決して群れを作らず、生きたものは何であろうと傷つけないなどとされた。そして麒麟はその時代の王が良い政治を行うと現れる瑞獣であったという。

暗峠《くらがり》の虎

峠

虎になり師を食い殺した小坊主

奈良県生駒市西畑町と大阪府東大阪市東豊浦町の境にある暗峠。

読本『新編金瓶梅』には、この峠を舞台にして虎が登場する話がある。その話は以下のようなものだ。

昔、暗峠の川の辺にあった山寺に虎の絵を描くのが大好きな小坊主がいた。しかし師であった僧侶はこれを快く思わず、虎を描くのを禁じて、代わりに仏の姿を描くように命じた。

虎が描けぬことに苦しんだ小坊主は次第に痩せ細り、寝込んでしまった。その命も尽きかけたある夜、小坊主の執念のためか、その姿が巨大な虎に変じ、師の僧侶を含め、寺にいるものたちを見境なく喰い殺したという。

江戸時代の滝澤馬琴の読本『新編金瓶梅』に載る。同書は読み本であるため、この虎は伝承として残されているのではなく、馬琴の創作した物語に登場する妖怪ということになる。

小雨坊

山

雨の夜に山中を徘徊する老人の妖怪

奈良県の大峰山や葛城山といった修験道の霊山には、小雨坊なる妖怪が現れたという。これは老人の姿をした妖怪で、雨の夜に山中を徘徊し、布施を乞うたとされる。

江戸時代、鳥山石燕によって描かれた妖怪画集『今昔百鬼拾遺』に載る。実際に小雨坊の伝承があった記録は残っておらず、石燕の画と解説にしか見られない妖怪である。

ジャンジャン火

山城

自害した城主の怨念が生んだ怪火

奈良県の龍王山にかつてあった龍王城。この城には十市遠忠という城主がおり、堅固な守りを敷いていた。しかしある戦の時、城に流れる水をせき止められたことで降伏せざるを得なくなり、遠忠は自害、一族郎党も城に火を放ち、自ら悲壮な最期を遂げたと伝えられている。

そしてこの城跡には未だ遠忠の怨念が残っており、その怨みがジャンジャン火と呼ばれる怪火となって現れるという。このジャンジャン火は城跡に向かって「ホイホイ」と呼ぶと「ジャンジャン」という音を立てて現れるため、「ホイホイ火」とも呼ばれる。この火が体の周りを何度か回ると、その人間は死んでしまうと恐れられており、ジャンジャン火が現れると周辺に住む者はしっかりと戸締りをして、これと遭遇しないようにしたという。

三元社編『旅と伝説』(通巻六八号)に載る。ジャンジャン火は奈良県各地に見られる怪火で、龍王城跡以外にも川の付近に出るなどといい、武将や心中者など、死んだ人間の霊がなるものと考えられている。

また2ちゃんねる(現5ちゃんねる)オカルト板に立てられたスレッド「^^山にまつわる怖い・不思議な話Part68^^」に平成二五年(二〇一三年)四月一八日に書き込まれた体験談では、この山で二、三〇人の黒い人影を見た後、高熱を出して寝込んだという話が語られている。

詳細は龍王山の黒い人影を参照。

酒泉郷 山

訪れた者を殺す謎の村

奈良県の大峯山での話。

昔、仏道の修行をする僧がいた。この僧が大峯山を通る際、道を間違えて谷の方へ行ってしまったところ、大きな人里に出た。

僧は喜び、人家に立ち寄ってここはいかなる場所ですかと聞いてみようと進んでいくと、その里の中に泉があった。

僧はこれを見て、この泉を飲もうと思い、近付いてみると、その泉の色は酷く黄ばんでいた。どうしてこんなに黄色いのかと思い、見ると、泉に湧いているのは水ではなく酒であった。僧は見苦しいことだと思い、見つめていると、里から人がやって来て「あなたはどのような人ですか」と問うため、僧は「大峯を通ろうとしたとき、道を間違えてここにやって来たのです」と答えた。

そこで里人がまた一人やって来て「ついてきてください」と言うため、「これは私を殺そうとしているのではないか」と思うも、断る理由も見つからないため、その里人の後ろについて行くと、大変賑わっている家についた。

その家の主人と思しき年長の男が出てきて、僧にここに来た理由を問うため、再び僧は同じように答えた。するとその家の主人は僧などに飯などを食わせた後、若い男を呼んで「この人を連れて例の場所へ行きなさい」と言った。

僧は、さてはこの家主は里の長者だな、と考え、自分はどこへ連れて行かれるのだろうと怯えていると、若者が「ついてきてください」と言うため、断れずについて行った。

すると片山のあるところに着いて、若者がこう言った。

「実はあなたを殺すためにここに連れてきたのです。以前もこの里に迷い込んで来た人が、この里のことを人に話すことを恐れて殺しました。ここにこのような里があるということを、他の人々は知らないのですから」

これを聞いた僧は泣きながらこの若者に「私は仏道を行く者です。諸々の人に功徳を説こうと思い、大峯を歩いていたのです。そんな罪なき僧を殺すというのですか。それは限りなき罪です。助けてくださいませ」と嘆願した。

すると若者は「実に道理なことです。殺さないことにしましょう」と言い、そして最後にこう忠告した。

「もし、帰ってこの里のことを人に言えば、恐ろしいことが起きるでしょう」

僧はこれに対し、「人命に勝るものはありません。このご恩は決して忘れません」と言って、教えてもらった帰り道を辿って行った。

そして元の道に戻ることができ、いつもの世界の人里に辿り着いたが、非常に口が軽い僧であったため、会う人会う人に酒の泉があった里のことを話した。

これを聞いた人は皆、行きたいと言うため、僧は若者たちに武装させて、彼らを引き連れて山に入ることにした。年長者たちはそれを止めたが、彼らは聞き入れず、大峯に入ってしまった。

それから彼らは幾日経っても戻って来ず、恐らくその山の中の里の人々に皆殺しにされたのだろうと伝えられたという。

平安時代の仏教説話集『今昔物語集』に載る。

白高大神

神社

霊能者の修行場跡の心霊スポット

奈良県にある白高大神は山中にある廃神社であり、県内屈指の心霊スポットとしても知られている。

この場所には廃墟となった小屋や打ち捨てられた石碑や社が並び、入り口には古びた鳥居がある。かつてこの神社を訪れた一六歳の少女が霊に取り憑かれ、精神がおかしくなったという話もあるが、これは実際に目撃者がいるとされる。

吉田悠軌編著『ホラースポット探訪ナビ』に載る。同書によればこの神社は元々、戦前から戦後にかけて活躍した霊能者、中井シゲノが興した「玉姫教会」の修行場であったが、平成三年（一九九一年）にシゲノが逝去してからは白高大神は使われなくなり、廃墟となったのだという。これはシゲノが悩みある人々と対話する市井の巫女としての姿勢を崩さず、教団をむやみに大きくしなかったためだという。

大織冠《たいしょっかん》破裂《はれつ》

神社

変事があると破裂する像

桜井市にある多武峰。この山には飛鳥時代の豪族、藤原鎌足を祭神として祀る談山神社があるが、この神社には「藤原鎌足像」と呼ばれる鎌足を象った木像がある。

談山神社では天下に変事があるとその予兆としてまず多武峰が鳴動し、その後、藤原鎌足像が破裂するという現象が起きると伝えられている。

この現象は「大織冠破裂」と呼ばれ、昌泰元年（八九八年）に始まり、慶長一二年（一六〇七年）に至るまで三〇回以上起きたという。

『多武峯縁起絵巻』等に載る。

ダル

山道

突然歩けなくなる現象

奈良県の十津川村などにおいて、山道を歩いている者が、突然激しい飢餓感や疲労を感じ、一足も進めなくなってしまう現象が伝えられる。

この時、誰かがやって来て救助しないと、そのまま倒れて死んでしまう場合さえある。しかしわずかな食物でも口に入れると回復する。

この原因はダルという目に見えない悪い霊のせいと考えられていた。

柳田國男著『妖怪談義』に載る。このように山道を歩いている時に空腹を感じ、動けなくなる現象を怪異の仕業とした話は数多く残されているが、原因はハンガーノック現象と呼ばれる生理現象だという説がある。詳細はヒダル神の項目を参照。

つちんこ　山

叩くと真っ赤な口が開く妖怪

奈良県の御杖村の山には、つちんこという妖怪が伝わっていた。これは叩くとその部分が裂け、そこから真っ赤な口を開くと伝えられていた。

松谷みよ子著『現代民話考9 木霊・蛇・木の精霊・戦争と木』に載る。名前はツチノコと似ているが、叩いた部分が裂けて口になるという独特の特徴を持つ。また御杖村にはよこづちという妖怪も伝わっている。

屯鶴峯《どんづるぼう》の亡霊　山

朝鮮人労働者の亡霊が彷徨う

奈良県の岩山である屯鶴峯は、第二次世界大戦時、大規模な防空壕工事が行われた。この工事の際に多くの朝鮮人労働者が駆り出されたが、危険な工事であったため、多くの人々が亡くなった。そのためか今でも夜になると彼らの霊がさ迷い出てくるのだという。

吉田悠軌編著『ホラースポット探訪ナビ』に載る。同書によれば、この場所には他にも兵隊、子ども、女性などの霊が出るが、やはり朝鮮人労働者の霊が有名だという。

中根小僧　峠

顔中が毛だらけの巨大な男

奈良県の中根峠という峠に現れる妖怪。ある日、奈良の池峯という場所に住む天然和尚という僧侶が中根峠を通っていると、背後からざくざくと足音が聞こえてきた。しかし後ろを振り返っても何もいない。天然が再び歩き出すと、足音は次第に大きくなり、やがて雲を突くほどの巨大な化け物が目の前に現れた。その姿は顔中が毛だらけの人の形をした山男だった。

天然和尚はこの化け物を睨みつけ、化け物の右腕を掴むと、「命だけは助けてやるが、人間に一切手出しできぬよう、この峠に封じてやる」と呪言を唱え、化け物を地蔵に封じてしまった。この地蔵は中根地蔵と呼ばれ、やがて化け物は中根小僧と呼ばれるようになったという。

黒史郎著『ムー民俗奇譚 妖怪補遺々々』に載る。同書によれば、中根峠では大正一五年(一九二六年)、中根峠の付近で山仕事から帰宅途中の男性が巨大な毛むくじゃらの怪物と遭遇した事件が起きたが、怪物は男性を見るなり大急ぎで逃げ出し、下桑原のトンネル辺りで姿を消したという。

これに、人々は中根小僧が復活したに違いないと恐れたそうだ。

野槌蛇 山

坂を登るのが苦手なUMA

奈良県の吉野金峰山には、江戸時代の頃から野槌蛇と呼ばれる妖怪が伝わっている。この蛇は大きいものは直径五寸(約一五センチ)、長さ三尺(約九〇センチ)、頭と尾は同じ太さで、尾は丸いため、柄のない槌の形に似ている。口は大きく、人の足に噛み付き、坂では非常に速く人を追いかけるが、坂を登るのは非常に遅い。そのためこれに出会った際には坂の上に逃げると良いという。

江戸時代の類書『和漢三才図絵』に載る。今でいうツチノコだが、日本では古来からこういった蛇の伝承が数多く伝えられている。これもそのひとつだろう。

機織り狐 山

猟師に退治された女に化けた狐

奈良県宇陀郡での話。ある老人が山を歩いている時、機織りをしている女性と出会った。こんな山中で機織りをしている女がいるはずはないので、これは狐が化けているのだということになった。そこで仲間を呼んで鉄砲で頭を撃ったが、女は素知らぬ顔で機織りを続ける。だが女の側で提灯が光っていたため、あれが頭かもしれないと撃ってみたところ、キャンキャンと鳴いて正体を現して狐が死んでいたという。

松谷みよ子著『狐をめぐる世間話』に載る。

ヒダル神

山道

取り憑かれると一歩も動けなくなる

宇陀市にある室生寺の参詣路、仏隆寺阪の北表登りの道の中程に、ヒダル神と呼ばれる妖怪が取り憑く場所があった。

ここには文久三年(一八六三)に建てられた供養塔があり、法界萬霊の文字の下に、一六字の偈と一首の歌が刻まれている。今でも食べ物を持たずに腹を減らして通ると、ヒダル神が取り憑いて一歩も動けなくなる難所だといわれている。

柳田國男著『妖怪談義』に載る。奈良県には他にも東吉野村に「ひだる地蔵尊」と呼ばれる地蔵があり、佐倉峠を越えて帰る里人が、寒さと空腹によりヒダル神に憑かれて亡くなった。その後、同じことが起きないようにと祀ったのがこの地蔵だと伝えられている。

このように山道など険しい道の途中で急激な飢餓感に襲われ、動けなくなる現象は全国で怪異として伝えられており、餓鬼憑き、ダルなどと呼ばれている。これは現在ではハンガーノックと呼ばれる現象ではないかと考えられている。長時間にわたる運動の際、極度の低血糖状態に陥り、エネルギーを失って本人の意識とは無関係に体が動かなくなる現象を指す。

ヒダル神などの飢餓を起こす存在が山道に多いのは山を登るという長時間の運動が原因なのだろう。また同様の理由で山道で動けなくなって死亡する人が多く、それが怪異の正体として比定されやすかったのかもしれない。

ヒトクサイ

山

山でつぶやく一本足の化け物

奈良県の十津川村の玉置山に出たという化け物。ある人がこの山で「人臭い、人臭い」という声を聞いたが、その声の主は化け物だった。

この人は狼にかくまってもらって助かったという。また、化け物は一本足だったという話もある。
林宏著『吉野の民俗誌』に載る。

二人静　神社

源頼朝に殺された義経の妾の亡霊

吉野山にある勝手神社。この神社は謡曲『二人静』の舞台となったことで知られている。その内容は以下のようなものだ。

正月七日、勝手神社の神職の命を受けた女が七草を摘みに菜摘川へ行ったところ、一人の女の霊が現れ、自らを回向して欲しいと彼女に頼んだ。そこで名を尋ねると、霊は疑う者がいれば女の体に憑依し、名乗ろうと告げ、姿を消す。

それから勝手神社へ帰った女が霊のことを話していると、突如霊が女に憑依し、静御前と名乗った。

そのため、本当に静御前であれば懇ろに弔うから、舞を舞ってほしいと神職が告げ、女に神社に伝わる生前の静の着物を着せる。するとその背後に、在りし日の静の姿が現れ、二人の静が生前の記憶を語りながら舞を舞い、回向を願うのだった。

世阿弥作とされる謡曲『二人静』に載る。静御前は源義経の妾であり、義経亡きあと、その子を身ごもっていたが、男子であったために源頼朝に殺され、自身も京都へ帰されたが、その後の消息は不明だと伝わっている。

また現在、勝手神社は平成十三年（二〇〇一年）にあった不審火により消失し、再建を進めている。

ボンチ　山

夜中に糸車を回す狐

奈良県宇陀郡のある山にはかやの木があり、ボンチと呼ばれる狐がいた。この狐は夜中に糸車を回す音を出すなど、人間の真似をしたという。

松谷みよ子著『狐をめぐる世間話』に載る。

八つ口のツチノコ　山

転がって移動する山の主

奈良県の御杖村ではツチノコは山の主だと伝えられており、その姿は槌のような体に八つの口がある大蛇なのだという。このツチノコは普通の蛇のように這わず、転がって移動するのだという。

松谷みよ子著『現代民話考9 木霊・蛇・木の精霊・戦争と木』に載る。

ヤマタロ 山

山に出る河童

吉野郡では河童の類をガンタロというが、これが山に行くとヤマタロになると伝えられていた。

千葉幹夫編『全国妖怪事典』に載る。

龍王山の黒い人影 山城

体調不良を引き起こす黒い人影

ある子どもたちが遠足で奈良県の龍王山に登ったときの話。

山頂の龍王城跡まで登った時、何人かの子どもたちが体調不良を訴え、予定を早めに切り上げて山を下りることになった。しかしその途中、一人の子どもが行方不明になり、捜すと近くの森の中に一人でいた。

これには子どもたちも怖がり、早く下りようという話になったが、下山する際に城跡の方を見ると、黒い人影が二、三〇体ほど立ち、子どもたちの方を見ていたという。

そしてこの影を目撃した子どもは、帰宅してから原因不明の高熱で倒れ、三日間寝込んだとされる。

2ちゃんねる(現5ちゃんねる)オカルト板に立てられたスレッド「＜＜山にまつわる怖い・不思議な話Part68＜＜」に平成二五年(二〇一三年)四月一八日に書き込まれた。

この龍王城跡にはジャンジャン火という怪火が出現することで知られており、これは目撃したり、体の周囲を回られると死ぬ、数日間高熱を出すなどと伝えられている。その正体は龍王城が落城した際、自害した城主やその家来たちの怨念などと言われている。

子どもたちが見た黒い影も、龍王城のかつての城主らなのだろうか。

和歌山県

一匹おくれ 水場

釣った魚をねだる狸

和歌山の秋葉山の辺りには昔、池

があったという。ここで魚を獲ると、帰り道に狸が付いてきて「一匹おくれ、一匹おくれ」としつこく聞いて来るため、仕方なく一匹ずつあげていると、帰る頃には魚がなくなっていたという。

松谷みよ子著『現代民話考11 狸・むじな』に載る。

一本だたら　山

一年に一度だけ現れる妖怪

奈良県と和歌山県の県境に連なる果無山脈。

この山には、一二月二〇日にだけ現れる一本だたらと呼ばれる妖怪がおり、この日は「果ての二〇日」という厄日とされている。

この妖怪は皿のような大きな目を持つ一本足の妖怪であり、普段は無害だが、一二月二〇日だけは危険だと伝えられ、そのためにこの日は山に入ることを禁じられていた。また、この日だけは山は人通りが少なくなるため、果無山と呼ばれたのだという。

民俗学研究所編『綜合日本民俗語彙』に載る。

また千葉幹夫編『全国妖怪事典』によれば、奈良県の伯母ヶ峰山でも一二月二〇日に山中に入るとこの妖怪と遭遇するという話がある。そのためこの日は山に入ることは禁忌とされている。

同書によれば、同じく伯母ヶ峰山に近い三重県では、この一本だたらは電柱に目鼻をつけたような姿をしているとされ、雪の日に現れると宙返りしながら一本足の足跡を残すと伝えられている。

飢渇穴　山

覗くと動けなくなる謎の穴

熊野古道(大雲取越・小雲取越)の山中には、いくらとも知れぬ深い穴がいくつかあり、飢渇穴と呼ばれていた。

旅人がこの穴を覗くとたちまち急激な飢餓感に襲われ、動けなくなるという。その時は口に木の葉を入れて噛めば、動けるようになるとされる。

柳田國男著『妖怪談義』に載る。

紀州の七人塚 山

秘術によって死んでしまった七人の山伏

和歌山県の長野村（現田辺市）の大字馬我野字鎌倉という場所にはかつて七人塚と呼ばれる塚があった。

昔、七人の山伏がここに住んでいたが、ある日、田辺沖を通る船に向かって秘術を使ってこれを止めた。

しかしこの船の中にも術を使える者がおり、沖から山伏たちを見つけると、秘術を使って七人の動きを止めてしまった。

そのため、山伏たちは動くことができないままその場所で死んでしまった。今でも夜に沖を通る船からここを見ると、一点の青い光が怪しく光るという。

南方熊楠著『南方随筆』に載る。

熊野の牛鬼 山

見つめられると死んでしまう

和歌山県の熊野地方の山中に出現する牛鬼は人と遭遇すると見つめたまま去らず、見つめられた人は疲労してついには死んでしまう。これは「影を呑まれる」といわれる。

牛鬼に出合ったら「石は流れる、木の葉は沈む、牛は嘶き馬吼ゆる」と逆さ言葉を唱えればよいという。

南方熊楠著『南方随筆』に載る。

熊野には他にも牛鬼滝という滝があり、滝壺に巨大な牛が現れて水中から水面に映る人間の影を食ったという伝説が残されている。

西行の人造人間 山

人骨から人造人間を作った僧侶

日本仏教の聖地として知られる高野山。この高野山には、鎌倉時代に活躍した僧侶、西行が鬼の術を使って人造人間を作ろうとした伝説が残されている。

高野山に住んでいた西行は、人恋しさに耐えられなくなり、野原で人骨を拾い集め、人の形に並べて反魂の術を行った。

しかしその術で生まれたのは人の姿には似れども心を持たない何かであり、その肌の色は悪く、声も汚かった。そのため西行はこの人造人間を人の通らない場所に連れて行き、捨ててしまったという。

鎌倉時代の説話集『撰集抄』に載る。

新宮城の姫君 山城

目撃した者に死を招いた謎の姫

明治、大正時代頃の話。新宮市には丹鶴山という山があり、かつてそこには新宮城という城が建っていた。

ある日、土地の人々が城跡に登ると、そこに美しい姫がどこからともなく現れ、人々を手招きした。人々は驚いて転がるようにして帰ったが、その夜一晩中背中がかゆいと身もだえし、苦しんだ末に死んでしまった。

そのため、その土地の人々は夕暮れ時になると城跡へ近づかなかったという。

松谷みよ子著『現代民話考5 死の知らせ・あの世へ行った話』に載る。

津波を見せた狐 山

幻の津波に騙された魚売り

和歌山県の秋葉山では、よく魚売りが狐に魚を取られるということがあった。

ある朝、一人の魚売りがこの山を通ったところ、後ろから大きな音がして、見ると大津波が押し寄せてきていた。

そして誰かが「津波やぞう、逃げよ」と言うため、急いで松の木に上った。そして津波が引いたため、松から下りると、津波のためか辺りに様々な海の魚が跳ねている。そこで急いでそれを拾い集めていると、通りかかった人に「お前朝から木の葉や板切れを集めてどうするんだ」と言われ、気付くと木の切れっぱしなどを集めており、周囲も埃っぽく、津波が来た気配はなかった。

そして魚籠を見ると、売るために持ってきた魚が一匹もいなくなっていたという。

松谷みよ子著『狐をめぐる世間話』に載る。

灯明杉 山

大杉を切った八人が次々に死亡

和歌山県の竜神山にかつて蓮じゅ院という寺院があり、その横に灯明杉と呼ばれる大きな杉があった。大正二年(一九一三年)、職人が八人がかりでこの木を切ったが、その八人全員が一年ごとに一人ずつ死に、大正七年(一九一八年)までに七人が死んだ。一番若い職人だけ生き残ったが、この若者もそれからしばらくして死んでしまったという。

松谷みよ子著『現代民話考9 木霊・蛇・木の精霊・戦争と木』に載る。

肉吸い 山

美しい娘の姿で近づいてくる妖怪

和歌山県と奈良県の県境沿いにある果無山脈に出現するという妖怪。

昔、東牟婁郡に焼尾の源蔵という高名な猟師がいたが、果無山で狩りをしていた際、狼が現れてその袖を噛み、引き留めた。すると一八、九歳ほどの美しい娘がホーホー笑いながら近づいてきて「源蔵、火を貸せ」と言う。

源蔵はこれは妖怪に決まっていると思い、やむを得なければ南無阿弥陀仏と彫った弾丸で撃とうと思っているうちに、女は何もせず去ってしまった。この女は肉吸いで、触れられるとたちまち肉を吸い取られてしまうのだという。

南方熊楠著『紀州俗伝』に載る。

同書には他に源蔵が肉吸いの後に、二丈(約六メートル)程の背の高い怪物と遭遇したため、南無阿弥陀仏と彫った弾で撃つと、大きな音がして倒れた。それを見ると白骨だけが残っていたという話が載せられている。

人を世話した狸 仏閣

狸と仲良くなった村人

和歌山県の高野町での話。昔、この町の花園村という地域に住む人が山に入ったまま戻って来なくなった。そこで村人が捜すと、阿弥陀堂のところで狸と二人でいたのが見えたため、みんなで大騒ぎして迎えに行ったところ、阿弥陀堂の屋根裏に逃げてしまった。それでも連れ戻し、何があったのか聞くと、狸が空腹になったら握り飯を食わしてくれるし、芝居を見せて楽しませてくれるし、家に帰りたくなくなった、と答えた。そしてみんながお堂の辺りに来た時、狸が「黙っとれ、黙っとれ、返事すんな」と言うため、それに従ったのだという。

松谷みよ子著『現代民話考11 狸・むじな』に載る。狸に化かされる話はよくあるが、相手が狸だと分かった上で共謀している話は珍しい。

ホウトケハン

山

怪奇現象を引き起こす宝塔

和歌山県の日高郡美浜町にある入山。かつて城も築かれていたこの場所から、美浜町のある家に火の玉が飛んできたという話がある。この家には「ホウトケハン」と呼ばれる宝篋印塔があり、それを目指して飛んできたという。またこの家にいた男性が神隠しに遭い、そのまま見つからないということもあったという。

松谷みよ子著『現代民話考1 河童・天狗・神かくし』に載る。

枕返し

山小屋

大檜を切った七人全員が一晩で死亡

龍神村（現田辺市）で語られていたという怪異。この村の七人の杣が山中で檜の大木を切った。

しかしその晩、七人が枕を並べて眠っていたところ、枕返しにあって死んでしまった。これは檜の精が行ったことだったという。

民俗学研究所編『綜合日本民俗語彙』に載る。

枕返しと呼ばれる妖怪は日本中に多く見られ、夜中に枕をひっくり返したり、寝ている人間の体の向きを変えるなどと言われている。正体はその部屋で死んだ人間であったり、座敷わらし、枕小僧といった妖怪の仕業とされたり、多岐にわたる。

水越トンネルのタクシー幽霊

トンネル

座席を濡らして消える女の霊

和歌山県の水越峠に造られた水越トンネル。昭和五五年（一九八〇年）頃の夏、このトンネルの近くでタクシーを走らせていると若い女性に呼び止められることがあり、その女性を乗せていると、いつの間にか女性はタクシーの後部座席から消え、座っていた席が濡れていたという。そのようなことが何度かあったとされる。

松谷みよ子著『現代民話考3 偽汽車・船・自動車の笑いと怪談』に載る。タクシーに乗った女性がいつの間に消えており、その女性が座っていた座席が濡れているというのは、タクシー幽霊の怪談でよく見られるため、これもその一種ではないかと思われる。

めだぬき

山

美しい女に化けるアナグマ

和歌山県の西牟婁郡ではアナグマを「めだぬき」「つちかい」「のーぼ」という。

めだぬきは熊同様、足に掌があり人のように立つことができた。また好んで女に化けるという話が残る。富里村(現田辺市)の人が春にワラビ採りに山へ行った際、かんざしを挿した若く美しい女が立っていたため、近づいてみるとたちまち見えなくなった。

そこで女性が立っていた辺りを探してみると穴があったため、家に帰って犬を連れて来て、穴の中を探してアナグマを捕らえたという。

南方熊楠著『南方随筆』に載る。

夜雀

山道

姿を見せずに聞こえる雀の怪音

和歌山県の本宮町(田辺市)では、送り雀という妖怪が伝わっていた。これは夜雀とも呼ばれ、夜に山道を歩いていると、姿は見えないものの「チチチ……」という声がいつまでも着いて来る怪異を言ったのだという。

松谷みよ子著『現代民話考10 狼・山犬・猫』に載る。送り雀、夜雀と呼ばれる妖怪は他にも奈良県、高知県など複数地域に伝わっている。

Column

狐と狸

狐と狸、人を化かす動物として有名な二種の獣は、人里に下りてくる話もあるが、山の中で遭遇した話も多い。

その歴史は古く、狐は平安時代初期の『日本霊異記』において人の姿に化け、人間の男と婚姻して子を設けている。狸は鎌倉時代初期の『宇治拾遺物語』において普賢菩薩像に化ける描写が見られる。

その由来はどちらも中国であるという説がある。狐は秦代の『呂氏春秋』、狸は宋代の『太平広記』に人の姿になる描写がある。また中国の狸は山猫のことを指すが、それが日本に入って来て現在の狸を指すようになったともいう。

一方、日本でも奈良時代の『日本書紀』には狐狸と並んで化ける動物とされる貉(現在でいう狸やアナグマとされる)が、推古天皇三五年(六二七年)に「人に化けて歌った」と記された文章がある。

獣が化けるという思想は日本にもあり、それが中国由来の話と混じるなどして、様々な人を化かす話が生まれていったのかもしれない。

中国・四国地方

中国・四国地方

尼子の落武者の亡霊

山

登山者が遭遇する戦国時代の霊

中国地方の山地に現れるという亡霊。尼子は戦国時代、山陰地方の領土を支配した戦国大名の一族だが、同じく戦国大名である毛利氏との戦いに敗れ、滅亡した。その際、山に逃れた落武者たちは落武者狩りによってそのほとんどが見つかり、首を落とされたのだという。

中国地方の山地には今もその落武者たちの亡霊が出現する。そのため、登山をした人々などがこれに遭遇することがあるという。

平川陽一著『山と村の怖い話』より。

こーだけ

山道

子どもを抱かせようとする女の霊

これはネット上で語られた怪異である。

瀬戸内海にある大きな島には、「こーだけ」と呼ばれる道があった。この道は夜に通ると「こ〜だけ〜」と呟く女の幽霊が出現し、その腕には子どもが抱かれているのだという。この女は子どもを抱かせようとしてくるとされ、戦後しばらくの間、出現していたと語られている。

2ちゃんねる(現5ちゃんねる)オカルト板に立てられた「＾＾＾山にまつわる怖い話Ｐａｒｔ10＾＾＾」スレッドに平成一六年(二〇〇四年)六月二二日に書き込まれた体験談に登場する怪異。

子どもを抱かせようとする女の怪異は、古くは平安時代の説話集『今昔物語集』にも現れる「産女」がよく知られているが、この「こーだけ」もそれに類似した怪異なのだろうか。

ヤマモモもぎ

山

背広を着た首なしの妖怪

四国地方の山中に出現したという妖怪。名前の通りヤマモモを取っていた謎の存在で、背広を羽織った頭のない人間、というような姿をしている。

これが目撃された一週間後、出現した山に飛行機が墜落したとも言われている。

常光徹著『学校の怪談4』による。

鳥取県

舌抜き狸

山小屋

山小屋に寝ていた杣たちの舌を抜く

鳥取県のある山での話。一人の木挽が若い杣たちと仕事をして、山小屋で寝ていたときのこと。木挽がふと気が付くと、天井からこちらを覗いているものがいた。

そこで翌日、寝たふりをして小屋の中を観察していると、やはり小屋の戸を開けて入って来るものがいる。そこでこちらに来たら切り付けてやろうと斧を隠して待っていたところ、その何者かは若い杣の顔を覗き込み、やがて別の杣を覗き込むということを繰り返していた。

この化け物は最後に木挽のところに来たため、木挽は隠していた斧をひと思いに切りつけると、化け物は跳んで逃げて行った。そこで木挽は「化け物だ」と言ったが、誰も答えない。そこでランプの火を灯してみると、若い杣たちは全員舌を抜かれて死んでいた。

木挽は夜が明けるのを待ち、山を下りて人を呼び、あの化け物を切りつけた際に出たであろう血を辿ってみたところ、谷の奥にある岩穴に続いていた。その中には狸の毛が白くなったようなものがおり、これが杣たちを殺した化け物であろうことが分かったという。

松谷みよ子著『現代民話考11 狸・むじな』に載る。

ツチコロビ

山

土の上を転がって人を追いかける

鳥取県と岡山県の県境に聳える蒜山には、ツチコロビという妖怪がいると伝えられている。これは体長の短い蛇のような姿をしており、土の上を転ぶように移動して人を追いかけるという。

松谷みよ子著『現代民話考9 木霊・蛇・木の精霊・戦争と木』に載る。柳田國男著『妖怪談義』にも同名の妖怪が載り、鳥取県の中津(現三朝町)の山間に出ると伝えられていたことが記されている。

中津の雪女

山村

淡雪とともに現れる謎の女

鳥取県東伯郡の山村である小鹿村中津(現三朝町)には、雪女が出現すると伝えられていた。この雪女は白幣を振り、淡雪に乗って現れ、「氷ごせ湯ごせ(氷よこせ、湯よこせ)」というが、水をかけると膨れ上がり、湯をかけると消えると言われている。

民俗学研究所編『綜合日本民俗語彙』に載る。

幽霊滝

水場

肝試しで我が子を失った女

鳥取県日野郡日野町にある竜王滝は、小泉八雲の「幽霊滝の伝説」の舞台にもなったことで知られ、幽霊滝とも呼ばれている。

「幽霊滝の伝説」はこんな話だ。明治の頃、ある冬の夜に女たちが囲炉裏を囲んで怪談を語っていた。そこで肝試しをしようということになり、幽霊滝にある賽銭箱を持ってくることができれば今日採れた麻を全てその人物にあげようという話にまとまった。しかしいざとなると皆怖気づいて手を挙げなかったが、お勝という気の強い女性が自分が行くと名乗り出た。お勝は子どもが生まれたばかりで、金が必要だったのだ。

お勝は寒空の下、無事に幽霊滝に辿り着いたが、突然滝から「おい、お勝さん」という声がした。お勝は怖くなりながらも賽銭箱を取ったが、やはり「おい、お勝さん」という声がする。

そのため賽銭箱を抱えて走り帰ったが、ほっとして背中の半纏を取ると、中にいた赤子の首がもぎ取られていたという。

「幽霊滝の伝説」は小泉八雲著『骨董』に載る。

呼子

山

声を返してくれる山の妖怪

鳥取県では山に声を出してそれが反響してくることを呼子と呼ぶ。これは山に何かそういう妖怪がおり、声を返してくると考える者もあるという。

民俗学研究所編『綜合日本民俗語彙

彙』に載る。柳田國男著『妖怪談義』では「呼子鳥」という呼称も紹介されている。

現在では藁の雪帽子を被った案山子のように一本足の姿をした呼子が有名だが、これは水木しげる氏による創作であり、一本足であった、という伝承はないようだ。

島根県

旧七類トンネル

トンネル

真っ赤なイタチや女の霊が現れる

松江市にある旧七類トンネル。現在は新七類トンネルの開通により閉鎖されたトンネルだが、赤い女の幽霊が出現するといった噂がある。またかつてその周辺でシェパードが野放しになっていたことから、「狂犬トンネル」とも呼ばれたという。

松原タニシ著『恐い旅』に載る。同書では著者がこのトンネルを訪れた際、真っ赤なイタチほどの大きさの謎の動物を目撃したと記されている。

コロビ

峠

通行人の足にまとわりつく妖怪

島根県の安田村(現益田市)では、夜中に通行人の脚にまとわりつく妖怪を「コロビ」といった。

この妖怪の霊を鎮めるため、峠山の峠に地蔵を建てた。これが今でいう桑の木地蔵であるという。

民俗学研究所編『綜合日本民俗語彙』に載る。

サメ

山

誰も見たことがない謎の獣

隠岐諸島にある都万《つま》村(現隠岐の島町)では、山奥にサメという獣がいると言われていた。その姿を見た者はいないが、村人は皆それらしい気配を感じると逃げ帰ったという。

民俗学研究所編『綜合日本民俗語彙』に載る。

次第坂

山道

どんどん高くなっていく坂の妖怪

大田市にある三瓶山《さんべさん》への道を人が

歩いていると、道がどんどん高くなり、人がこの坂を見上げているとのしかかって捕まえてくるという。

千葉幹夫編『全国妖怪事典』に載る。これに似た名前の妖怪に次第高というものがいる。これは道に現れる巨人のような姿をした妖怪であり、見上げれば見上げるほどに背が高くなると伝えられている。次第坂は次第高が変化し、坂の怪異と化したものだろうか。

相撲を取る猫

山道

日暮れ時に道を迷わす化け猫

隠岐島の久見地区では、山に入ると猫に化かされると伝えられていた。ある時、一人の男性が日暮れの頃に山を歩いていると、どれほど歩いても同じところをぐるぐると回っているような感覚に陥った。そこで猫に化かされているなと気付いた男性が火でも焚いてゆっくり休んでから行こうと火をつけると、妙な男が現れてすぐそばに座った。これは猫の化けたものだと見抜いた男性は、「相撲を取ろう」と持ち掛けてきたこの妙な男の提案に乗り、組み合った。しばらくの間、妙な男は何度飛び付いてもそれを躱してきたが、ついに捕まえてこれを岩に叩きつけると、悲鳴を上げて猫の正体を現し、逃げ去って行ったという。

松谷みよ子著『現代民話考10 狼・山犬・猫』に載る。同書には他にも多くの隠岐島にて猫が人を化かす話が載せられている。これは隠岐島に狐や狸など一般に人を騙すとされる動物がおらず、その役割を猫が担ったためなのだと考えられる。同様の現象が東京都の八丈島でも起きている。

千人壷

鉱山

銀を盗んだ罪人の遺体を捨てた穴

日本最大の銀山であった石見銀山には、千人壷と呼ばれる墓穴がある。この墓は石見銀山の銀を盗もうとした罪人が死罪にされた後、その遺体が放り込まれた穴とされている。他にも病人や事故死した遺体もこの場所に捨てられ、もはやその中にいる遺体の数が分からなくなったことから、千人壷と呼ばれるようになった。

現在も千人壷は石見銀山に関連す

る史跡として残されているが、そんな歴史があるためか、心霊スポットとしても扱われているようだ。

吉田悠軌編著『ホラースポット探訪ナビ』に載る。

火を見せる山猫　山

福井の街が燃えている幻覚を見せる

島根県を走るある山脈の稜線上には、石仏と呼ばれる場所がある。

ここはその名の通り石でできた仏を祀ってある場所だが、ある時、人々がこの稜線を越えようとしたことがあった。

その時、山の上から福井の町が燃えているのが見えたため、人々は急いで福井に向かった。するとそこは火事でも何でもなく、これは山猫が見せた幻覚だろうということになったという。

松谷みよ子著『現代民話考10　狼・山犬・猫』に載る。

モウモウ　山

神隠しを起こす化け物

島根県の桜江町(現江津市)では、モウモウは魔だといわれている。

この地域では子どもが叱られたとき隠れると「モウモウに隠される」と戒める風習があったという。

また人の訃報の際に必ず二人連れで行動するのも、一人で行くとモウモウに隠されるからといわれている。

民俗学研究所編『綜合日本民俗語彙』に載る。「モウモウ」を化け物の名前だとする話は富山県や長崎県の対馬にもある。

岡山県

育霊神社　神社

現在も行われる丑の刻参り

岡山県の猫山にある育霊神社。この神社では、今でも丑の刻参りが行われているという。そのため、神社周辺の山に生えている杉には釘を刺した跡がいくつも残っており、神社には呪いに使われた藁人形が保管されているという。

吉田悠軌編著『ホラースポット探訪ナビ』に載る。

同書によれば、本来育霊神社は呪いを解くための神社であり、呪いを掛けるために赴く神社ではないのだそうだ。

一貫小僧 山

袈裟を着た小坊主の妖怪

真庭市にある蒜山高原には、一貫小僧と呼ばれる妖怪が伝わっている。これは袈裟を着た小さな坊主の姿をしており、手には数珠を持つ。登山者の前に経文を唱えながら現れるが、言葉を交わすと消えてしまうという。

村上健司編著『妖怪事典』に載る。

名前の由来は不明。小さい坊主とあるので、重さの単位としての一貫(三・七五キログラム)だろうか。

明治時代のこと、哲多郡釜村(現新見市)の農民が飼っていた牛二匹が惨殺される事件が起きた。これは何頭かの巨大な獣によるものだと考えられ、近隣の村を含め、総勢五六〇人が獲物を求めて集まり、獣の足跡を追った。

するとある山中にて両眼が太陽や月のように光り、口が耳元まで裂けた狼のような怪物が出現した。この獣は村人たちが銃を放つと逃げて行き、大滝山に入った。

そこで人々も大滝山に入ったが、その日はこの獣を逃してしまった。

翌日、村人たちは改めて装備を整え、大滝山に入ってこの獣と戦った。獣は前日に鉄砲の弾丸が当たっていたため弱っており、さらに雨のような弾丸を浴びてついに倒れた。その

岡山県護国神社 神社

写真に必ず不気味なものが写る

岡山県の操山の麓にある岡山県護国神社。この神社は心霊スポットとして知られており、写真を撮ると必ず何かが写るという。また神社の正門付近にも店主が自殺したラーメン屋の廃墟があり、そこも心霊スポットだと言われている。

松原タニシ著『恐い旅』に載る。

海狼 山

両眼が光り口が耳元まで裂けた怪物

岡山県の大滝山に出現したという化け物。

獣の死骸は毛色は黒く、顔は尖っており、耳まで裂けた口に伸びる牙は三寸（約九センチ）もの長さがあり、姿は狼に似ていたが足には水かきがあった。その体は松脂を固めたようで、岩よりも硬く、毛はしゅろのようであった。人々はこれは俗に言う海狼だったのではないかと語ったという。

　湯本豪一編『明治妖怪新聞』に載る。同書によれば、これは明治一六年（一八八三年）四月一三日の『朝日新聞』に載った記事だという。

地蔵峠の牛　峠

道に横たわる大きな牛

　岡山県の南端にある玉野市には、地蔵峠と呼ばれる峠がある。いつの頃か、この峠には牛が出るという話があった。

　夜道にこの峠道を行こうとすると、大きな牛が横たわって通行を妨げるという。人々はこの牛を恐ろしい魔物と考え、魔の道と言って恐れたと伝わる。

　東雅夫著『妖怪伝説奇聞』に載る。同書によれば、現玉野市の八浜の蔵泉寺と呼ばれる寺から同じく玉野市の孫座という場所まで一本の線で結んだその線上で建てた家は絶えてしまうか、次々と思いがけない不幸に見舞われるため、この線上の道を「魔すじ」と呼んだ。そしてこの地蔵峠も魔すじの上にあったため、牛も魔性のものだと語り伝えられたという。

ジャンゴハン　山道

鈴を鳴らしながら山を下りる戦士たち

　岡山県の山川町（現吉野川市）には「ごんじゅけい道路」と呼ばれる道路がある。

　昔、この道路に戦死した武士たちの幽霊が正体とされる夜行さんがよく出たという。

　この夜行さんは「ジャンゴハン」とも呼ばれ、大の月（日数が三一日ある月）の末日と小の月（日数が三〇日以下の月）の最初の日の夜更けに出現し、白い着物を着て、白い首切れ馬に乗った一隊だったという。

　ジャンゴハンたちはジャンゴ、ジャンゴと鈴を鳴らしながら、南の山から下りてきて吉野川を一気に駆け抜け、北の山へ消えていく。もしこれに遭遇した者がいれば立ちどころに取り殺されてしまうとされ、夜になると「そらジャンゴハンがよるぞ」と言うとどんな子どももおとなしくなったという。

しかしある時、順慶坊という山伏がやってきて、村人からジャンゴハンの話を聞き、彼らが安心して歩けるようにと吉野川の南岸に地蔵を建ててジャンゴハンを封じ込めた。

またこの道がごじゅんけい道路と呼ばれるのも、この順慶坊が由来なのだという。この地蔵は今も吉野川の堤防の下にあるようだ。

東雅夫著『妖怪伝説奇聞』に載る。

夜行さんは中国・四国に広く伝わる妖怪。詳細は当該項目参照。

杉《すぎ》ヶ《が》頭《がしら》の谷の赤子の声　谷

深夜に赤子の声が谷間から聞こえる

備前市にある杉ヶ頭の谷と呼ばれる場所で、謎の赤子の声が聞こえたという話がある。

昭和七年(一九三二年)一二月三〇日のこと、二人組が午前一時頃にこの谷を歩いていると、谷間から「オギャー、オギャー」という赤子の泣き声が三ヵ所から聞こえてきたという。時間的にも場所的にも赤子のいるはずのない場所であったため、毛が逆立つほど恐ろしかったと語られている。

黒史郎著『ムー民俗奇譚　妖怪補遺々々』に載る。

天一様　山

遭遇すると体調を崩す妖怪

岡山県の上刑部村(現新見市)に伝えられていたという山の妖怪。これに山で遭遇すると、体の具合が悪くなったり、足が痛くなったりしたという。

民俗学研究所編『綜合日本民俗語彙』に載る。

人形峠　峠

事故死した母子の霊が目撃される

岡山県の鏡野町にある人形峠。鳥取県との県境でもあるこの峠の旧道にはトンネルがあるが、この場所を歩いていると小さな子供が歩くような音が聞こえてくるという体験談がある。他にも夜中このトンネルを車で走っていたところ、母子が歩いていたが、母親の顔が半分潰れていたという体験談もあるという。これは以前トンネル内で発生した交通事故の犠牲者で、その際に母親の顔が半分潰れたため、その姿で出てくるという。

また、泣き叫ぶ赤ん坊の幽霊が現れるという話もある。

怪奇伝説探究倶楽部編『日本「祟り・呪い」地図』に載る。この峠には様々な伝説があり、地名の由来として峠に大蜘蛛が棲み付いており、旅人を襲うため、藁人形をおとりにして人形に襲い掛かった大蜘蛛を弓矢で射殺したという話や、巨大な蜂が棲み付いており、人型の石像をおとりにし、これを刺そうとした大蜂が死んだという話が残っている。いずれも化け物退治に使用した人形がこの峠の由来になっているとされる。

山 備前岡山の山姫

美女の姿をした姫

備前岡山(現岡山県)でのこと。ある男性が山の中で狩りをしていたところ、二〇歳ばかりの見目麗しい、艶やかな黒髪を持った女が現れた。女は色鮮やかな小袖を身に纏っており、このような山の中で普通の娘がそのような姿でいるはずがないと考えた男性は、携えていた鉄砲をその娘に向かって放った。

すると娘は右手でその弾丸を掴み取り、唇を釣り上げてにこりと笑った。その様子はとても恐ろしく、男性は慌ててもう二発弾丸を込め、続けざまに放ったが、今度は左手でその弾丸を掴み取り、何事もなかったように笑みを浮かべる。

これには打つ手もなく、急いで逃げ帰った。その後、男性は知り合いの年寄りにこのことを話したが、年寄りはそれは山姫と呼ばれるもので、気に入られれば宝などをもらえると伝えられていることを教えたという。

江戸時代の怪談集『宿直草』に載る。同書では、年寄りの話を聞いた男性はそんな宝など貰わない方が良いと思った、と感想を抱いたことが記されている。実際に山姫がくれる宝がどのようなものかは不明である。

フロ

山

人の立ち入りが禁止された森

岡山県の富村（現鏡野町）にはフロと呼ばれる森がある。この森は村を東方に見渡す山の中腹にあるが、フロの下は谷になっており、そこの山田は「ミサキさんの田」と呼ばれ、下肥をしたり女性が入ってはいけないとされていた。

また、フロの中にはミサキと呼ばれる神の祠があるが、精進が悪い時に入ると祠は見つからない。この祠を管理している家があるが、

この当主が森から帰って来るところを目撃すると死ぬ、という言い伝えがあり、近隣の家では日が高くなるまで雨戸を開けることをしなかったという。

東雅夫著『妖怪伝説奇聞』に載る。

同書によれば、フロは中国四国地方に伝わる怪異で、神の祟りなどにより人の出入りを制限された禁断の森を指す言葉だったという。また、先に記した「ミサキさんの田」のような田は総称として「月の輪田」と呼ばれ、この田を耕す者がいればその者の家で必ず病人や死人が出る、家を建てれば火事になるなどと言われ、買い手が現れず荒れ地になったケースも多いという。

フロや月の輪田がこのような土地と考えられるのは、本来聖地であった場所が、信仰の零落により祟りの記憶ばかりが残り、いつしか恐ろしい禁断の地となったことに由来すると考えられている。

マメダ

家屋

小狸が化けた小さい老婆

岡山県の山村では、旧家の納戸を開けると時折三、四歳ほどの子どもくらいの大きさの老婆がものも言わずに座っていることがある。これは屋敷内に住む小狸が化けたものだという。

千葉幹夫編『全国妖怪事典』に載る。

マメダは「豆狸」のことで、狸の妖怪の一種。豆狸は中国、四国地方に広く伝承が残り、様々な怪異を成したという。

例えば香川県には夜寝ている人を起こす悪戯をしたという話があったり、徳島県では子どもと遊んだ話が残されているという。

物見トンネルの最終列車の霊

トンネル

トンネルを出ると消える乗客

岡山県と鳥取県を繋ぐ物見トンネル。

昭和三〇年代、このトンネルを通る最終列車に一人の女性が乗っており、トンネルを過ぎるといなくなるということがあった。この女性が座っていた座席はびっしょりと濡れていたという。

松谷みよ子著『現代民話考3 偽汽車・船・自動車の笑いと怪談』に載る。

座席にいたはずの女性が突然消え、後にびっしょりと濡れた座席が残るという話は、タクシー幽霊の話にもよく見られる。

飯岡《ゆうか》神社《じんじゃ》の花嫁

神社

上半身だけの花嫁

岡山県の美咲町にある飯岡神社は山中に建てられているが、丑三つ時に鳥居付近を通ると腰から上だけの娘が角隠しを被った花嫁の姿をして現れるという伝承がある。この花嫁は歩いている人の前に行ったり、後ろに行ったりしてその道を通る間ずっと出てくるという。

東雅夫著『妖怪伝説奇聞』に載る。同書によればこの鳥居の付近の道はナメラ筋と呼ばれているという。ナメラ筋は岡山県にいくつも伝わる魔物の通り道で、場所によって様々な妖怪が出現するとされる。

また同書では実際にこの妖怪と遭遇した人物への取材も行われており、それによれば大正四、五年(一九一五、一六年)頃、二〇歳ぐらいの上半身だけの花嫁姿の女が鳥居を中心とする一五メートルぐらいの道に現れたという。

広島県

クイゴン

山

馬鹿と言うと追いかけてくるUMA

広島県の久井町の山に出現するという未確認動物。見た目は同県の比婆山に現れるというヒバゴンにそっくりで、小さいキングコングのような姿をしている。弁当の握り飯や畑の作物を盗られた、馬鹿と言うと追いかけてきた、といった体験談が語られているようだ。

　2ちゃんねる(現5ちゃんねる)オカルト板に立てられたスレッド「∧∧山にまつわる怖い話Ｐａｒｔ4∧∧∧」に平成一五年(二〇〇三年)一二月二五日に書き込まれているのが確認できる未確認動物。ヒバゴンに比べるとマイナーなようだが、古くは昭和五七年(一九八二年)頃から目撃談があるようだ。

己斐《こい》峠

峠

「死ねばよかったのに」と言われる

　広島市にある己斐峠は、心霊スポットとして知られている。

　この峠では事故が頻発する、自殺者が多数出ているといった噂があり、道路沿いに祀られた地蔵はその犠牲者を弔うものだという話もある。

　また、己斐峠で事故を起こしかけた人が、お地蔵様のおかげで助かったのだろうとお参りしに行ったところ、「死ねばよかったのに……」という声が聞こえてきたという話もある。

　かつてこの峠の付近の家屋で一家惨殺があった、一家心中があったなどの噂があったが、現在その家屋は取り壊されている。

　「死ねばよかったのに……」は全国で語られる怪談で、自動車を運転していたところ、バックミラーに突然女の幽霊が映り込み、慌ててブレーキを掛けると目の前に崖があった。そこで幽霊が知らせてくれたのだろうと感謝していると、どこからともなく「死ねばよかったのに……」という声が聞こえてきた、といった怪談として語られることが多い。己斐峠の地蔵の怪談は、それがアレンジされて伝わったものだろうか。

蛇王池

山

山を一巻きするほどの大蛇

　広島市には蛇王池の碑と呼ばれる石碑が立っているがこれには以下のような由来がある。

　天文元年(一五三二年)の春、阿武山から大蛇が現れ、往来する人を襲うということがあった。その体は山を一巻きにできるほど巨大であったという。

　八木荘(広島市)ではこの大蛇によ

り付近の村が酷く苦しんでいたことから、当時その辺りを領有していた香川光景がこの大蛇の退治を決め、名乗りを上げた香川勝雄にこれを命じた。光景は代々家に伝わる三尺一寸(約九三センチ)の義元の刀を勝雄に渡し、勝雄は阿武山に大蛇退治に向かった。

　山に入ると雨が降り始め土砂崩れが起き、前が見えず馬も動けなくなった。それでも馬を下りてひとり山を登ると、頭を大木に乗せて眠る大蛇が見えた。

　勝雄は大蛇の側に立ち、「お前は山に住む毒虫でありながら、山を下りて人を害し、その往来を妨げた。これは極刑を受けても仕方がないことである。だがお前に選ばせてやろう。もし山の深くにこもり、もう人を害さないというのなら見逃そう。しかしこの場所から去らないというのならば、一太刀の元に斬り殺してみせよう」と告げた。

　大蛇はこれを聞いて目を覚まし、炎を吐いて勝雄を襲った。勝雄はひるまず太刀を抜くと、大蛇の首を両断した。

　首は宙を飛び、今度は勝雄に向かって落ちてきたので、勝雄は再び太刀を振るい、大蛇の首に切りかかった。すると大蛇の首は怯んで遠くへと飛び去り、大地を穿ち、岩を砕きながら飛び跳ねて行った。流れた血は淵となり、首はその淵に沈んだ。

　この首は鳴き声を上げ続け、周囲の人々を悩ませ、蛇王池と呼ばれるようになったという。

　江戸時代の軍記物語『陰徳太平記』に載る。

家屋

二度来る僧侶

僧侶の欲から生まれた生霊

広島県宮嶋の寺院、光明院。この開基である以八上人が行脚で山に入った時のこと。日が暮れてきたため、一夜の宿を乞おうと一軒の家を訪ねた。

　この家では妻が亡くなったばかりであったが、主人は以八がこの家に泊まることを了承した。しかし妻の弔いのため、山の向こうの寺に僧を迎えに行かねばならないため、その間妻の死体を守ってほしいと以八に頼んだ。

　以八は了承し、主人がいない間、

妻の元で読経していた。しかししばらくすると、突然家に僧侶が入って来た、妻の死体の衣を剥ぐと、顔をなめ回し始めた。それから僧侶はすぐに出て行った。

今のはなんだったのだろうかと以八がいぶかしく思っていると、今度は主人が僧侶を連れてやって来た。驚いたことに、その僧侶は先ほど妻の死体をなめ回していた僧侶と同じ姿をしていた。

これも何かの縁であろうと以八は妻の葬儀が終わるまで家に滞在し、その後山の向こうの寺に向かった。そこで妻の葬儀を執り行った僧侶に先日、あの家で妻が亡くなったことを聞いた際、何を思ったかと尋ねた。するとその僧侶はこう答えた。死人が出たという報せを受けたとき、僧はこれで本堂を修繕するお金が入ると考えてしまった。

そのような欲が生じたために、あのような不可思議な光景を以八に見せてしまったのだろう。以八はそう考え、大きな寺を建てることは欲心の元であるとし、宮島で小さな庵を建てた。これが後の光明院なのだという。

黒史郎著『ムー民俗奇譚 妖怪補遺々々』に載る。

のうが高原 廃墟

心霊スポットと噂される旧リゾート

「N高原」の名で紹介されることも多い、広島県廿日市市の野貝原山に存在したリゾート施設。昭和四〇(一九六五年)に「廿日市観光農園」として開業し、昭和四六年(一九七一年)には「のうが高原」と名称を変更。

ホテルや別荘、遊園地などが建設されるも、観光客の減少などから昭和六一年(一九八六年)に倒産し、廃墟となった。

しばらくの間放置されており、ホテルで殺人事件が起きたなどの噂もあった。

心霊スポットとしても扱われているが、立ち入り禁止区域となっていたこともあり、具体的な心霊現象の報告は少ない。

現在は解体が進められており、新たな施設に生まれ変わろうとしているようだ。

ヒバゴン

山

巨大な猿型のＵＭＡ

広島県の比婆山連峰には、ヒバゴンと呼ばれる未確認動物が現れることで知られている。

ヒバゴンは体長一・五〜一・六メートルほどの巨大な猿のような姿をしており、頭部の形は逆三角形、茶色の剛毛を生やしている。目は鋭く、耳は大きいが手は小さく、体は筋骨隆々で全身は褐色もしくは黒色の毛で覆われている。また、左足を引き摺るようにして歩くという特徴がある。

知能は人間並みにあると考えられているが、臆病で滅多に人前に姿を現さず、危害を加えることもないという。

並木伸一郎著『未確認動物ＵＭＡ大全』に載る。

同書によればヒバゴンが最初に目撃されたのは昭和四五年（一九七〇年）のことで、それ以降幾度も目撃されており、写真にその姿が収められたり、足跡が発見されたりしているのだという。

ヒラケ

山

突然気分が悪くなる魔所

比婆郡峯田村（庄原市）では、山の中の急に視界が開ける場所で突然気分が悪くなる現象があるといい、この場所を魔所と考え、ヒラケと呼んだという。

民俗学研究所編『綜合日本民俗語彙』に載る。類似した怪異にノヤミやホノニウテルがいる。

魔女の館

廃墟

お城のような不気味な廃墟

広島県の野呂山山中にある別荘の廃墟の通称。「シンデレラ城」と呼ばれることもある、西洋の城のような外見をした建物。

心霊スポットとして知られており、鉄格子で塞がれた窓から誰かがこちらを見つめていた、といった体験談が残る。

マッツタケバーチャン　峠

行方不明の老婆が車内に現れる

広島県のある島に出現したという老婆。ある一家が松茸狩りのため、この島に遊びに行ったとき、一緒に行った老婆が山の中で迷ってしまい、とうとう帰ってこなかった。

それからというもの、夜にその山の付近を車で通ると車内にいつの間にか老婆が座っているようになった。

そのため、あの行方不明になった老婆がその正体なのではないかと噂が囁かれるようになった。この老婆を乗せないためには、人や荷物などで車の座席に空席がなくなるようにすれば良いという。

不思議な世界を考える会編『怪異百物語3』にある老婆の怪。広島県の小佐木島にはまつたけ山という山があるようだが、彼女が出現するのはこの山だろうか。

また常光徹著『みんなの学校の怪談 緑本』には広島県からの投稿として、雨の降った夜に峠を越えようと車を走らせていると後ろの席に老婆が座っていることがあるといい、そのお婆さんは「マッタケおばあさん」と呼ばれているという話が載っている。

ミサキ　山

山や海から人を呼ぶ声

広島県の宮島に伝わる怪異。山の上や海辺から人を呼ぶ声をミサキと呼んだという。

千葉幹夫編『全国妖怪事典』に載る。西日本では死者の霊のことをミサキと呼ぶことが多いが、これもそれに由来するものだろうか。

山口県

永源山の怪　山

元火葬場の噂がある公園

周南市富田にある都市公園、永源山公園。標高九〇メートルの永源山の山頂を整備したこの公園は、昼間は市民の憩いの場として親しまれているが、夜になると心霊スポットとなるという噂がある。

それによればこの公園は元々火葬

場だったが、取り壊されて公園となった。

そのためここで荼毘に付された人々の幽霊が出現するとされ、特に駐車場に現れる霊がよく目撃されるという。

心霊スポットや学校の怪談においては元々その施設があった場所が墓場や火葬場、病院で、それを取り壊した跡に建てたために怪異が出現する、といった類のことが語られる。しかし大抵の場合はそんな事実はない。

永源山公園の場合、筆者が調べた限りでは火葬場があったという情報はなかった。本当に火葬場があったのかどうかは定かではないが、きちんと火葬場の施設まで使って供養された死者が、わざわざ火葬場に現れるというのも考えてみると不思議な話である。

山　崖童《たきわろう》

遭遇すると病気になる妖怪

山口県大津・阿武両郡などに伝えられる妖怪。大津郡川尻岬（現長門市）の崖で、これと遭遇した人は長く病を患ったという。

また阿武郡大島（現萩市）では、崖童がグミだと言ってコガの実をたくさんくれたという話もある。

崖童は山に三年、川に三年おり、これが海に入るとエンコとなるという伝承も残る。

民俗学研究所編『綜合日本民俗語彙』に載る。

峠　天狗の宿

峠を越えようとすると気を失う

周防大島には東郷峠と呼ばれる峠があり、そこに生えた老松は「天狗の宿」と呼ばれていた。

ある人が夜半にこの峠を越えようとしたとき、峠まで来ると突然気が遠くなり、何時間か経って気が付くと田んぼに落ちていた。

これは天狗に投げられたのだといい、他にもこのような目に遭った人はたくさんあったのだという。

宮本常一著『周防の大島』（三元社編『旅と伝説』通巻第五六号収録）に載る。

ヒモジイさま

峠

餓死した旅人の祟り

周防大島にある屋代村と安下庄町（どちらも現周防大島町）との境に源明峠という峠がある。この峠には「ヒモジイさま」という名の石碑が立っているが、これは昔、この地で餓死した旅人の墓であるという。

もしこの場所で空腹について話すと足腰の自由を失う。しかし握り飯を供えれば回復すると伝えられる。

民俗学研究所編『綜合日本民俗語彙』に載る。

山道を歩いている途中、体が動かなくなるという怪異は全国にある。しかし特定の場所で特定の行動を行うことが原因となるのは珍しい。

ヤマミサキ

山

落ち葉の上を飛ぶ生首の怪物

山口県にかつてあった豊浦郡では深山にヤマミサキなる怪物が出るという。これは人の生首の形をしており、落葉の上を鳥のように飛んだりするといわれている。

また、人がその風に遭うと大熱を起こすという。

同じく山口県の阿武郡相島（現萩市）では、死後行くところへ行けず、風になってさ迷っている亡霊が正体だという。この亡霊は何も食べないで難儀しているので、やはりそれに行き当たると病気になるという。

民俗学研究所編『綜合日本民俗語彙』に載る。

同書によれば、タキ（崖のこと）で死んだ人や難破者は死後八日目までヤマミサキになるとされ、徳島県の三名村（現三好市）では、カワミサキが山へ入ってヤマミサキとなり、鳥のように飛ぶと伝えられていた。

香川県

赤足

山道

赤い足を突き出す妖怪

香川県の塩飽諸島に出るという妖怪で、山道の辻などに出現したという。

民俗学研究所編『綜合日本民俗語彙』、佐藤清明著『現行全国妖怪辞典』に載る。村上健司編著『妖怪事典』で

は赤い足を突き出して現れると解説されている。

おじょも 山

讃岐の地形をつくった巨人

讃岐、現在でいう香川県には、「おじょも」と呼ばれる巨人の伝説が残されている。

遠い昔のこと、海の向こうから巨人が現れ、瀬戸内海をひと跨ぎにして四国へ上陸した。そこがちょうど讃岐国に当たる場所で、国の人々は大騒ぎして棒や石を持って駆け付けたり、腰を抜かしたりしていた。

その巨人は白い着物の上に黒い衣を着て、畚《もっこ》を天びんで担いでやって来ていた。人々は彼に「おじょも」という名前をつけた。

おじょもは頭が雲の上に出るほど大きく、顔は分からなかった。しかしおじょもも豆のような大きさの人間がたくさんいることに驚いていたらしく、それが大騒ぎしているので、どこにも足を下ろせず困っているようだった。

そこでおじょもは担いでいた畚を飯野山と郷師山に降ろし、自身も讃岐の山に腰掛けた。それ以上何かするわけでもないので、人々は成り行きを見守ることとした。

おじょもはしばらく休んでいたが、あんまりにいい天気のため気持ちが良くなって「ええ天気やのぉ」と言い、郷師山と飯野山の上に足をかけて小便をした。その時に土が流れてできたのが大東川だという。この他にも様々な池ができた。

その後、おじょもは東の方を見て、海の縁に高い山があるのに気づき、これがあると向こうが見えないと山の半分を鋸で切った。それを横に置いたのが八栗の山で、半分になった山が今の屋島だという。

そして、今でも飯野山の上に登るとおじょもの足跡が大きな岩の上に残っていると伝えられる。

また、今でもおじょもは存在し、郷師山に棲んでいて、たまに人里へ下りてくるのだとされる。

川津町子供会編『川津のむかし話』に載る。

このおじょもは江戸時代の奇談集『絵本百物語』に載り、大和山に足を掛けて海で手を洗ったという手洗鬼の元になったのではないかという説もある。手洗鬼については当該項目参照。

多田克己編『絵本百物語』では、おじょもの名は出てこないものの、山が飯野山と青野山になった類似した話が記されている。

また「おじょも」は香川県において「お化け」や「妖怪」を表す方言としても残されている。

牛穴《ぎゅうけつ》　寺院

奇怪な出来事を呼ぶ牝牛が現れる

香川県の天霧山の麓には牛額寺という寺院があるが、この寺はかつて天霧山の中腹にあり、そこに牛穴と呼ばれる穴が今も残されている。

この牛穴にはかつて二頭一身の牡牛が現れたという伝説があり、これが出入りした時代には付近一帯に奇異な出来事が起きたのだという。

東雅夫著『妖怪伝説奇聞』に載る。同書によれば、牛額寺という名前もこの二頭一身の牛に因んでつけられた名前なのだという。

首切峠のサラリーマン　峠

謎のサラリーマンに救われる

香川県の首切峠という峠をある男性が深夜二時頃に通ったときのこと。男性は信号が赤になったので止まり、青になるのを待っていたが、その色が一向に変わらなかった。

そのため、早く帰りたかった男性は、深夜であることもあって、そのまま車を発進させようとした。その時、サラリーマンのような風体の男が現れ、窓を叩いた。

そこで窓を開け、「なんですか?」と問うと、「初対面の人にいうのは失礼だとは思いますが……」と男が言った瞬間、トラックが目の前を通り過ぎた。

もしあのまま発進していたらトラックとぶつかっていたかもしれない、そう肝を冷やしていると、いつの間にかそのサラリーマンの姿は消えていたという。

2ちゃんねる(現5ちゃんねる)オカルト板に立てられたスレッド「∧∧山にまつわる怖い・不思議な話Part56∧∧」に平成二三年(二〇一一年)八月二〇日に書き込まれた話。

チマ

谷

火葬場で踊る猫の妖怪

香川県の長尾町にある比害谷の山腹には火葬場があるが、この谷の奥でチマという妖怪が踊っていることがあるという。チマは山にいる三毛猫の妖怪を指す名前だとされる。

今野圓輔著『日本怪談集 妖怪編』に載る。火葬場との関連は不明だが、葬式を襲って死体を盗むなどと伝わる妖怪、火車はよくその正体を猫と語られる。

化け猫となった猫が踊る話も多く、江戸時代の随筆『甲子夜話』には長年飼っていた猫が夜中に手ぬぐいを被って踊っていた話が載る。寺の猫が踊るようになった昔話もある。

手洗鬼

水場

山を跨ぐほどの巨大な鬼

讃岐、すなわち今の香川県には、手洗鬼という巨大な鬼がいたという。この鬼は山を跨ぐほどの巨体を持ち、高松から丸亀へと続く湾の両岸に足を掛け、海に手を入れて洗ったとされる。

江戸時代の奇談集『絵本百物語』に載る。同書は挿絵に記された説明文と本文に記された説明文があり、先述したのは挿絵に記されたもの。

本文では大太郎坊(ダイダラボッチ)の使いであり、四国の海で三里の山を跨いで手を洗うと記されている。

四国には手洗鬼と呼ばれる巨人の伝承はないが、村上健司編著『妖怪事典』によれば、香川県の飯野山にはおじょもと呼ばれる巨人の伝説があり、飯野山と青野山に足を掛けて瀬戸内海の海の水を飲んだという。詳細はおじょもの項目を参照。

中村トンネル

トンネル

地蔵が笑うと災いが起きる

香川県の中村トンネルは、四国でも有数の心霊スポットとして知られている。

明治時代に開通したこのトンネルの入り口には地蔵が立っているが、この地蔵が笑っているように見えると、無事にトンネルを出ることができないと伝えられる。

また子供がトンネルに落書きしたことがあったが、その数日後交通事故で死亡したという。

怪奇伝説探究倶楽部編『日本「祟り・呪い」地図』に載る。

根香寺《ねごろじ》の牛鬼

仏閣

手の指三本・二足歩行の怪物

香川県の青峰山にある根香寺には、妖怪、牛鬼の伝説が残されており、青銅製の牛鬼の像も建てられている。その伝説は以下のようなものだ。

昔、青峰山には人間を食べる牛鬼が棲んでいた。村人は、弓の名人である山田蔵人高清という人物に頼み、牛鬼を退治してもらうこととしたが、高清が山へ入っても、なかなか牛鬼は現れない。

そこで高清が根香寺の本尊に願かけすると、二一日目の満願の暁に牛鬼が現れた。

高清はこれに対し矢を放ち、見事口の中に命中。なおも逃げる牛鬼を追ったが、二キロほど西にある定ヶ渕で牛鬼が死んでいるのが見つかった。

高清はこの牛鬼の角を切り、根香寺に奉納。その角は今でも寺に保存されており、牛鬼の絵は魔よけのお守りとして親しまれるようになったという。

四国八十八ヶ所霊場会ホームページに載る。

根香寺に伝わる牛鬼の像は二足歩行の獣のような姿をしており、手の指は三本で、腕から腹にかけて皮膜のような器官を持つ。後頭部には角が二本生えており、寺に奉納されたという角はこの角ではないかと思われる。

牛鬼は主に西日本に伝わる妖怪で、頭が牛で体が鬼、もしくはその逆で頭が鬼で体が牛といった姿で語られることが多い。

海辺や湖、山や森の中など様々な場所に現れ、出合ってしまっただけで病気になる、美しい女に化けるなど、人を食う以外にも様々な伝承が残されている。

また、『百怪図巻』などの絵巻では蜘蛛の体に鬼の頭を持つ牛鬼の姿が描かれており、現代の創作などではこの姿で登場する場合も多い。

ホノウニテル　山

急に気分が悪くなる現象

香川県五郷村（現観音寺市）では、山中などで不意に気持ちが悪くなることをホノウニテルと呼んだ。

これが起きたときは家に入る前に箕をかざすか、あるいはうなじの毛を二、三本抜いて道へ放ると良いという。

民俗学研究所編『綜合日本民俗語彙』に載る。類似した怪異にヒラケやノヤミがいる。

山で体調不良となる要因は、高山病、ハンガーノック、熱中症、気象病など様々に考えられる。ホノウニテルなどの現象は、これらをまとめて表す言葉だったのかもしれない。

山の神の行逢い　山

発熱や頭痛をもたらす山の神

瀬戸内海に浮かぶ香川県の広島では、山の神の日は山へ鎌を持って行くと、山の神の行逢いに合って頭が痛くなると伝えられていた。

民俗学研究所編『綜合日本民俗語彙』に載る。

同書によれば、「行逢い」は「ユキアイガミ」とも呼ばれ、中国、四国をはじめ全国各地で神霊に行き当たることを指すという。

これに遭遇すると急に発熱して気分が悪くなり、また怪我をしたりするとされ、カマイタチと同じものと考えている地域もある。

行き逢う神には山の神、水神、ミサキをはじめとしてバリエーション豊富で、岡山県邑久郡ではコンガラサマ、土佐ではリョウゲ、兵庫県佐用郡ではサスガミなどというものがその行き逢う神とされる。

その他、行き当たるのは悪い神とか風とかいうものも多い。対馬では小児などの遊魂に行き当たることを「イキエエ」という。徳島県海部郡木頭村では、死者の霊に襲われるのを「イキアイ」といい、首筋に悪寒を感じ馬も進まなくなるという。鳥取県の西郷村（現鳥取市）では、普請のとき不意に怪我をすると「金神さんのユキアイ」という。

行逢いに合った際、治すには四国や岡山地方では箕であおぐといいとされ、島根県簸川郡大社町では焙烙を被せる習慣がある。新潟県岩船郡三面村(現村上市)では「エキアエガミ」と呼び、これに逢ったときは、蓑をかけ燧で火を切り、コアボウキ(山わらという灌木でつくった箒)で逆に撫でるといいとされた。

愛媛県

石槌山の天狗

祠

少年を家まで送った烏天狗

西条市と久万高原町の境に聳える石槌山。この山には、烏天狗が棲んでいたという。

昔、西条の村に住んでいた人が六歳の息子を連れてこの山に登った。山頂に辿り着き、子供を降ろして休んでいると、ふとした瞬間に子供が見えなくなった。人手を借りてあちこち捜したが見つからず、仕方なく家に戻ると、既に息子が帰ってきていた。

そこで何があったのか聞いてみると、息子は山頂で小便がしたくなり、祠の裏で用を足していると、真っ黒な顔の大男が彼の元にやって来たという。

そして大男は「坊や、こんなところで小便をしてはいけないよ。坊やの家はどこかね。おじさんが送ってあげるから目をつぶっておいで」と優しく言われたので、その通りにすると、いつの間にか自分の家の裏庭に立っていた。これは烏天狗の仕業であったという。

今野圓輔著『日本怪談集 妖怪編』に載る

おいのかわの怪

水場

鈴の怪音が鳴る怪奇スポット

西条市の石鎚山に纏わる怪異。石鎚山の麓にある「おいのかわ」という場所はほとんど人が入らない渓流釣りには良いところだが、釣りをしているとしゃりん、しゃりんという鈴の音が付いて回って来る不思議な現象が起きるという。

また他にも明らかに場違いな姿をした人間に遭遇するなど、怪異の絶えない場所だと語られている。

2ちゃんねる(現5ちゃんねる)オカルト板に立てられたスレッド「∧∧山にまつわる怖い・不思議な話Part25∧∧」に平成一八年(二〇〇六年)三月三〇日に書き込まれた話。

おいのかわは石槌山付近を流れる「老ノ川」のことだろうか。

消えた山道

山道

人を迷わす光る道

愛媛県の美川村(現高原町)での話。山に行った母親が帰って来ないため、息子が迎えに行った。そして母親にどうして帰って来なかったのか事情を聞くと、本来三つ辻であったはずの道の中で家に続く道が消えており、別の道が光って見えたので、そちらに行ったところ、迷ってしまったと答えたのだという。

松谷みよ子著『現代民話考11 狸・むじな』に載る。

コロリンタン

山

銃の腕前を試した天狗

松山市にある高縄山には、不思議な天狗の話が残されている。この山の麓にかつて孫八という鉄砲の上手い人がいた。ある日孫八が鉄砲を担いで高縄山へ行くと、突風とともに天狗が現れ、「孫八、お前の鉄砲は何を撃ってもコロリンタン、コロリンタンか」と尋ねた。孫八はそこで「わしの鉄砲は何を狙ってもタンコロリンじゃ」と答えた。

「コロリンタン」は獲物がコロリンと逃げた後にタンと撃つので逃げられてしまうが、「タンコロリン」なら「タン」と撃った後に獲物がコロリンと転げるので失敗しないのだ。

天狗は「それならわしを撃ってみよ」と言って、ものすごい風とともにどこかへ行き、孫八の弾は命中しなかったという。

松谷みよ子著『現代民話考1 河童・天狗・神かくし』に載る。

敷次郎

鉱山

食べ物をねだる坑夫の姿をした妖怪

新居浜市の別子銅山などには、敷次郎という妖怪が現れるという。

これは坑内に棲み付く化け物で、容貌は坑夫と同じだが顔色は蒼白で、人の言葉が通じないという。また採掘の音や水を汲む音に似た音を発するという。

敷次郎は食べ物をねだってくるが、

拒否すると噛み付かれる。噛まれると普通の薬では治すことができず、佛前に用いる打敷きの片か袈裟の片を焼いて灰とし、油で練ったものを塗る必要があるという。

　敷次郎が現れる際には両足の爪が剥がれるような感じがし、背中から頭に戦慄が伝わり、鳥肌が立つと伝わっている。

　井上円了著『妖怪学講義』に載る。

　同書によれば敷次郎は岡山県の小泉鉛山などにも伝承が残っており、古い鉱山に現れたとされる。また敷次郎の敷は鉱山で坑内を区切る際に使う区切りのことを指す。

　鉱山での作業は落盤やガス突出、ガス爆発など様々な事故が伴い、多くの死者が出た。敷次郎も死んだ鉱夫の成れの果てなのかもしれない。

ジキトリ

山道

突然旅人を動けなくする亡霊

　愛媛県では、山道を歩いている旅人が空腹で動けなくなることがある。これはジキトリという亡霊の仕業だという。

　民俗学研究所編『綜合日本民俗語彙』に載る。名前の漢字は「食取」になるだろうか。

羽織狼

山道

狼と喧嘩して羽織を取り返す

　愛媛県の小田町(現内子町)での話。ある男性が山を越えて歩いている途中、休憩している際に暑いので羽織を置いて、そのまま忘れてしまった。そこで取りに帰ってみると、狼が羽織を着て座っていたため取っ組み合いの喧嘩をして取り返したという。

　松谷みよ子著『現代民話考10 狼・山犬・猫』に載る。

化け山猫

山

七五キロほどもある巨大な山猫

　愛媛県の御庄郷(現愛南町)という山里に住んでいた猟師が遭遇した妖怪。この猟師が小銃を持って谷間の奥深くへと進んでいると、岩陰に牛のような大きさの獣が見えた。

　獣も猟師に気付いたらしく、襲い掛かってきたが、猟師は一撃で倒そうと銃を放った。

しかし弾丸を受けたはずの獣は倒れず、怒り狂って猟師の方に飛び掛かってきたため、猟師は近くの樹によじ登った。獣がこれを追い、幹に爪を立てて登ってきたため、猟師はその獣の口の中に銃を突き入れ、再び発砲した。

これにはさすがの怪物も大地に倒れ込み、そのまま死んだ。

猟師がこの死体を確認すると、重さ二〇貫(約七五キログラム)はあろうかという巨大なヤマネコだったという。

湯本豪一編『明治妖怪新聞』に載る。同書によれば、これは明治一一年(一八七八年)五月一五日付けの『東京絵入新聞』に載った記事だという。

波山《ばさん》 山

炎の息を吐く鶏の妖怪

伊予、すなわち現在の愛媛県の山中には「ばさばさの化」という妖怪が伝わっており、これを使って子どもを脅していた。これは夜更けに山家の門口をばさばさと叩くが、戸を開けると何もいない、という怪異だったという。

その姿は巨大な鶏で、常に深い籔に棲んでいて人目にかからず、常に炎の息を吐くといい、「波山」という名前でも伝わっているという。

江戸時代の奇談集『絵本百物語』に載る。同書では他に「波娑波娑(ばさばさ)」、「犬鳳凰」という別称が記されている。

平家平《へいけだいら》 山

正月と盆に登山が禁止される

愛媛県と高知県に跨る平家平。この山には平家の落人たちの怨霊がさ迷っているという伝承があり、正月と盆の一六日には登山を忌む風習があるという。

松谷みよ子著『現代民話考１ 河童・天狗・神かくし』に載る。

同書によれば、この山に登った小学六年生の少女が神隠しに遭うという事件もあったという。数日後に見つかったが、雪が残る山の中で薄着のまいたにもかかわらず、空腹も寒さも感じない特殊な状態にあったという。

宮ノ成のヤマンバ

神社

ケガや病気をもたらす山姥の祟り

愛媛県の宮ノ成と呼ばれる地域では、山頂にヤマンバが祀られた神社があるという。このヤマンバは表向きは山の神と呼ばれており、お産の神、女の神として知られている。

現在、この神社には御神体がないが、元々は女の子を抱いた母親の像があった。ある時、御神体を持ち帰ってしまった者がいた。この者はそれから病気になったため、ヤマンバの祟りだと言われたという。

またこの社の修繕が面倒なため、売ってしまおうという話が出たことがあったが、これを買い、取り壊しをしようとした男性は山に登って社が見えるところまで来た時、白髪頭の老婆が立っているのを見て、肝を冷やして山を下りた。

しかしそれからというもの、男性の髪が次第に薄くなり、渦巻くようになっていった。ヤマンバの祟りだと考えた男性は米を炊いてヤマンバに捧げたが、結局命を取られたという。

また、この地域は相撲が盛んで、縁日にもよく相撲が行われていたが、必ずけが人が一人出た。そこで行者に占ってもらったところ、ヤマンバが相撲を嫌っているため、毎回けが人が出るということだった。そのため、縁日には相撲をやめて神楽を奉納するようになったという。

だが戦後は信仰が薄くなり、神楽奉納も行われなくなってしまったということだ。

山村民俗の会編『山の怪奇 百物語』に載る。

徳島県

阿波の狸火

山

山中を通り抜ける怪火

阿波、今でいう徳島県では、昭和初期の頃までよく狸火が出たという。これは道も何もない山の中を提灯の火のようなものが通って行く怪現象で、東小野の山、川平峠、鬼田山などで目撃された。人々は狸が行列を作っていると語ったという。

松谷みよ子著『現代民話考11 狸・むじな』に載る。徳島県を含む四国地方は狐がいないこともあり狸の妖怪話が盛んである。人を化かしたり、山で怪異を起こす動物は狸とされることが多い。

犬山の米研ぎ 水場

米を研ぐ幻覚を見せられる

徳島県でのこと。勝占町（現徳島市）でかつて犬山と呼ばれていた山は阿波の狸の集合場所と呼ばれており、その付近の川ではよく米を研ぐ音がした。人がこの音を聞くと知らず知らずのうちにその音に引き込まれ、自分も米を研ぎ出してしまう。それが終わって家に帰ってみると、体中泥だらけになっているという。そのため翌日その場所に行ってみると、泥をこねくり返した跡があったと伝えられている。

松谷みよ子著『現代民話考11 狸・むじな』に載る。

祖谷山《いややま》の芝天狗 山村

山崩れや木を切る怪音

徳島県西部にある祖谷山周辺の地域では、芝天狗と呼ばれる天狗の存在が信じられていた。この天狗は山にいてばりばりと木を切り倒す音をさせたり、山崩れの音をさせたりする。しかし実際には音だけで、何も起きていないという。

今野圓輔著『日本怪談集 妖怪編』に載る。山で発生する正体不明の音を天狗の仕業とする伝承は多く、天狗倒しなどと呼ばれる。また同じ徳島県や高知県にはシバテンと呼ばれる妖怪も伝わっており、こちらは音だけでなく姿も伝わっている。詳細は当該項目参照。

雲辺寺山の狸火 山

数十個に増え続ける山頂の怪火

徳島県の雲辺寺山では、よく狸火が出たという。これは山の頂上に現れた火の玉が二つ、三つ、四つと次第に増えて行く怪異で、すぐに数十個の火となって山上を自在に浮遊するという。

この山の周辺の地域では狸火に遭遇すると、その方向に向かって小便をするか、掌に犬という字を書いて膝頭に押し当てると良いと伝えられていたという。

松谷みよ子著『現代民話考11 狸・むじな』に載る。

オギャア泣き 山村

赤子の声や泣き声が聞こえる

徳島県西部の祖谷山の山間部には、オギャア泣きと呼ばれる妖怪が伝わっていた。

高谷茂夫著『祖谷山の民俗』(『日本民俗誌大系』一〇巻収録)によれば、この妖怪は夜道で赤ん坊のような泣き声を立てるが、行ってみても姿は見えない。

ただ一切姿を見せないわけではなく、時には「負うてくれ」などと言いながら出てくるが、この時には「背負い縄が短いから負えぬ」と答えなければならないと伝わっている。そのため、この地域では負い縄は片方を長く、もう片方を短くなうのだという。

餓鬼仏《がきぼとけ》 峠

餓死した無縁仏が取り憑く

徳島県では祀り手のない仏、または餓え死した仏が峠などで取り憑くことを餓鬼仏といった。

また、これをダルにつかれるというところもある。体がだるくなって冷汗が出るが、この時「餓鬼仏さんおあがりなされ」と言って、飯を道端に供え柴などを折って手向けるといいという。

民俗学研究所編『綜合日本民俗語彙』に載る。

山で飢え死にした者の霊に憑かれるという話は数多くあり、今でいうハンガーノックだったのではないかという説がある。詳しくはヒダル神の項目を参照。

鬼骨寺《きこつじ》 仏閣

鬼の遺骨が眠る寺

鳴門市にある真言宗の寺院、鬼骨寺。この寺の由来は以下のように語られる。

弘仁二年(八一一年)のこと、弘法大師(空海)がこの寺を開いたが、当時の名前は東海山薬師寺だったという。

それから時が経ち、建永二年（一二〇七年）の春、法然上人という僧侶が他宗派の画策により四国に流され、阿波国の沖合へと差し掛かった際、この国の坂西山にある廓見の嶽を棲み処としていた二匹の鬼が、父母の鬼を伴って突如船上に出現した。

鬼たちは法然上人の前に跪くと、延寿の術を授かりたいと懇願した。そこで法然は阿弥陀仏の画像を取り出し、南無阿弥陀仏を唱えるよう命じた後、こう答えた。「延寿得楽の法は念仏よりも優れるものはない。汝らが一心にこの名号を念じれば、来世は必ず極楽浄土に生まれ、永遠の生を持つ仏、すなわち阿弥陀仏の妙果を得るでろう」

これに感激した鬼たちは、岩窟内に法然から受け取った阿弥陀仏の画像を安置し、一心不乱に阿弥陀仏の名号を唱えたが、やがて相次いで廓見の嶽から身を投げ、自死を遂げた。

その際、山頂に紫雲がたなびいたという。法然は船上でこれを見て、あの鬼たちが極楽往生する瑞相であろうと考え、船を磯辺に寄せて弟子を坂西山に遣わせ、様子を調べさせた。すると谷底に鬼たちの遺骸が見つかった。

また、当時の阿波国司、小笠原義秋はこれに感銘を受け、地元の薬師寺を修造し、四鬼を手厚く供養した。これにより寺号を鬼骨寺と改め、歯のような形の鬼の遺骨四片を寺宝として収蔵したという。

東雅夫著『妖怪伝説奇聞』に載る。

牛鬼淵

頭が鬼、体が牛の姿をした妖怪

徳島県の牟岐町でのこと。昔、この町にある白木山に頭が鬼、体が牛の姿をした牛鬼という妖怪が棲んでいた。

牛鬼はいつも奥深い山中にいるが、時折里に下りてくると人や家畜を襲って食っていた。

そこで鉄砲の名手であった平四郎という狩人が白木山に向かい、「たな石」と呼ばれるところで牛鬼と遭遇した。

平四郎は咄嗟に鉄砲を放ち、牛鬼はそのまま淵で死亡した。この淵は牛鬼の血で七日七夜にわたって赤く濁り、いつしかこの淵は牛鬼淵と呼ばれるようになったという。

また今も平四郎の子孫である川渕家が家の裏に牛鬼塚を祀っているという。

乾克己他編『日本伝奇伝説大事典』、人文社著『江戸諸国百物語 西日本編』に載る。

国見山の大蛇　山

大蛇にさらわれ山中をさまよった僧

三好市の国見山に、かつて大蛇が現れたという事件があった。

大正一五年（一九二六年）九月二一日、日浦利源という人物が国見山で炭を焼いている途中、突然一斗樽ほどの太さで三間（約五・四五メートル）ほどの長さがある大蛇が出現し、利源を咥えて山中深くに逃げ込んでしまった。

そのため地元の消防団や青年団が山狩りを行ったところ、翌日に萱の中でぐったりとしている利源が発見された。利源によれば大蛇には遭遇しておらず、山の中で妙齢の美人に誘われ、二日間にわたって山中をさ迷っていたが、いつの間にか美人の姿は消え、自分は満身創痍で倒れ込んでいたという。

今野圓輔著『日本怪談集 妖怪編』にある。同書によれば『徳島毎日新聞』で記事になった事件だという。利源が大蛇に連れ去られたと話した人物は不明だが、この山では以前にも大蛇が現れたという事件があったようだ。

首つり狸　谷

人を誘い出して首を吊らせる

徳島県の箸蔵村（現三好市）の湯谷という谷に首つり狸という狸がいる。この狸は人を誘い出して首を吊らせるという狸で、昔からこの谷で首を吊る人が多いため、村人は恐がってこの場所に近付かなかったという。

松谷みよ子著『現代民話考11 狸・むじな』に載る。

芥子《けし》坊主　谷

大量に現れる赤子の姿をした妖怪

徳島県の東祖谷西山（現三好市）の彦四郎谷には、かつて芥子坊主という妖怪が現れたと伝えらえている。この妖怪は赤子のような姿をしており、山を行く人の前に大量に出現して赤子のような声で泣いたという。

今野園輔著『日本怪談集 妖怪編』による。西山は山の斜面を切り開いて造られた集落であるため、ここに住む人が山や谷に仕事に赴く際に遭遇したのだろう。

来不谷の山父

山小屋

山に残り人喰いになった樵

徳島県の那賀町での話。昔、この町にある葛ヶ谷という奥山で、樵《きこり》が数人、山小屋に寝泊まりして仕事をしていたが、正月近くになって里に帰ることとなった。ところがそのうちの一人が帰らず、年が明けて仲間が再び入山してみると、山に残った男は恐ろしい様相になっていた。

そして仲間に「取って食いとうなる。帰れ、帰れ」と叫ぶため、仲間は恐ろしくなって逃げ帰った。そのうち、この葛ヶ谷は来不谷《こずがたに》と呼ばれるようになったという。

山村民俗の会編『山の怪奇 百物語』に載る。山父と呼ばれる妖怪は他にも四国に伝わっている。

子泣き爺

山

抱き上げると離れなくなる妖怪

徳島県の山間部には子泣き爺と呼ばれる妖怪が伝わっている。

これは山奥で赤ん坊のような泣き声をあげる老人の姿をした妖怪、もしくは赤子の姿に化ける妖怪で、哀れに思った人間がこれを抱き上げると、次第に体重が重くなり、離そうとしてもしがみ付いて離れず、その命を奪ってしまうこともあるという。

柳田國男著『妖怪談義』に載る。水木しげるの漫画『ゲゲゲの鬼太郎』及びそのアニメにて、鬼太郎の味方の妖怪として登場することで有名なこの妖怪だが、京極夏彦著『妖怪の理 妖怪の檻』によれば、この妖怪の伝承が残されている地域ではかつて赤ん坊の泣き声を真似た奇声をあげる実在の老人が徘徊していたが、親が子どもを叱る際にその老人の名前を出し、彼がやって来る、と脅かすために使われていたという。この情報が錯綜、脱落し、他のおんぶをさせる妖怪の伝承が混同した結果、子泣き爺が生まれたのではないかと推測されている。

山中《さんちゅう》の大きな人 山村

深夜に現れる謎の巨人

徳島県西部の祖谷山の山間部では、よく山を歩いていると妙に大きな人に遭遇したという。この謎の巨人は顔がはっきり見えず、追いついて言葉をかけようとするとどんどん先に行って見えなくなってしまう。夜の一二時過ぎに出ることが多かったようだ。

今野圓輔著『日本怪談集 妖怪編』に載る。

スイカズラ 山

四国に伝わる人に取り憑く犬神

徳島県西部の祖谷山では、犬神のことをスイカズラという。これは鼠より少し大きい獣で、女性には二匹、男性には一匹憑く。

また、スイカズラが囲炉裏の傍にきて暖を取っているのを見かけることがある。

スイカズラには憑く家筋があり、その家の者が怨む人のところにいって取り憑くと、その人は病気になって犬の真似をしだす。この場合、大夫という職の者に拝んでもらえば治るという。

また、一匹が取り憑いているとき、もう一匹は気の抜けたようになっているため、その際にこれを捕えて黒焼にして飲ませると取り憑いている方のスイカズラが退散するともいわれている。

民俗学研究所編『綜合日本民俗語彙』に載る。

同書では「スイカツラ」と表記されているが、出典となっている『祖谷山村の民俗』では「スイカズラ」であるため、そちらに合わせている。犬神は四国に広くみられる憑神で、その名の通り犬を使って取り憑く憑き物という。

日野巌著『日本妖怪変化語彙』(『動物妖怪譚(下)』収録)では「吸いかづら」と書き、尾が蛇の妖怪だと記されている。

植物にも同じ読み方を持つ「吸い葛」があるが、関連性は不明。

清玄坊

山城

騙して殺した修験者の呪い

徳島市にかつてあった城、徳島城に伝わる怪異。この城があった山には清玄坊という修験者がおり、祈祷所を建てていた。

しかし蜂須賀公が阿波に入国、築城に際し付近の全寺社に移転を命じる。この時、他の寺社は従ったが、清玄坊だけは頑としてこれに応じなかった。

このため公は一計を案じ、換地を与えると言って清玄坊を城下に連れ出し、背後から弓で射殺した。

しかしこの直後から蜂須賀家に変事が発生したため、清玄坊の祟りに違いないと石碑を建て、末代まで供養することを誓った。すると変事は納まったという。

現在も徳島市の徳島中央公園に残る清玄坊神社の由来に載る。

大蛇の夜わたり

山

薪取りの男が遭遇した二匹の大蛇

徳島県の池田町(現三好市)では、蛇は山で三年、野で三年、里で三年修行をすることで大蛇となると伝えられており、山に棲む大蛇は夜わたりすると言われていた。

ある時、この町に住む福島という男性が山に薪を取りに行った。彼が住む辺りでは「ヒヨドリが鳴いたら山仕事を辞めて帰れ」という言い伝えがあったが、福島はもう少し仕事をしようとしていると、日が暮れてしまった。

そのため早く帰ろうとしていると、斜面の上から兎が下りてきて、それを五合瓶ほどの太さがある大蛇が二匹追い、食ってしまった。

福島は非常に驚き、恐れおののいて薪を置いて逃げ帰ったという。

松谷みよ子著『現代民話考9 木霊・蛇・木の精霊・戦争と木』に載る。

狸の葬式

墓場

漁師が殺した狸の葬列の怪火

徳島県での話。ある時、まだ日が暮れ切っていない夕方に山の上から狸火がぽつん、ぽつんと灯り、それが並んで山を下りてきた。これは墓地のある辺りで集まって輪になったが、その時ちょうど猟師が山で殺した狸を持って帰ってきたため、これは狸たちが殺された仲間の葬式をしているのだろうと伝えられたという。

松谷みよ子著『現代民話考11 狸・むじな』に載る。同書には他にも徳島県において人間の葬式があると、狸がそれを真似して山に狸火を灯す、という話があったことが記されている。

火消し狸 峠

提灯の火を消す狸

徳島県の白地村（現三好市）の千田峠には、火消し狸と呼ばれる狸がいたという。夜、人が提灯を持ってこの場所を通ると、その火を消してしまうと言われていた。

笠井新也著『阿波の狸の話』に載る。

夜行《やぎょう》さん 仏閣

山門を壊す一つ目の鬼

徳島県の山川町（現吉野川市）には西法寺という寺があるが、この寺にはこんな話が伝わっている。

かつて西法寺は別の場所にあったが、慶長年間（一五九六〜一六一五年）に現在地に移転した。すると、どうしたものか山門が度々壊される被害に見舞われるようになった。

村人の話によれば、この山門があるのは夜行さんが背後の山から谷筋を伝って下りてくる通り道に当たっており、その際に山門が壊されるのであろうということであった。そのため、寺では山門を常に開けっ放しにするようになったという。

東雅夫著『妖怪伝説奇聞』に載る。

夜行さんは徳島県に伝わる妖怪で柳田國男著『妖怪談義』によれば、節分になるとやって来る髭の生えた一つ目の鬼とされる。またかつては節分の他、大晦日、庚申の夜、夜行日と呼ばれる日になると首のない馬に乗って道路を徘徊し、これに遭遇すると投げられるか蹴られて殺されると伝えられた。避けるためには草鞋を頭に乗せて地に伏せていればいいとされた。

現在はこの柳田の話が有名になっているが、先述の『妖怪伝説奇聞』によれば夜行さんは徳島県に広く伝わる妖怪で、姿の見えない正体不明の妖怪であることが多いという。

よこづち 山

丸っこい蛇の姿をした妖怪

三好市にある国見山には、昔よこづちという妖怪が出たという。これはまんまるっこい、ころころした蛇の姿をしていたとされ、人を見つけると「おんぼしてくれ、おんぼしてくれ」と言いながら足下に転がって来たという。これと遭遇した際には、「負い縄は片一方、短いけに、負えんけん。いんでついできたら、負うてやろうぜ」と言うと良いと伝えられていた。

松谷みよ子著『現代民話考9 木霊・蛇・木の精霊・戦争と木』に載る。

高知県

アセゴのマン 山

人喰いを我慢して山中に消える

高知県長岡郡にある白髪山には、「アセゴのマン」と呼ばれる山男の伝説が伝わっている。

この山に檜垣仁兵衛という炭焼きがおり、その子どもの名前をマンといった。年月が経ち、仁兵衛が年を取って動けなくなると、マンは動けなくなった人間を見ると食いたくなる、用事があれば呼んでくれと言って山中に消えてしまった。

それから仁兵衛がマンを呼ぶと大量の薪と食料を持って現れるようになったという。

アセゴは今でいう高知県と徳島県の県境にあった地名だと伝わるが、今ではどこにあったのか定かではない。

村上健司編著『妖怪事典』に載る。

遊《あそ》火《び》 山

分裂・合体をしながら飛翔する怪火

高知県の三谷山では、遊火と呼ばれる怪火が出現すると伝えられている。この火の玉は目の前にあったかと思えば遠くに離れたり、いくつかに分かれたりまとまったりするなど、不思議な動きをしたという。しかし人に害はなさなかったと伝えられる。

広江清編『近世土佐妖怪資料』に載る。

不入山《いらずやま》の巨人　山

身長六・三メートルの巨人の骨

高知県には不入山と呼ばれる山があり、かつてこの山に入ると妖怪のために生きて帰ることはできないと言われていた。

明治時代になり、そんなことは迷信と山に入る者も出てきたころ、その山に入った人間の一人が天を突く大樹の下に横たわる巨大な人骨を発見した。その大きさは頭から足まで三間半（約六・三メートル）、腕の長さだけでも六尺（約一・八メートル）あり、歯の本数は四八本もあったという。また指の本数は手足全て四本ずつだったと記されている。

湯本豪一編『明治妖怪新聞』に載る。同書によれば、この話は明治一二年（一八七九年）六月一〇日付けの『朝日新聞』の記事に掲載されたものだという。

馬に乗る狸　山

小僧に化けた狸を馬に縛り付ける

高知県の北山での話。ある炭焼きが昔、毎日この山から炭俵を一〇俵ずつ馬に乗せて運んでいた。仕事が遅くなった夜、一〇時頃に炭俵を運んでいると、北寄り広道という場所で小僧が現れ、馬に乗せてくれと言う。

しかし炭焼きはこの場所に夜一〇時頃に行くと必ず小僧が出るという噂を聞いていたため、狐か狸が化けているに違いないと考え、この小僧を乗せた後、体に括りつけて家へ急いだ。すると小僧は途中で「ここでおろしてよ」と言うが、炭焼きは素知らぬ顔で家へ帰り、小僧を小屋に入れて家人に決して縄をほどいてはいけないと言い付けた。

そして翌朝になると、小僧は狸の正体を現していたという。

松谷みよ子著『現代民話考11 狸・むじな』に載る。馬に乗せた存在が人ならざるものという話は古くからあり、『平家物語』「剣巻」において渡辺綱という武士が京の一条戻橋で女を乗せたところ、鬼が正体を現したため腕を斬った話が有名。これは御伽草子『酒呑童子』では茨木童子という鬼の仕業とされている。

他にも近代には馬や人力車、現代ではタクシーに乗せた女の正体が実は幽霊だった、という話が数多く語られている。

うらじゃー 山

春雨が降る日に聞こえる太鼓の音

昔は春雨の降る日に山に仕事に行くと、必ず意外なところで太鼓の音が鳴り出した。この時「だれじゃー」と尋ねて「うらじゃー」と答えると、それは狸の仕業だとされた。これは狸は人間のように「おらじゃー」と言えず、「うらじゃー」と答えるためなのだという。

松谷みよ子著『現代民話考11 狸・むじな』に載る。

大谷風 巨岩

当たると病気になる風

高知県の一宮村(現高知市)では、山上の内白岩という場所から麓に向かって吹く大谷風と呼ばれる怪異が伝わっていた。

この風は一間(約一・八メートル)ぐらいの幅で吹き下り、これに当たると病気になったという。またこの風が吹くのは午前三時から六時頃の約三時間の間、一日に一度だけだったのだとされる。

広江清編『近世土佐妖怪資料』に載る。

大花の天狗 山

天狗にさらわれた三歳の少女

高知県の日高村にある大花という場所で、昭和一五、六年(一九四〇、四一年)頃、三歳の女の子が行方不明になった。その翌日、女の子は家から二丁(約二一八メートル)離れた山の中で、体中傷だらけで死んでいるのが見つかった。

その場所は大人でも登り切れぬほど険しい崖がいくつもあり、三歳の子どもが登れるような場所ではなかった。そのため、天狗の仕業ではないかと考えられたという。

松谷みよ子著『現代民話考1 河童・天狗・神かくし』に載る。

送り狸　山道

酔った医師を見送った狸

昭和二五、六年（一九五〇、五一年）頃のこと。ある医者が山にある家に診察に行き、そこで酒を飲んで千鳥足で山道を帰っていると、後ろから狸が付いてきた。

そこで医者は「こら人をおどかすな。わしを大栃まで守って行ってくれ」と言うと、後ろから一定の距離を保ちながらついてきて、無事に目的地まで連れて行ってくれたという。

松谷みよ子著『現代民話考11 狸・むじな』に載る。山道で人を送ってくれるという妖怪は送り犬や送り狼といった犬や狼であることが多いが、ここでは狸がその役割を果たしている。

同書には他にも同じ高知県の話として、普段から行いの良い人が山道を歩いていると先導してくれるが、行いが悪い人だと一晩中山道をでたらめに歩かせる送り狸の話も載せられている。

おさんタヌキ　山

山一面に怪火を灯すいたずら好きの狸

高知県の高岡郡で語られていた狸の妖怪。山一面に提灯のような火を灯し、明るく照らしたり、人に憑いてとんでもないいたずらをしたりしたなどと伝えられている。

松谷みよ子著『現代民話考11 狸・むじな』に載る。愛媛県にも「おさん狸」と呼ばれる狸の伝承があるが、同じ狸なのかは不明。

カゼフケ　山

山の神に会うと病気になる

高知県では山で急に病気になつて高熱を出したりすると、「カゼフケに逢った」と言った。

これは山の神がいるところにうっかり行き逢い、驚かせたために起きるのだという。治すには山伏に祈祷を頼む必要があるとされる。

民俗学研究所編『綜合日本民俗語彙』に載る。同書によれば、愛媛県の宮窪村（現今治市）ではこれをカザフレに逢ったといい、鹿児島県の桜島方面では山道などで神や悪霊に逢って病気になるのを「風に逢うた」という。

逆流狸

水場

尾で川を逆流させた狸

明治の初めの頃、ある猟師がやはず谷という谷の側を通って帰っていたところ、川で水が逆さに流れていた。そこで不思議に思い、一服して見ていると、狸が川の中石に立って尾で水を逆さまに掻くようにして振っている。

そこで猟師は「くそ狸が……」と思い、狸を撃ったところ、水はまた正常に流れ出したという。

松谷みよ子著『現代民話考11 狸・むじな』に載る。

三目八面《さんめやづら》

山

通行人を食った異形の化け物

現在の高知市に、かつて申山と呼ばれる山があったという。三目八面はその申山に出現した妖怪で、その名の通り目が三つ、顔が八つあるという。当時の土佐山村から隣の森村(現土佐町)に行く通行人を捕って食らっていた。これを土佐山の豪族、水野若狭守の弟、注連太夫が聞きつけ、申山に火を放って焼き殺した。その死体の大きさは、土佐山村から森村にまたがるほどに巨大であったという。

高知県に伝わる伝説だが、目が三つ、顔が八つあったという以外はどんな姿なのか分かっておらず、棲み処にしていたという申山の所在地も分かっていない。

村上健司編著『妖怪事典』に載る。

白姥ヶ岳《しらんばがたけ》の大猫

山

姪の姿に化けて現れた巨大な猫

昔、小平という人物が、今で言う高知県土佐町の白姥ヶ岳という山に、猟をしに行った。待ち伏せによる猟を行うため、その日の朝から翌朝まで一夜を明かそうと準備をし、夕方に晩飯を食おうとしていたところ、突然姪のお六にそっくりの少女が現れた。

お六に似た少女は「叔父さん、変わった所におりますね」と言ったが、これはお六に化けた妖怪に違いない

北海道・東北
関東
中部
近畿
中国・四国
九州・沖縄
全国・場所不明

と考えた小平は、「どうしてこんな夜に山の中にいるんだ」と問いかけた。するとお六に似た娘は「ここは白姥ヶ岳という最も恐ろしい山の中。生活のためとはいえ、罪もない畜類を殺す罪を重ねるとは情けない。これからは他の仕事をするよう諫めに参りました」などと言う。

しかし小平は「わしは猟師だから仕方がない。お前は危ないから朝になったら早く帰れ」と言って横になった。しかし油断せずに姪の方に注意を払っていた。

すると午前二時頃になり、お六の姿が変わり始めた。目は光り、口は裂け、体が巨大化したため、小平は驚き、そっと山刀を引き抜いて化け物に突き刺した。するとお六は大猫の正体を現し、山奥に逃げて行ったという。

今野圓輔著『日本怪談集 妖怪編』に載る。

炭竈の中の幽霊 山

焼き殺された炭焼きの嫁の幽霊

高知県の木炭の材料となる木を育てる山であった話。

ある炭焼きの男性がその山で木を切り、炭を焼き始めた。材料となる木は植えてから育つまで二四、五年掛かるため、炭を焼くための竈も二四、五年前に使われたものを直して使っていた。

やがて炭が焼け、どれから取り出そうかと竈の中を覗き込むと、そこに恨めしそうな顔をした女の幽霊がはっきりと浮かんでいた。

驚いた炭焼きは山中の仕事仲間を集めたが、その中で二四、五年前のことを知る老人がこう語った。

当時、この竈を使っていた炭焼きの男がいたが、その向こう側の谷の炭焼きは子どものいない夫婦だった。ある日、男が炭焼き仕事をしていると、その夫婦のうち、嫁が血の気の失せた顔で男の元に走って来た。男が事情を聞いても答えず、何を思ったか嫁は炭竈の中に隠れるように入ってしまった。

それからしばらくして、今度は夫の方がやってきて、嫁を見なかったかと男に問うので、男は夫婦喧嘩でもしているのだろうとわざと知らないふりをして、夫を落ち着かせようとした。しかし夫は殺気立ったままの状態で、男の炭焼きを手伝うと言ってどんどん木を竈に入れ、そのまま火をつけてしまった。

夫は嫁がそこにいたことを知っていたのか定かではないが、その尋常ではない様子に男もそのことを言い出せず、ついに嫁は焼き殺されてしまった。

夫が怒り狂っていたのは子どもができないのをいいことに嫁が村の者たちと昼間からいちゃついていたためだというが、何も焼き殺すことはなかったろうにと老人は言い、そして殺された嫁の幽霊が、二五年の時を経た今でも現れるのだろうと語ったという。

松谷みよ子著『現代民話考5 死の知らせ・あの世へ行った話』に載る。

雪光山《せっこうざん》の窓木　山

神木を切った山師が受けた祟り

高知県の鏡村（現高知市）での話。雪光山の入口にあった黒松は何メートルもある大木だったが、不思議にも木の上部に丸い穴が空いており、この木には神が宿ると伝えられていた。村人たちはこの木を雪光山の窓木と呼び、誰も手を付けなかったが、ある時村の外から来た山師がこの木を切ってしまった。

すると山師は木が倒れると同時にばったりと倒れてしまい、得体の知れぬ病気になって間もなく死んでしまったという。これは明治の初めの頃の話だとされている。

松谷みよ子著『現代民話考9 木霊・蛇・木の精霊・戦争と木』に載る。

たぬきのうど　山道

まんじゅうを要求する謎の声

高知県の今川内から池ノ浦へ行く途中の山道に「たぬきのうど」と呼ばれる場所があった。池ノ浦へ帰る途中の人が菓子などを持ってこの場所を通ると、「まんじゅうくれー、まんじゅうくれー」という声が聞こえたという。これは昭和の初め頃まであったということだ。

松谷みよ子著『現代民話考11 狸・むじな』に載る。同書にははっきりとは書かれていないが、場所の名前からして狸の仕業と考えられていたのだろうか。

狸の鈴の音

山

深夜に響く転がる鈴の怪音

高知県のいの町での話。ある男性が夜に足谷という場所で山に登ったときのこと。

夜も更けたころに大きな鈴を転がす音が聞こえてきた。これは狸の仕業であったという。

松谷みよ子著『現代民話考11 狸・むじな』に載る。

狸の盆踊り

山

盆踊りに加わる踊り好きの狸

高知県の樋口山や津照山の裏山には狸がよく生息しており、夏の盆踊りにはよく女に化けて町の若衆に交じって踊り、皆が帰った後にもひたすら踊り続けていたという。

松谷みよ子著『現代民話考11 狸・むじな』に載る。

袂雀

山道

不幸をもたらす雀の怪音

高知県では夜に山道を歩いていると、前後に「チッチッチ」と鳴きながらついてくるものが現れることがある。これに憑かれると不吉だとされ、忌まれていたという。

東津野村（現津野町）では、これを袂雀といい、憑かれたら袂をしっかり掴んでいるとよいとされた。

民俗学研究所編『綜合日本民俗語彙』に載る。

同様に山道をついてくる雀の妖怪に送り雀や夜雀がいる。

茶色の怪物

山

少年が目撃した子牛ほどのUMA

土佐市で目撃された謎の怪物。ある少年が家の裏山に小鳥を獲るための罠を仕掛け、それを見に行ったときのこと。山の南側にあるお宮の方から子牛ほどもある茶色の毛の怪物が歩いてきて、すぐ前を通り過ぎて行った。少年はその動物の姿を一度も見たことも聞いたこともなかったという。

松谷みよ子著『現代民話考10 狼・山犬・猫』に載る。

斗賀野トンネルの最終列車の霊

トンネル

最終列車に現れる二一、二歳の女の霊

高知県の斗賀野トンネルでは、かつてこのトンネルを通る最終列車に霊が出るという話があった。

高知駅と須崎駅を結ぶ下りの最終列車が斗賀野駅を出てこのトンネルに入るとき、決まった席に二一、二歳くらいの女性が腰を掛けるという。しかし、これは幽霊で、トンネルを抜けて吾桑駅に向かって行く途中に消えてしまうのだと伝えられていた。

松谷みよ子著『現代民話考3 偽汽車・船・自動車の笑いと怪談』に載る。

根引き峠の娘

峠

腹痛を訴える女性に化ける狸

高知県の根引き峠(根曳峠)でのこと。

この峠を歩いているとよく綺麗な娘がいて、「お腹が痛い」と助けを求めてきたという。そこで気の毒に思い、世話をしてやると、いつの間にか山の中で木の葉を集めて撫でていたり、背中をさすっているつもりで木の枝を一生懸命握っていたりしたという。

これは狸が化けた娘だったということだ。

松谷みよ子著『現代民話考11 狸・むじな』に載る。

のづつ

巨岩

横向きに転がる太い蛇

高知県の工石山には、のづつと呼ばれる不思議な蛇がいたという。

これは岩穴に棲み付いているという胴が太い蛇で、横に転がるようにして移動するのだという。人間がいると追いかけてくるため、地元の人々はのづつが出ると急いで逃げたという。

松谷みよ子著『現代民話考9 木霊・蛇・木の精霊・戦争と木』に載る。

のづつはノヅチが訛った名前だろうか。

昼も出る幽霊

山道

村人に誹られて自殺した妊婦の霊

まだ戦前の田畑も少なかったころ、山で木を伐り、乾いてから焼き、そこにアワやヒエ、ソバなどを作る焼き畑農業が行われていた。

ある年、山でソバをまくことになり、そこに幾人かの若い娘が参加していた。その中には父親がわからない子を身ごもった娘もおり、時代が時代だったこともあって、他の娘たちは一日中この娘を誹《そし》った。娘は何とか一日の仕事を終えたが、それから家に帰らなかった。

そこで心配した人々が娘を探すと、山道の四辻で首をつっているのが見つかった。

この娘の怨念はよほどに強かったのか、昼間でも娘の幽霊が出現したという。

松谷みよ子著『現代民話考5 死の知らせ・あの世へ行った話』に載る。

星神社

神社

突き落とされて死んだ疾病患者の霊

高知市の五台山の中腹にある星神社。

何百年も前のことだがこの神社には、疾病患者を石段から突き落として殺していたという伝説が残っている。そのため真夜中にこの石段を登ると、暗闇から死者の声が聞こえてくるという。

松原タニシ著『恐い旅』に載る。

骨なし女

家屋

人が死んだ家に現れる骨のない女

高知県の潮江村（現高知市）にあるはば山なる山にいたという妖怪。またの名をくらげ女ともいい、はば山に住む幽霊が年を経て骨のない女となったものだという。

人が死んだ家には必ず来て、夜な夜な庭の木にもつれるようにして独りにこにこと笑って遊ぶという。

江戸時代の妖怪絵巻『土佐お化け草紙』に載る。この絵巻では、枝に腕をぐるぐると巻き付けた、下半身のない女が描かれている。

また、同書は土佐国で語られていた妖怪を絵にしたものと考えられている。

まもう　山

疱瘡患者を一口で食う化け猫

土佐国(現高知県)では赤猫が年を経ると白髪山に棲んで、姿を変えたという。その名を「まもう」もしくは「猫股」といい、疱瘡を患った人間や眠りたがっている夜伽の人間を一口で食うという。

江戸時代の妖怪絵巻『土佐お化け草紙』に載る。

この絵巻では、髪を振り乱して牙を剥く髭面の男のような姿をした化け物が描かれており、手は三本指となっている。同書は土佐国で語られていた妖怪を絵にしたものと考えられている。

山父　山

荷物の塩ごと馬を食べた化け物

土佐国、つまり現在の高知県の山に、山父なる妖怪がいたという。ある時、新兵衛という人物が馬に塩を積んで歩いていると、馬とともに塩をこの山父に食われてしまった。そこで新兵衛は一計を案じ、この化け物を釜に入れて焼き殺してしまったという。

江戸時代の妖怪絵巻『土佐お化け草紙』に載る。この絵巻では、一つ目で提灯と竹を持った姿で山父が描かれている。

同書は土佐国で語られていた妖怪を絵にしたものと考えられており、先述した山父殺しの話も土佐に伝わる伝説だという。

山鳴り　山村

深夜に突然響く轟音

高知県の吉野村(現本山町・土佐町)や土佐山村(現高知市)に伝わっていたという怪異。深山で突然ドーンと恐ろしい響きがすることをいったという。

黒史郎著『ムー民俗奇譚　妖怪補遺々々』に載る。

山彦　山

山中で奇声を発する妖怪

高知県の橋上村(現宿毛市)の楠山

では、山彦という怪異が伝わっていた。これは昼夜を問わずに深山で突然聞こえる恐ろしい声であるという。

　桂井和雄著『土佐の山村の「妖物と怪異」』（『旅と伝説』通巻一七四号収録）に載る。山彦は現在でも山に向かって声を出したとき、それが反響した音として返って来る現象を指す言葉として残っているが、かつては山にいて奇怪な音を出す妖怪として各地に伝承が残されている。

山鰐　山

何でも一口で食べてしまう謎の獣

高知県、かつての土佐国にいたという妖怪。

　土佐に伝えられていた妖怪を描いた『土佐お化け草紙』に載り、ここでは天を向いて大口を開ける山鰐が発した言葉が書き込まれている。

　それによれば山鰐のいとこは海にいるが、それもみな口が大きく、何でも一口で食べてしまうという。また寺の鰐口も口が太いから、山鰐と名付けたのだという。

ヤマンバガツク　山

豊作をもたらす謎の老婆

高知県の土佐山村（現高知市）で、思いがけぬ豊作が続き、家運が栄えることをヤマンバガツクという。

　桑尾集落にヤマンバノタキという崖があり、この近くに昔、稗畑を持つ者があった。

　この畑は毎年豊作続きなので怪しんで火をつけたところ、老婆の姿をしたものが半焼けとなって飛び去り、それから家運が衰えた。

　他にも東川の集落にもヤマンバが憑き、山で仕事をしている最中に何かが欲しいと思って家に帰ると、それがちゃんと家に置いてあり、米櫃の米のきれることもなかった。そのため主人が怪しんで早めに家に帰り、家の中を覗いて見ると、白髪の老婆が座敷を掃除していた。思わず声をあげると、老婆は飛び去り、それから家は傾いてしまったという。

　民俗学研究所編『綜合日本民俗語彙』に載る。名前は「山姥が憑く」ということだろう。家に憑いて栄えさせる妖怪は座敷わらしが有名だが、この地域では山姥がそのような性質を持って語られていたようだ。

リュウゴ谷の大蛇　谷

丸太ほどの大蛇が橋をわたる

高知県にはリュウゴ谷と呼ばれる谷があり、そこには大蛇が棲み付いており、よく地元の人々に目撃されていた。

昭和二五、六年(一九五〇、五一年)頃、近くに住む女性がリュウゴ谷の橋を丸太ほどもある大蛇が渡っているのを見かけた。この女性はそれから熱を出して一〇日ほども寝込んだという。しかしこの目撃談を最後にして、大蛇はぷっつりと姿を消してしまったといわれている。

松谷みよ子著『現代民話考9 木霊・蛇・木の精霊・戦争と木』に載る。

笑い男　山

死ぬまで消えない笑い声

高知県の東光山に伝わる妖怪。

樋口関太夫という船奉行が、狩りをするために山北の山に入ろうとすると百姓たちは「この辺りでは一九十七といって月の一日と九日、一七日にこの山へ入ると、必ず笑い男に遭って、半死半生になる」と忠告したが、関太夫は聞かずに家来を一人連れて山に入ってしまう。しかし一町ほど向こうの松林から、一五、六歳の小童が出て来て、関太夫を指さして笑うのが見えた。

次第にその笑い声は高くなり、小童が近づくと山も石も草木も皆笑っているように見えた。さらに風の音や水の音まで大笑いのように聞こえてくる。

たまらず関太夫と家来は坂を下りて逃げ帰った。関太夫は百姓に助けられて何とか家に辿り着いたが、数年後に病死するまで耳の底にその笑い声が残り、笑い男のことを思い出すと耳の側で鉄砲が破裂したような音がしたという。

江戸時代の土佐の地誌、『南路志』に載る。

北海道・東北
関東
中部
近畿
中国・四国
九州・沖縄
全国・場所不明

Column

山の代表的妖怪・天狗

日本において山の妖怪として代表的なものに天狗がいる。彼らは山の奥深くに棲み、時に人前に姿を現す。現在、赤い顔に高い鼻を持ち、山伏のような格好をした姿をイメージされることが多いが、これは江戸時代に広まった姿であり、民間伝承の中の天狗は様々な姿で語られ、時には姿を現さないこともある。

山中での怪異を天狗の仕業とする地域は多く、例えば人が山で行方不明になった場合、「天狗に攫われた」などと言われた。また山の大木に天狗が宿っており、それを切り倒すと天狗に祟られる、といった話も数多く語られている。

山中で木を切り倒す音がするのに木は倒れていない現象を「天狗倒し」と言ったり、どこからか石礫が飛んでくる怪異を「天狗礫」と言う例もある。また実際に天狗と遭遇し、害を与えられた、助けられた、という話も数えきれない。

日本人は山に天狗がいると信じていた。今でも、京都の愛宕山や鞍馬山など、天狗の進行が盛んな山もある。そのため、もしかしたら山に行けば天狗に逢えるかもしれない。

九州・沖縄地方

福岡県

麻《あ》生《そう》上《かみ》三《み》緒《お》炭鉱の狐

炭鉱

大ヤケドの坑夫の生皮を剥いだ狐

明治三三年(一九〇〇年)頃、飯塚市にあった麻生上三緒炭鉱での話。この炭鉱で一人の坑夫が事故に遭い、大ヤケドを負った。

坑夫は自宅で養生していたが、ある夜中に突然大勢の見舞客が医師を二人同行して彼の家を訪れた。看護疲れしている坑夫の妻に声を掛けて安心させ、坑夫が眠る四畳半にぎっしりと詰めた。そして医師は坑夫の体から包帯を解き、治療を始めたが、その方法は坑夫の皮を剥ぐというものだった。坑夫はあまりの激痛に悲鳴を上げたが、医師は治るのだから我慢しろと言い、とうとう顔から足まで全身の皮を剥いでしまった。

その後、医師ら訪問客は煙のように消え失せ、息絶えた坑夫だけが残っていた。

妻はこれを見て大声で泣き喚き、近所の人々も集まったが、なすすべもなかった。

これは野狐の仕業だと判明した。狐はヤケドでできた瘡を好むため、医師に化けてその皮膚を奪ったのだという。

松谷みよ子著『狐をめぐる世間話』に載る。これとほぼ同じ筋の話が近年のネット上でも語られているが、舞台は福岡県ではなく北海道の夕張市となっている。詳細はヤケドの治療の項目を参照。

犬鳴峠

峠

日本有数の心霊スポット

福岡県宮若市と同県糟屋郡久山町の境を跨ぐ峠で、旧犬鳴トンネルと呼ばれる、現在ブロックで閉鎖されたトンネルを中心に、様々な怪奇現象が起こることで有名。

この周辺を舞台とした心霊体験談としてよく聞かれるものは、昭和六三年(一九八八年)に旧犬鳴トンネルで起きた焼殺事件の被害者の幽霊が火達磨の状態で出現するというものだ。

また他にも多くの事件や事故の現場となっており、それが心霊スポットとして噂される原因のひとつとなっていると考えられる。

旧犬鳴トンネルの周辺には犬鳴村と呼ばれる外界と隔絶された村が存在する、という話もあり、そちらは生きた人間たちが襲ってくる。詳細は当該項目を参照。

令和二年（二〇二〇年）にはこの犬鳴村を題材にした映画『犬鳴村』が公開されたが、襲ってくるのは生きた人間ではなく幽霊たちであるため、心霊スポットとして知られる犬鳴峠や旧犬鳴トンネルの要素が拾われているようだ。

犬鳴村　山村

日本地図から消された村

福岡県北部の犬鳴峠には、現在封鎖されている旧犬鳴トンネルと呼ばれるトンネルがある。

そしてこのトンネルの周辺には、地図にさえ載っていない外界と隔絶された村があるという。その村は「犬鳴村」と呼ばれている。

この村の入り口には、「この先、日本国憲法は通用せず」と書かれた看板が立てられており、村に通じる道には縄と缶で作られた罠が仕掛けられている。

もし外部から村に入ろうとする人間がいるとこの罠に引っかかり、それを聞いた村人たちは凶器を持って集まって来る。この村人たちは異常に足が速く、捕まると惨殺されてしまうという。

犬鳴村は元々江戸時代頃から酷い差別を受けていた村で、外部との交流を一切拒み、その村の中だけで社会を完結させて今まで存続してきた村とされる。

そのため日本の行政記録や地図からは抹消されているという。また、村の入り口近くにはボロボロのセダンがあり、その付近の小さな小屋には人間の死体が山積みにされているという話もある。

村では携帯電話の電波は圏外となり、助けを呼ぶこともできない。

青森県の杉沢村と並んで有名な地図から消えた村の怪だが、死者が襲って来る杉沢村と違い、こちらは生きた人間たちが襲って来る。またこの村は村人たちが自ら外界との交流の道を閉ざしたのではなく、感染病等を患っていた人々を隔離する目的で作られたと語られることもある。

令和二年（二〇二〇年）にはこの犬

鳴村を題材にした清水崇監督のホラー映画『犬鳴村』が公開されたが、この映画では死者が襲ってくる物語とされている。

オラガンさん 神社

片足を引き摺り刀を持つ災いの神

ネット上で語られた怪異。福岡県のある山の中腹に現れたという落武者のような姿をした化け物で、その目は白く、幾筋もの血を流しているという。また片足を引き摺って移動し、刀を握っているとも描写されている。

ある二人の少年が山の中腹にある民家の廃墟の軒下で遊んでいると出現したとされ、逃げる少年たちを追いかけたという。またオラガンさんが出現した廃墟の手前には神社があり、民家の廃墟へ続く道には注連縄が張られていたとも語られている。

少年たちが祖父の家に逃げ帰った際には、祖父は彼らに事情を聴いた後、片方の少年に服を脱がせると、バリカンで髪を剃り、日本酒を口に含んで顔に吹きかけ、手ぬぐいで拭った。それから水を全身に被らせて体を拭くと、塩を全身にふったという。

そして服と髪の毛を焼却炉で燃やすと、その後はしばらくの間、耳鳴りがあったものの、少年の体調には異常はなく、耳鳴りもやがてやんだと語られている。また、結局オラガンさんが何者だったのかはわからなかったという。

2ちゃんねる(現5ちゃんねる)オカルト板に立てられた「ほんのりと怖い話スレ　その14」にて、投稿者の少年時代の話として平成一五年(二〇〇三年)七月二日に語られた怪異。

オラガンさんは「荒神さん」が訛ったものという説もある。荒神は中国・四国地方を中心とした西日本で見られる民間信仰の神で、山の神と語られる例も多い。また気性の荒い神とされることも多く、神木を切ったり、御神体を粗末に扱ったりしたために祟られる話も記録されている。

九州地方にも荒神を祀る家や地域が確認できるため、少年たちが遭遇したオラガンさんはそのひとつだったのかもしれない。

禍垂《かすい》 山

下半身がなく枝にぶら下がる化け物

福岡県の犬鳴山周辺に棲みついているとされている何か。下半身のない人間のような容貌をしており、木の枝を手で掴んで垂れ下がっている姿が目撃されている。また犬鳴トンネル周辺で事故により死亡した人間の霊に取り憑き、その者に縁のある人間に付き纏って殺害する性質がある。

心霊スポットとして有名な犬鳴峠、旧犬鳴トンネルを擁する犬鳴山に現れると語られる上半身の怪。初出は2ちゃんねる（現5ちゃんねる）オカルト板の「死ぬ程洒落にならない怖い話を集めてみない？２９３」スレッドにて、平成二四年（二〇一二年）四月二四日に語られたものと思われる。

この話では禍垂は報告者の元交際相手に取り憑いたらしく、その女の容貌は前髪を上げて、フリルの着いた上着、ジーンズという出で立ちであるものの、口は所々裂け、化膿しているようになっており、鼻は右の鼻孔から半分以上ちぎれかけていた。また目は瞳の部分に無数に光るガラス片のようなものが突き刺さっており、黒い液体が涙のように滴り落ちていたという。

禍垂はこの女性を使って報告者たちに近付き、殺害しようとするが、報告者たちがお祓いを受けたために失敗に終わる。

またこの話では禍垂は元々は人間であったらしいということが語られている。

カゼニアウ 山村

神霊に逢い、祟りを受ける

福岡県の津屋崎村（現福津市）で、神霊に逢って祟りを受けることをいう。

福岡県宗像郡津屋崎村では、旧暦一二月二四日のヤマノカミノセンタクビに山に入ると、死なないまでも山の神の風に逢い病気になるという。

民俗学研究所編『綜合日本民俗語彙』に載る。九州地方や四国地方では山の神と遭遇することを「風」という言葉を使って表現することが多い。

カゼフケも参照。

黒い山男

山

山奥で遭遇した謎の類人猿

福岡県の直方町でのこと。石炭産業で栄えていたこの町は、良い石炭を求めて山奥まで人が入り込むということがよくあった。ある時、山口村（現筑紫野市）の菊池という人物が山奥へ入ったところ、狒々《ひひ》に似た怪しい獣と遭遇した。菊池も驚いたが、その怪物もどうやらかなり驚いた様子で、慌てて逃げて行ったという。

その姿は身の丈四尺（約一・二メートル）余り、顔は黒いが、立ち姿は人に似ており、手足の形も人とそっくりで二足歩行で素早く動いていたという。

湯本豪一編『明治妖怪新聞』に載る。同書によれば明治一六年（一八八三年）八月二三日発行の『東京絵入新聞』に掲載された記事だという。同記事ではこの怪物を山男と呼ぶものであろうか、と記している。

十三佛《じゅうさんぶつ》

洞窟

怪奇現象が多発する仏像が並ぶ洞窟

福岡県八女郡広川町の山林にある十三佛は、洞窟の中に並ぶ仏像たちだ。この洞窟に入ると大勢の声が聞こえる、精神がおかしくなる、仏像の数が変わる、仏像の首を持ち帰ると死ぬ、といった噂が語られているという。

吉田悠軌編著『ホラースポット探訪ナビ』に載る。同書によれば、十三佛は本来仏教において人々が死後に巡る一三の仏たちであり、洞窟は地獄めぐりを体現するものなのだという。かつてはこの十三佛にも僧侶が常駐していたが、今は地元の人々が管理しているという。ホラースポットといえど安易に肝試しをするようなことは地元の方々の迷惑になりかねないので、気を付けよう。

白い猿人

峠

目撃された全身が真っ白の類人猿

福岡県の筑前でのこと。明治一六年（一八八三年）四月五日、山口村（現宮若市）の菊池保平という男性が吉田村というところに行くため、山を登っていたところ、峠を越えて谷間の道へ出る頃に突然猿に似た奇妙な獣が現れた。この獣は全身が真っ白で、のそのそと歩いて来るのを見た保平は悲鳴を上げて倒れてしまった。一方、この獣も驚いたのか峠に向かって逃げて行ったが、この獣を見て以来、保平は高熱を出し、五日間に渡り寝込むことになったという。

湯本豪一編『明治妖怪新聞』に載る。同書によれば、これは明治一六年(一八八三年)四月二七日に発行された『絵入朝野新聞』に掲載された記事だという。

白色の妖物 山

謎の白い塊に追いかけられる

筑前国の国粕屋郡(現福岡県糟屋郡粕屋町)の山奥で猟師が出合ったという妖怪。ある夜、この猟師が風呂に入りに行ったとき、時雨が降ってきた。帰っていると、後ろから風のような音がした。そこで振り返ると、六尺(約一・八メートル)四方の大きさの白い塊があった。これは綿のようで、近付くと目や鼻があり、ゆらゆらとクラゲのように動いていた。これに驚いた猟師は逃げたが、この妖物は八丁(約八七〇メートル)も追いかけてきて、ようやっと逃げ切ることができたという。

幕末から明治時代にかけて描かれた妖怪絵巻『怪奇談絵詞』に載る。同書には不定形の物体に目鼻口がついたような白色の化け物が描かれている。名前は湯本豪一編著『妖怪百物語絵巻』に拠った。

野女 谷

何度も飛び掛かってくる謎の女

筑前国上座郡赤谷村(現福岡県朝倉市杷木赤谷)の山奥に延享年間(一七四四〜一七四八年)の頃に出現したという妖怪。久六という人物が薪を取りにこの山に登った時、谷川の辺りで突然この野女が出現し、久六に組み付いたという。久六は大力であったため、野女を投げ飛ばしたが、すぐにまた飛び掛かって来た。これを何度も繰り返すと、やっと野女は逃げて行った。

久六は何とか家に帰ったが、家に入った瞬間気絶してしまった。人々が集まって水を飲ませるとやっと気が付いたが、その息はとても生臭かった。これは野女のせいであるという。

幕末から明治時代にかけて描かれた妖怪絵巻『怪奇談絵詞』に載る。同書には体を鱗で覆われた、髪の長い女の化け物が描かれている。当時筑前国で伝えられていた話を記録し、絵を追加したものだろうか。

舞鶴の城

山城

不思議な力を持つ城

大牟田市に聳える三池山。この山の頂上にはかつて舞鶴城と呼ばれた城があった。

この城が築かれた当時、城は国の富と民の豊かさの象徴であったため、近国の群雄たちは城と土地とを奪おうとして常にこの城に押し寄せていた。しかしこの城は世にも不思議な力を持っており、近国の兵士たちを寄せ付けなかった。

敵軍が来たと知らされると、城主は家来を率いて城に籠ったが、この城から下を見れば地図を広げたように人数、布陣まで敵陣のことが正確に分かった。

さらに城主が一言命じれば、今まで天に向かって聳えていた城が突然敵軍の目の前まで下り、門を開いて兵たちを突撃させることができた。逆に「よし引け」と命じれば再び山頂が元の高さに戻り、どよめく敵軍を眼下に嘲笑ったという。

この山が自在に高さを変化させる様子は鶴が舞い上がり、舞い下りる様子に似ていたので、舞鶴の山、舞鶴の城と呼ばれるようになったのだという。

しかし、ある時、一人の修験者と年老いた百姓が現れ、山頂を三ヵ所掘れば水が出る場所があると城主に告げた。かねてから井戸が欲しいと考えていた城主は彼らの言うところに井戸を掘ったが、その場所は城の羽翼と背筋にあたる場所で、城の神通力はなくなってしまった。そのため城主は慌てて井戸を埋め立てたが、何度埋めても一夜経てば水が溢れてくる。城主は川の水を汲んでくるわずかな手間を惜しんだことを悔いたとされる。

そして山は井戸のために三ヵ所から水を湧かせたことから、いつしか三池山と呼ばれるようになった。この山の三つの池は城がなくなった後でも地元の人々に尊ばれている。なぜなら山頂の水はいかなる炎天下でも枯れず、この池の水を田に差すと虫を寄り付かせず、不浄の者がこの池に触れるとたちまち底なし沼に沈められるからなのだという。

三元社編『旅と伝説』(四巻一号通巻三五号)に載る。

ヤマオジ 山

足が異様に長い怪物

福岡県星野村(現八女市)などの山中にいるという怪物。しゃがむと頭よりも膝の方が上に出るほど、足の長い姿をしているとされる。

民俗学研究所編『綜合日本民俗語彙』に載る。

佐賀県

オラビソウケ 山

大声で叫ぶと叫び返す怪物

肥前国東松浦郡、今でいう佐賀県東松浦郡に伝わっていた怪異。山の中でこの怪物に遭遇し、おらびかけるとおらび返したという。おらぶとは大声で叫ぶことを意味する方言だが、そうけの意味は不明だという。

柳田國男著『妖怪談義』に載る。

黒髪山の大蛇 山

美しい少女を囮に大蛇を誘き出す

佐賀県の黒髪山にあった白谷川という場所には、かつて大蛇が棲んでいたという。この大蛇は神出鬼没で田畑を荒らし、人を殺すことが多々あった。

人々はこれに怯えて暮らしていたが、平安時代も末期のこと、剛力無双で知られた源為朝が九州にやって来た。彼は黒髪山の大蛇の話を聞くと、どんな魔力を持つ化け物でも一矢で葬ろうと宣言し、これに感動した領主は彼に数多の兵士を貸し出したが、それに警戒したのか大蛇は一向に姿を現さず、最初の討伐は失敗に終わった。

そこで為朝は神代の出雲の例に倣い、若く美しい少女を生贄に捧げることで大蛇を呼び出そうと考えた。萬壽という少女が自ら生贄に志願したため、彼女が囮に使われることとなった。

そして討伐の日、為朝は必ず助けると萬壽を安心させ、自分は他の兵士たちとともに身を隠した。すると萬壽を食って腹を満たそうと大蛇が出現する。大蛇が萬壽を一飲みにしようと口を近づけたその時、為朝は八人引きの強弓を引き絞り、大蛇に向かって放った。

この矢は大蛇の目を貫いてその頭を突き破り、一撃で倒してしまった。

しかしそれでも大蛇は死なず、最期の力を振り絞って暴れ始めた。兵士たちがここぞとばかりに群がり、これを倒そうとした。大蛇はなおも逃げたが、崖上で力尽き、下に落ちた。

ちょうどそこに盲目の僧侶が通りかかり、異様な気配を感じて短刀で大蛇の首を刺し、それによってついに大蛇は息絶えた。

その後、大蛇は懇ろに供養され、祟ることはなかった。また、この大蛇退治に因んだ地名が数多く残されており、大蛇が棲家としていたという竜門の岩屋、陣幕を張って矢を放ったという幕ノ頭山、大蛇に当たった矢が跳ね返って刺さったという矢杖などがあるという。

大正一〇年(一九二一年)、西松浦郡が編纂した『西松浦郡誌』に載る。

孤角《こかく》

山

平氏の落武者の子孫が鬼となる

唐津市にある岸岳はかつて「鬼子岳」と呼ばれ、鬼が棲んでいたと伝えられている。

この鬼は「孤角」と呼ばれ、その出生は以下のように伝わっている。長元四年(一〇三一年)、下総国で朝廷への反逆を企て、源頼信によって滅ぼされるも、何とか九州に逃れた平忠常という武士がいた。彼は九州の地で子を作ったが、その子たちの中に「鬼子嶽孤角」というものがいた。

孤角は異常な怪力を持ち、人々を襲っては金品を奪った。

そしてこの孤角に従う者は三千人もおり、孤角は鬼子嶽(現在の岸岳)に岩砦を造り、そこを拠点に略奪を繰り返した。

そこで源久という武将が孤角を討伐するよう命じられ、肥前松浦郡へと向かった。

源久と孤角、そして彼らに従う者

たちは互角の戦いを繰り広げたが、ある時、源久が自ら先陣を切り、孤角らの潜む岩砦への血路を開いた。これには孤角も自ら鎧を纏い、戦場に現れ、源久と孤角の大将同士の一騎打ちが始まった。しかし孤角は次第に劣勢に追い込まれ、ついに逃げ出すが、源久に追いつかれて首を打たれる。そしてその体は松浦川の辺に埋められたが、そこは「鬼塚」と呼ばれるようになったという。また首は源久によって都に届けられたと語られている。

　北波多郷土誌刊行会編『北波多郷土誌』に載る。

　鬼とは言われているが、物語の描写を見る限り、岸岳を拠点にしていた山賊のような存在だったのかもしれない。

獅鬼《ししおに》　山

人や家畜を殺す身長六メートルの鬼

　後朱雀天皇の時代、長久二年（一〇四一年）頃、今でいう佐賀県の眉山に巨大な岩があり、その下に空いた穴に獅鬼と呼ばれる怪物が棲み付いていた。

　怪物は身の丈二丈（約六メートル）もあり、人里に出現しては人や家畜を殺したため、人々はこのことをお上に訴えた。

　ちょうどこの時、渡辺綱の子孫である源久（松浦久）が松浦郡におり、民のために獅鬼の災いを除こうと決心し、兵を集めた。

　そして獅鬼の棲み処に兵士たちを配置して号令を発し、鉦鼓を叩いて駆り立てると、獅鬼は猛烈に咆哮し、狂ったように走って兵士たちを苦しめた。

　そこで源久が率先して獅鬼を追うと、どこからともなく白羽の矢が一本飛来し、獅鬼の脳天を貫いた。獅鬼が悲鳴を上げ、その声が山中に響き渡ると、兵士たちが一斉に躍りかかった。そして獅鬼はついに息絶えた。

　そして、人々はあの白羽の矢は当地に祀られた諏訪大明神の霊力であると考え、その祠のそばに「埋牛塚」を築き、牛祭を行うようになった。

　また、狩立、勢揃野といったこの獅鬼退治に基づく地名が今も残っているという。

　大正一〇年（一九二一年）、西松浦郡が編纂した『西松浦郡誌』に載る。

同書によれば、獅鬼は獅牛《ししうし》ともいう、と記されている。

長崎県

オグメ 山

手を三度叩くと飛んでくる怪火

長崎県諫早地方では、オグメと呼ばれる怪火が伝わっており、三度手を叩くと山の峰からこのオグメが飛んでくるという。

柳田國男著『妖怪談義』に載る。

同書ではこのオグメは産女、ウグメは死した産婦が化けたもので、子を抱かせようとしてくる妖怪とともに紹介されているが、それらの類の中でも少し違っているものと記して

いる。

女に化ける狸 山道

お土産を木の葉にすり替えられる

明治の終わり頃から大正の初め頃のこと。

長崎県の壱岐島の山の中で、ある人が結婚式の帰りにお土産の折詰を手に提げてほろ酔い気分で帰っていた。

すると女に化けた狸が現れ、いつの間にかお土産を取られていた。家に帰ると折詰の中を見ると、木の葉だらけだったという。

松谷みよ子著『現代民話考11 狸・むじな』に載る。

島原の乱の霊 山城

処刑されたキリシタンの霊が彷徨う

寛永一四年（一六三七年）、長崎県の島原でキリシタンの弾圧や苛政により農民が一斉に叛乱を起こした。いわゆる島原の乱だ。この叛乱軍の総大将となった天草四郎が中心となって籠城戦を繰り広げたのが原城だった。

この籠城は三ヶ月に及んだが、幕府軍によってついに一揆軍は全滅させられ、島原の乱は終わった。

また再び一揆が起こらないようにと原城は徹底的に破壊され、籠城していた人々は幕府軍の攻撃やそのあとの処刑によって殺害された。その人数は合わせて三万七千人に及んだ

という。

そのためか、この城の跡地には今でも一揆軍の霊が迷い出てくるなどと噂されている。

だらし

山

高山で突然気絶する現象

長崎県において、高山に登る際に神経が麻痺したようになって手足も動かず、気絶して倒れることを「だらし」と呼ぶ。

古くから温泉山に登るときは、必ず握り飯と梅干しとを携うべしと言われていた。

梅干しは霧を払う妙薬であり、握り飯は「だらし」を予防するためと伝えられていた。

だらしとは一種の妖怪的な飢餓病であり、これに陥ると動けなくなるとともに寒気に襲われる。握り飯を食うなど食べ物を口に入れると脱することができるという。

井上円了著『おばけの正体』に載る。同書では、これは空腹のときに多く起こるため、高山の空気が人身に影響していることは明らかであると記している。

現在ではこれは継続的に長時間にわたって激しい運動をした際に極度の低血糖状態になることで体が動かなくなるハンガーノックが原因ではないかと考えられている。

だらしと類似した現象を起こす怪異にヒダル神、ヒモジイ様、ダル、ジキトリ、餓鬼仏、餓鬼憑きなどがいる。詳細は当該項目参照。

熊本県

油ずまし

山道

油瓶を下げていると現れる妖怪

熊本県天草島の草隅越という山路では、油ずましなる妖怪が出たという。ある時孫を連れた一人の老婆がここを通って油ずましの話を思い出し、「ここにゃ昔油瓶下げたとん出よらいたちぞ」と言うと「今も出るぞ」といって油ずましが出て来たという話が残る。

民俗学研究所編『綜合日本民俗語彙』に載る。同書に拠れば、「スマシ」という語の由来は不明であるという。柳田國男の『妖怪談義』には「油すまし」という名前で掲載されており、こちらの名前で呼ばれることも多い。

しかし、『綜合日本民俗語彙』及び『妖怪談義』が出典としている『天草島民俗誌』では「油ずまし」と記されているため、「油ずまし」が本来の名のようだ。

うそ峠

峠

血の滴る手と生首が落ちてくる

熊本県の天草下島の一町田村（現天草市）に、かつて「うそ峠」と呼ばれる峠があった。昔、この峠を旅人二人が通っていたとき、「昔はここに血の付いた人間の手が落ちてきたそうだ」と話していた。すると「今もー」という声がして、血の滴る手が坂を転がり落ちてきた。

二人は慌てて速足で先に行き、一息ついた後「ここには生首が落ちてきたそうだ」と言うと、また「今ああーも」と声がして、生首が転がり落ちてきたという。

今野圓輔著『日本怪談集 妖怪編』に載る。

柿迫《かきざこ》村の山姥

山村

子どもを抱かせると姿を消す

熊本県の柿迫村（現八代市）では、山姥の存在が信じられていた。この山姥はたまに山から子を抱いて下りてきて、人里に現れると「ちょっと抱いてくれ」と子どもを頼み、そのまま姿を消すなどと言われていたという。

今野圓輔著『日本怪談集 妖怪編』に載る。子どもを抱かせるという行動は産女や雪女といった妖怪に見られるが、この村では山姥にその性質があると伝わっていたようだ。

吉次《きちじ》峠

戦場跡

西南戦争の激戦地に現れる兵士の霊

熊本県の吉次峠は明治一〇年（一八七七年）、熊本県、宮崎県、大分県、鹿児島県で起きた士族の反乱、西南戦争において戦いの舞台のひとつとなった。この峠は熊本城への通行の要所であったため、薩摩軍が官軍から死守しようと激戦を繰り広げたことから両軍に多数の死者を出し、官軍はこの場所から後退を余儀なくされた。そのため後にこの峠は地獄峠とも呼ばれたという。

そのためか、この峠には官軍、薩摩軍の兵士たちの霊が現れるとされ、中でも少年兵の霊が多く目撃されているという。これは西南戦争の際、実際に少年の兵隊が招集されたことに由来すると思われるが、吉次峠における戦いで少年兵が参戦したかは定かではない。吉次峠の近くで発生した田原坂の戦いでは少年兵が実際に戦った記録が残るため、それが混同されている可能性もある。

白髪《しらが》岳の山女

山

山師が焼き石を投げると姿を消す

熊本県球磨郡の白髪岳に山女が現れたという話がある。山師たちが白髪岳で火を焚いていると、山女が突如出現して乳を広げ、炙り始めた。そのため山師の一人が焼いていた石をその乳に投げ込むと、山女は驚いて山が崩れるような音をさせて逃げて行ったという。

今野圓輔著『日本怪談集 妖怪編』に載る。

深葉山《しんようざん》の山女《やまおんな》

山村

身長三メートルの人喰い女

熊本県の虎口村（現菊池市）に山女が現れた話がある。

かつて、この村に嫁いで来た女が行方不明になり、三年後に帰って来た。そのため村人がどうしていたのかと尋ねると、女は「自分は深葉山から矢岩嶽の辺りに住み、人を食って生きています。山にいるときの姿はこうです」と言い、山女の姿になった。その姿は身のたけ一丈（約三メートル）、頭に角があったという。

今野圓輔著『日本怪談集 妖怪編』に載る。

内大臣山の山女

山

七歳の時から山中で暮らす謎の女

熊本県の内大臣山に山女が現れたという話がある。

熊本県上益城郡で営林署に勤めていた山崎という人物が内大臣山から国見山に巡視に出掛けたところ、山中で得体の知れない女に出会った。

山崎氏が慌てて鉄砲を女に向けると、女は手を合わせて「撃ってくれるな」と頼む。

そこで銃を下げ「お前は誰か」と尋ねると、「私は向山の生まれで、七歳の時に母と一緒に栗拾いに行って迷ってしまい、それからずっと山の中で暮らしている。ところがこの内大臣山は深くはあるが、長くは暮らせないので、阿蘇の方に移るつもりだから、子どもを残していくのでよろしく頼む」と言った。これは山女なのだということだ。

今野圓輔著『日本怪談集 妖怪編』に載る。

このように人里と隔絶された山の中で暮らしていた女が人里に現れたことで山女、山姫、山姥などの妖怪として扱われたという話は多い。

猫岳 山

周辺の猫を集める猫の王

熊本県の阿蘇山の連峰には根子岳という山がある。この山は「猫岳」という異称があり、猫に纏わる伝説が残されている。この山には数百匹の猫を従えた猫の王がいるというのだ。

この山の近くにいる猫たちは年に一度、除夜もしくは節分になると飼われている家を抜け出し、猫岳参りに赴き、猫の王の元に集うと信じられているという。また猫岳で修行した猫は通力を得て位が上がり、地元の猫の親玉になったり、怪猫と化すと信じられている。

東雅夫著『妖怪伝説奇聞』に載る。

猫岳には他にも昔話として、この山に迷い込んだ旅人が屋敷を見つけるというものがある。中に案内された旅人は隣家に住んでいた猫を名乗る女性にここで湯に入ったり飯を食ったりすると猫になってしまうという忠告を受け、逃げ出すが、屋敷の女たちが湯の入った桶を持って追って来る。旅人は何とか湯を避けて逃げ帰るが、湯が当たった体の一部に猫の毛が生えていた、と語られる。

根《ね》子《こ》岳の怪 山

失踪した猫が夢に現れ恩返しをする

熊本県の高森町にある根子岳は、その名の通り猫に纏わる伝承が残されている。

昔、武家屋敷で飼っていた老猫が

失踪した。ある日、その猫をかわいがっていた女中の夢に若い女が現れ、「私はあなたにかわいがられた猫です。お礼がしたいので私に背負われて目をつむってください」と言われたため、その通りにすると、女中はいつしか阿蘇の根子岳に連れて行かれていた。

彼女はそこで老猫たちにご馳走になり、小袖を一枚おみやげに貰って帰った。

これを聞いた屋敷の奥方は、主人である私を招かぬとは恩知らずな猫だ、と罵った。すると例の若い女が彼女の夢に現れ、女中と同じように根子岳へ連れて行ったが、その途端に猫たちが奥方を取り囲み、「お前は猫をいじめた」と言ってその喉笛を噛み切ってしまったという。

上村信太郎著『山の不可思議事件簿』に載る。この根子岳は昔話「猫岳の猫」の舞台にもなっている。詳細は猫岳の項目参照。

山犬落《やまいぬおとし》の山女《やまおんな》 山道

人の生き血を吸うと笑う不気味な女

現在でいう熊本県下益城郡の研用という場所にある女性が塩を買いに来て、自分の家に帰る途中のこと。山犬落という場所で休憩している山女と遭遇した。

山女は地面に届くほど長い髪を持ち、その毛には節があった。山女は女性を見て笑い出したが、山女は人の血を吸う時に笑うという話を思い出し、女性は大声を上げた。すると山女は逃げて行ったが、女性はその際に血を吸われていたらしく、それから間もなく死んでしまったという。

今野圓輔著『日本怪談集 妖怪編』に載る。

山の祇《つみ》 山

禁忌を破ったことで足を失った男

熊本県の南小国町での話。この地域では一月一六日は山の祇たちが山林に出てきて遊んでいるから、山林内に立ち入って竹木を切ってはならないと言われていた。

しかし昭和三七年（一九六二年）、これを破って山林で杉を切った男性がいた。この男性が何本目かの杉を切り倒し、それを避けようとしたとき、足が木の根に躓き、樹齢五十年もある木に右足を押さえられた。一人ではそこから抜け出せず、助けに来た友人も救いあぐねて、最後には右足を切断することになったという。

松谷みよ子著『現代民話考9 木霊・蛇・木の精霊・戦争と木』に載る。

大分県

大ミミズ 山道

蛇ほどの大きさのミミズ

昭和から平成の頃、熊本県阿蘇市と大分県九重町、両県の県境付近にある山での話。ある少年が小雨の降る山道を歩いていたとき、アオダイショウほどの大きさがある巨大なミミズと遭遇した。

少年は衝動的にこれを捕まえようとしたが、一緒にいた叔父に止められ、大ミミズに逃げられてしまった。

そこであんなに大きいミミズを捕まえれば、みんなを驚かすことができたのに、と文句を言ったところ、叔父にあれはまだ子どもで、大人になればお前を一飲みにできるほど大きくなるから、藪に入ってはいかんと言われた。それで少年は怖くなり、大ミミズを追うのを諦めたという。

2ちゃんねる(現5ちゃんねる)オカルト板に建てられたスレッド「∧∧山にまつわる怖い・不思議な話Part60∧∧」にて語られた怪異。同スレッドによれば、大ミミズは雨の日ほど山道の近く、つまり人の近くに現れやすく、雨の日は山道を外れて藪の中に入ってはならないと伝えられていたようだ。

この山には他にも遭遇した者に災いをもたらす黒い猪が現れたという。詳細は牙無しの黒の項目を参照。

牙無しの黒 山

歯軋りの音を聞くと災いが起きる

熊本県阿蘇市と大分県九重町、両県の県境付近に当たる山でのこと。明治時代から大正時代辺りの頃、この山には、熊と見紛うほど真っ黒な毛の猪が出現したという。この黒猪は牙が両方とも折れており、牙折れ、牙無しの黒などと呼ばれていた。そしてこの黒猪と遭遇すると、猪は突進したりせずに歯ぎしりをして威嚇する。もしこの音を聞いてしまうと、後で災難に見舞われると伝えられ、非常に恐れられたという。

2ちゃんねる（現5ちゃんねる）オカルト板に建てられたスレッド「∧∧山にまつわる怖い・不思議な話Part60∧∧」にて語られた怪異。この山には他にも大ミミズが現れたという。詳細は当該項目参照。

セコ

山

人真似をする小さな子どもの妖怪

大分県大野郡野津川町（現臼杵市）の狩人たちは、山の不思議としてセコと呼ばれる妖怪たちの存在を信じていたという。

このセコは二、三歳の子どもの姿をしており、山の中で人の真似をするという。山中で話し声を響かせたり、女や子どもの手や足を引くなどのいたずらをするが、屋内には入ってこない。しかしセコの通り道に家や小屋を建てると揺すぶるなどという。

セコはイワシの頭を嫌うため、もしセコにいたずらされた際には「イワシをやるぞ」と言うとおとなしくなるという。

今野圓輔著『日本怪談集 妖怪編』に載る

物憂げな女の掛け軸

仏閣

掛け軸を持ち出すと出られなくなる

ネット上で語られた怪異。ある男性が、幼い頃大分県の山村に住んでいた。ある日、彼は山の頂上にある廃寺を友だち何人かと探検することになった。

その廃寺の造りはいたって簡単で、中央に部屋があり、その周りをぐるりと廊下が通っているだけのものだった。

部屋に入ってみると埃まみれの床があるばかりだったが、壁に一枚、物憂げな表情の女性が描かれた掛け軸が掛かっていたため、それを戦利品として持ち帰ることにした。

しかしいくら歩いても外に出られない。誰からともなく子どもたちは走り出したが、どんなに走っても出口は見えなかった。

その時、掛け軸を持っていた子どもが悲鳴を上げ、それを放り出した。

よく見ると、先ほどまで物憂げな顔をしていた女の口元が笑みを浮かべている。

これを見た一番年長の少年が「掛け軸を元に戻そう」と提案し、子どもたちは掛け軸に恐れを抱きながらもなんとかその端っこをつまんで引き返し、部屋の壁に掛けなおして再び廊下に出た。

すると今度は簡単に外に出ることができた。しかしそれ以降、子どもたちがこの廃寺に近付くことはなかったという。

2ちゃんねる(現5ちゃんねる)オカルト板に立てられた「∧∧∧山にまつわる怖い話Part12∧∧∧」スレッドに平成一六年(二〇〇四年)八月二六日に書き込まれた体験談に登場する怪異。

宮崎県

アゲヤマ　山

祟りがある禁忌の山

宮崎県の椎葉地方に伝わる怪異で、作業をすると祟りがある山を指してアゲヤマと言ったのだという。

武田静澄著『河童・天狗・妖怪』に載る。

カリコボ　山

姿を見せずに怪音を発する妖怪

宮崎県の西米良村に伝わる山の妖怪で、セコ、セココともいう。

狩猟の勢子のようにホイホイ、ホイホイという声は出すが、姿は見えない。カリコボを誹《そし》ると木を倒し岩を壊すような音をさせ山小屋を揺するとされる。

一〇月、一一月の頃に川から山に入り、夕方には川から山へ、明け方には山から川へ声を出しながら出入りする。

河童が山に入ってなるとか、水神、龍神、山の神もみな同じだともいう。

民俗学研究所編『綜合日本民俗語彙』に載る。セコは九州地方に広く伝わる河童の類で、やはり狩猟の際の勢子のような声を出すことが名前の由来とされる。

また、季節や時間帯によって山と川を行き来するのも河童の類の妖怪によく見られる特徴である。

蛇の会話 山

老婆の死体の上にいた二匹の蛇

ある男性が近所の山に登り、趣味の写真を撮っていた際、前方の山から「これは駄目か」「駄目だ」「駄目か」「齧っても動かないのはもう駄目だ」という声がした。そこで藪を抜けてみると、老婆の死体があり、足元に二匹の蛇がとぐろを巻いていたという。

そのため男性が蛇を威嚇すると、二匹ともすぐに去って行った。老婆は山菜取りに来て心臓発作で死亡していたが、とても噛み跡を探す気にはならなかったという。

2ちゃんねる(現5ちゃんねる)オカルト板に立てられたスレッド「∧∧∧山にまつわる怖い話Part20∧∧∧」に平成一七年（二〇〇五年）八月二〇日に書き込まれた怪異。

鹿児島県

阿山堂山《あさんどうさん》の人捕りミミズク 山

人を惑わす梟の妖怪

鹿児島県の徳之島町には、阿山堂山の人捕りミミズクという妖怪が伝えられている。

阿山堂は地名で、その辺りにある山に棲む梟の化け物が、人を惑わして、連れ去るのだと語られていたようだ。

黒史郎著『ムー民俗奇譚 妖怪補遺々々』に載る。

天降女子《あまろうなご》 水場

水浴びをする天女

鹿児島県の奄美大島に伝わる天女。鬱蒼と茂る樹木に覆われた渓谷や滝壺の水たまりに降りてきて水浴びをするという。これが人に危害を加えることはないようだ。

千葉幹夫編『全国妖怪事典』に載る。同書には天降女《あもれおぐな》という類似した妖怪が載るが、こちらは人に危害を加えることがあるという。

天降女は天から白い風呂敷の包み物を背負って降りてきて、その際にはどんな晴天でも雨が降る。天降女は男のいる家にやって来るが、その誘惑に負けてしまうと命を取られるという。

また水を入れた杓を持っているが、その水は決して飲んではならないといわれている。

一反木綿　山

アニメにも登場する空飛ぶ妖怪

鹿児島県の高山町（現肝付町）に出るという妖怪で、その名の通り一枚の木綿のような姿をしたものがひらひらと飛んできて、夜間に人を襲うと伝えられる。

柳田國男著『妖怪談義』に載る。水木しげるの漫画『ゲゲゲの鬼太郎』や、そのアニメにおいて、主人公鬼太郎を乗せて空を飛ぶ姿がよく知られているだろう。

ワン・パブリッシング『ムー』二〇〇五年四月号などには、この一反木綿が現れるのは肝付町にある権現山だという話が載せられている。

インノモウレイ　山

猪狩りで命を落とした犬の霊

鹿児島県の下甑島では五月の霧の深い頃、山で犬の鳴き声を聞くことがある。

鹿児島県の下甑島ではこれを「犬の亡霊」といい、「インノモウレイ」と読んだ。昔、猪狩りに行って山で死んだ犬の霊が、そのまま山に残っているのが正体なのだという。

民俗学研究所編『綜合日本民俗語彙』に載る。

牛根村の山姫　山

男の血を吸い取る妖怪

鹿児島県の牛根村（現垂水市）には山姫と呼ばれる妖怪が伝わっている。この妖怪は山中に入って来る男を見つけると、その血を吸い取ると言われて恐れられている。

民俗学研究所編『綜合日本民俗語彙』に載る。

歌う幽霊　山

夫が下ろした木の下敷きになった妻

屋久島はかつて山には民家がなく、もっぱら仕事をするために入る場所だった。一人の男が木を伐って盤木に加工し、崖から下ろす、という山仕事をしていた。ある日、彼の妻が昼飯を届けに崖の下までやってきた際、下ろそうとしていた盤木の綱が切れ、妻が下敷きになって死んでしまった。それからそこに幽霊が現れるようになり、近付くと美しく悲しげな歌声が響いていたという。

松谷みよ子著『現代民話考5 死の知らせ・あの世へ行った話』に載る。

オシドン 山

川から山に棲処を変えた河童

鹿児島県の大熊地方では、河童が山に入ったものをオシドンと呼ぶという。

今野圓輔著『日本怪談集 妖怪編』に載る。

同書によれば、これはいわゆる山童だという。

開聞トンネル トンネル

女性や軍人の幽霊の目撃情報がある

鹿児島県の開聞岳を一周する開聞トンネル。このトンネルは心霊スポットとして知られており、車で通り過ぎると後部座席がびっしょりと濡れていた、天井からぶら下がる女を見ると事故に遭う、左の壁に車が引っ張られる、といった噂が語られている。また旧日本軍の基地があったことから、軍人の霊の目撃談も多いという。

吉田悠軌編著『ホラースポット探訪ナビ』に載る。

ケンモンの青い火 山

女性に帰り道を導いた妖怪のよだれ

奄美大島にはケンモンという河童のような妖怪が伝わっており、ガジュマルの木の精などと言われている。このケンモンは人の仕事を手伝うという伝承や、光を放ったり火を灯したりする伝承が残っているが、この火を使って人を助けた話がある。

一九八〇年代の頃、奄美大島に住む四〇過ぎの女性が夕食の支度をしている途中に突然行方が分からなくなった。

家の人々は神隠しに遭ったとして親戚の人々とともに太鼓を鳴らし、

捜し回ったところ、三日後に傷だらけの女性が見つかった。

　女性が言うには、気が付いたら家にはおらず、真っ暗なところを歩いていたが、蛍のような青い火があって道を歩くことができたという。そのうちに太鼓の音が聞こえ、そちらに向かって歩いたところ、戻って来ることができたのだという。

　この青い火はケンモンのよだれで、女性を守るよう道を照らしてくれたのだという。

　また彼女を探すために叩いた太鼓はユタ(奄美大島でいう霊媒師)の太鼓であったため、それも彼女を守ってくれたのだという。

　松谷みよ子著『現代民話考1　河童・天狗・神かくし』に載る。

白いスカイライン　山道

事故を引き起こす白い車

　鹿児島県の指宿スカイラインでの話。この道路を自動車で走っていると、後ろから白いスカイラインが煽って来ることがある。そこでこれと勝負していると、白いスカイラインはコーナーにもかかわらずまっすぐに進み、それに釣られてまっすぐに行くと壁にぶつかって事故を起こすという。

　また、この白いスカイラインのことを知っていて、コーナーのところでギリギリにブレーキを踏んだ人間もいたが、その際には後部座席に女性が現れ、「死ねばよかったのに」と呟き、消えたという。

　近藤雅樹・他編著『魔女の伝言板』に載る。

　指宿スカイラインは鹿児島県指宿市池田から同県鹿児島市田上八丁目までを繋ぐ一般有料道路で、白いスカイラインは日産自動車が販売している乗用車のこと。名前が共通していてわかりづらいが、全くの別物である。

錫山自然遊歩道　山道

土砂崩れや自殺が発生した地

　かつて錫鉱山として栄え、現在は「鹿児島自然百選」にも選ばれた「錫山自然遊歩道」が通る鹿児島県の錫山。この場所では昔から土砂崩れによる事故や自殺などが発生しており、夜には心霊スポットとしての顔を現す。女性の霊を見たという話や、すすり泣く女の声が聞こえた、カメラが人間ではない何かを感知する、といった話が伝えられているようだ。

半助がオツ

山

山中で聞こえてきた謎の声

阿久根市の辺りの山には、「半助がオツ」と呼ばれる崖があった。その由来は以下のように伝えられる。

明治一〇年(一八七七年)頃のこと、四助と三助という二人の人物がいた。ある日、四助が山に入ったところで雨が降りはじめたため、休んでいると、どこからか「崩《く》ゆ崩《く》ゆ」という声が聞こえてきた。しかし辺りには誰もいないため「崩ゆなら崩えてみよ」と言うと、たちまち土手が崩れ、たくさんの山芋が取れた。

三助はこれを聞き、自分もと山に入り、松の木の下を通るとどこからともなく「流る流る」という声が聞こえてきた。そこで三助が「流るるなら流れてみよ」と答えると、今度は大量の松脂が流れてきて三助の体を包み、三助は動けなくなってしまった。

しばらくして三助の父の半助が彼を探しに来たところ、松脂の中に息子が捕まっていたので、松脂に火をつけた。するとたちまち火が燃え広がり、三助が焼けてしまうとともに、半助は驚いて崖から落ちてしまった。そのためこの崖を「半助がオツ」、つまり「半助が落つ」と呼ぶようになったという。

柳田國男著『妖怪談義』に載る。

坊主岩の怪

巨岩

岩の上に立つ巨大な黒い獣

屋久島での話。ある男性が宮之浦岳を目指して歩いていた際、坊主岩という岩の近くを通った。

その際、岩を見るとその上に何か黒い影がいる。目を凝らしてみると、耳の立った犬のような輪郭の獣が座り立ちをして男性の方を見ているようだった。

やがて薄い茜色の朝霧が生じ、その輪郭がはっきりと見えた。

微動だにしていなかったため、何かの錯覚かと思ったが、明るくなってきてからよく見ると、耳や尻尾が微妙に動いている。男性は急に怖くなり、すぐにその場所を後にしたが、明らかに普通の犬よりは巨体で、異空間に迷い込んだような感覚がしたという。

2ちゃんねる(現5ちゃんねる)オカルト板に立てられた「∧∧山にまつわる怖い・不思議な話Part57∧∧」に平成二三年(二〇一一年)一〇月五日に書き込まれた話。

屋久島の幽霊 山道

幽霊目撃情報がある遭難碑

屋久島では登山者の遭難・事故が数多く起きており、島で最高峰の宮之浦岳には遭難碑も建てられている。この遭難碑の近くには幽霊がよく出現すると言われており、実際に山に入った人の証言では、じっと遭難碑を見つめる男の姿を目撃したという。

工藤隆雄著『新編 山のミステリー』に載る。

ヤマンボ 山

山で悪事を働くと閉じ込められる

奄美大島の山に現れるという子どもの姿をした妖怪。

大木の根元に座っており、人が近寄ると木の後ろに回って姿を隠す。この時人が「ウーイ」と呼ぶと近くで「ウーイ」と声を返す。しかし人が山で悪いことをすると突然現れ、山中を引き摺り回してその人間を出られなくする。

奄美大島では大木の実を拾う時は全部は拾わず、ヤマンボのために少し残しておくものだと伝えられていた。

千葉幹夫編『全国妖怪事典』に載る。同書によれば、奄美大島では山彦のこともヤマンボと呼ぶらしい。

ヤワンカミ 山

夜に聞くと災いが起きる怪音

奄美群島の一つ、与路島に伝わる山の怪異。

この島では日中、山の中から人の声が聞こえてくることがあった。その声は次第に大勢の人の声のように聞こえてくるが、その声の方に行っても何もない。

これが昼間に聞こえるなら良いが、もし夜中に聞こえてしまうと、その人には悪いことが起きると伝えられている。

黒史郎著『ムー民俗奇譚 妖怪補遺々々』に載る。

同書によれば、与路島には他にも山の中を歩いていると遠くから四、五人の声がし、声が近づくにつれて網石がこすれ合うような音の交じりがして騒がしくなるという怪異が伝わる。これは姿がなく、音だけが近づいて来るものだが、ヤワンカミ(山の神)が海に行く途中であり、もし行き合ってしまったらすぐに祓わなければ身に危険が及ぶと言われているそうだ。

沖縄県

嵐山の木の精 山

木の精によって道に迷わされた男

沖縄県にある嵐山には、かつて木の精が現れたという。

ある若者が朝、いつものように山に枯れ木を集めに出掛けた。通常であれば数時間で戻って来るはずだが、彼は午後の八時になってやっと帰って来た。

若者によれば、午後のサイレンを聞いた頃には家に帰ろうとしていたが、どういうわけかぐるぐると同じところを回ったり、遠くへと進んでしまったという。何かに取り憑かれているか、誘われているような感じで、通いなれた山にもかかわらず、夕方には別の村に出てしまい、急いで帰って来たようだ。

それを聞いた村の長老たちは「それは木の精に惑わされたのだ」と言った。この若者以外にも同じように山でさ迷う事件が数件あり、一日中山の中をぐるぐると歩かされた者もいたという。

今野圓輔著『日本怪談集 妖怪編』に載る。

椎の精 山

緑の衣装を着て踊る謎の人々

大宜味村にある山には、椎の精が現れたという話が伝わっている。この村に住むある娘が山に椎の実を取りに行ったときのこと。どうしても椎の木が見つからず、探している内に山奥に迷い込んでしまった。

　そのため大きな古木の下で足を伸ばし、眠っていると、夜中に大勢の人が囃し立てて踊っているような気配がして目を覚ました。

　見ると、辺りが青々とした芝生に変わっており、緑の衣装を着た人々が拍子を取って踊っていた。さらに今まであったはずの古木がなくなっている。

　驚いた娘が逃げ出そうとすると、大きな猪が背後から現れたので、思わず踊っている人たちの中に逃げ込んだところ、白いひげを生やした翁が抱き上げてくれた。それから夜が明け、夢から覚めたような思いで上を見ると大きな椎の木があり、たわわに実がなっていた。

　娘は椎の精に救われて、たくさんの椎の実を拾って家に帰ることができたという。

　今野圓輔著『日本怪談集 妖怪編』に載る。

シガーの大ハブ　水場

体長一〇メートルの巨大ハブ

　大宜味村での話。この村に住む人々がかつて開墾していた土地の山奥に、シガーと呼ばれる場所があった。この場所には大きな川が流れていたが、ある時、この川に入って行く体長一〇メートルのハブが見えた。そのハブは頭だけで五〇センチを超える大きさがあったという。このハブは山に棲む神だったのではないかと言い伝えられている。

　松谷みよ子著『現代民話考9 木霊・蛇・木の精霊・戦争と木』に載る。沖縄県であるためか、大蛇の種類がハブと断定されている。

シチ　峠・山道

通行人を道に迷わせる妖怪

　沖縄県で語られる山の妖怪。真っ暗な山道を歩いていると、立ち塞がって人の邪魔をするという。

　千葉幹夫編『全国妖怪事典』に載る。同書によればシチマジムンというものもおり、形の見えない雲か風のようなものだという。これは板戸の節穴からも出入りすることができ、人に直接危害を加えることはしないが、一週間でも二週間でも道に迷わせ、時には墓穴の中に閉じ込めることもある。これに遭遇した場合、男はふんどし、女は袴を外して振るうか、頭に被るといいという。

タチッチュ　山

子どもをさらう化け物

沖縄に伝わる山の化け物。夕方になると山から杖をついて下りてきて、子どもを攫って行くという。非常に力が強く、どんな力自慢の若者でもタチッチュと相撲を取って勝てるものはいないとされる。

千葉幹夫編『全国妖怪事典』に載る。タチッチュは「岳人」の意味なのだということ。

夕方に出現し、子どもを攫う妖怪は総称して「隠し神」と呼ばれ、全国に伝承が残る。

Column

平安京と山の妖怪

平安時代、日本の都として栄えた都市、平安京。この時代、都は後世で描かれた多くの物語の舞台となったが、その中には多くの妖怪たちが登場した。それは平安京の中に現れるものも多かったが、平安京の外側、特に山に棲むとされるものもいた。

例えば夜な夜な平安京に現れては貴族の娘などを攫っていたという鬼、酒呑童子は大江山を拠点にしていた。彼は安倍晴明に居場所を突き止められ、源頼光によって討伐されたという。また、この頼光を狙って現れた土蜘蛛は自ら葛城山から来たと語る。

酒呑童子の部下ともされる茨木童子は、頼光の部下、渡辺綱と戦った際、彼を愛宕山に連れ去ろうとするが、綱に腕を切断されて失敗する。

他にも鞍馬山では源義経が天狗に師事し、修行したという物語も有名だろう。

そして、そんな平安京を舞台にした物語に登場したその山々は、今も存在しており、妖怪たちに纏わる史跡も残されている。

もし機会があれば、遠い過去の時代に思いを馳せながらそんな山々を歩いてみるのも楽しいだろう。

全国・場所不明

全国・場所不明

オンザル　山

異常な食欲を持った妖怪

山に現れる妖怪の一種。オンザルは「オニザル」が訛ったもので、山にいる動物なら何でも食ってしまう。またその食欲は異常で、オンザルが現れた山では数年にわたり漁をしても獲物が取れなくなるという。

またオンザルが食べ残した獲物を持ち帰ってしまうと、それを追ってオンザルが人間を襲いに来るため、絶対に持ち帰ってはならないと伝えられている。

平川陽一著『山と村の怖い話』にある。食べかけの獲物を持ち帰るとそれを追って人間を襲いに来るという話は、ヒグマの生態としても知られている。

ごみこさん　山

人を八つ裂きにする山中の怪人

インターネットで語られた、N県のとある山中にて深夜に出現するとされる怪人。

遭遇した人間に対し「あたしを捨てたなぁ!!」と、叫び声を上げて襲い掛かってくる。これに捕まると体を八つ裂きにされてゴミ袋に詰めて捨てられるという。

恐らく二〇〇〇年代前半にネット上に書き込まれ、広まったと思われる怪異。N県に該当するのは奈良県、長野県、長崎県だが、どの県に出現するのかは不明だ。

十七人のお坊さん　トンネル

人にとり憑き霊界へと招く

ある山奥のトンネルに現れる謎の怪異。その名の通り一七人の僧侶の姿をしており、普段はトンネルに入って来た人間を黙って見ているが、一七人のうちの誰かと性格等が似ている人間が現れると、それに似ている僧侶がその人間に憑りつき、霊界に引っ張ってしまうという。

久保孝夫編『女子高生が語る不思議な話』による。

どの山に出現するのかは不明だが、同書は北海道函館市の高校生から集めた話を収めているため、函館にあるどこかの山なのかもしれない。

タタタババア 山道

車やバイクに並走する老婆

夜、山を車やバイクで一人で走っているとタタタババアなる老婆の怪が現れ、車と同じ速度で走って来るとされる。

また、運転手がこの奇怪な老婆を気にし過ぎることで運転を誤り、事故を起こしてしまうこともあるという。

常光徹著『みんなの学校の怪談 緑本』による。具体的にどの山に出現するのかは不明。

人形使い 山村

人形にされて小箱にしまわれた少女

山深い村の小さな小学校に現れた老爺の怪。

ある教師が宿直として学校に泊まっていた秋の夜のこと、彼がラジオを聴きながら夕食を食べていると、学校の玄関を叩く音がした。そこで玄関を開けると大きな風呂敷を背負った老人が立っていた。

彼は「今夜峠を越えるつもりであったが、雨に降られて困っているため、一晩泊めてほしい」と教師に頼み、教師もまたそれを快諾した。教師は保健室兼宿直室として使っている部屋に老人を案内し、二つあるベッドのうちの一つを老人に使わせることとした。

その夜、教師がベッドで寝ていると、隣のベッドから物音がしたため、起き上がってカーテンの隙間を覗いてみた。

すると老人が背負っていた風呂敷を開き、中から大きな箱を取り出していた。その箱の中には一回り小さな箱が、さらにその中には小さな箱が入っており、老人は次々と箱の中から箱を取り出して行く。最後に老人は石鹸箱程の小さな箱を取り出すと、大事そうにその中に入っていた小さな女の子の人形を手の平に乗せた。

すると不思議なことに人形が勝手に起き上がり、動き出した。老人は人形が踊るのを見て微笑みながら、時々人形に話しかけているようだ。

教師は人形の顔をどこかで見たような気がしていたが、小さいせいもありはっきりとは思い出せない。やがて老人は人形を小箱に収めると、ひとつひとつ箱を元のようにしまっていった。

翌朝教師が目を覚ますと老人の姿はなく、そして彼のところに村の少女が一人見知らぬ老人に連れ去られたという連絡があったという。

常光徹著『学校の怪談2』による。この老爺が何者だったのか、舞台となった山村はどこなのかは不明だが、江戸川乱歩の『押絵と旅する男』や京極夏彦の『魍魎の匣』を想起させるため、元となる物語があるのかもしれない。

ネコババ三人組　山

湯をかけられた場所から毛が生える

学校の怪談として語られた山に現れる化け物。

夜中の二時にある学校の近くの山に行くと、ネコババ三人組なるものたちがいる。これに近寄ると湯をかけられ、翌朝になるとその部分に毛が生えているという。

学校の怪談編集委員会著『学校の怪談4』による。名前はネコババだが何か盗みを働くような話は記されておらず、かといって猫や老婆の姿をしているとの記述もない。

猫の化け物に湯をかけられるとその部分に毛が生えて来るというモチーフは猫岳（猫岳の項目を参照）の話などの昔話に見られるものと共通する。ちなみに昔話ではその湯に全身を浸かると猫になってしまうとされている。

バーニシャル　山村

人の内臓を飛び散らせて殺す老婆

現代に伝わる怪異。ある男が山奥に一人住んでいた。雨の続くある夜のこと、男の自宅をノックする音がある。男は不審に思いながらもドアを開けると、そこに立っていたのは見知らぬ老婆で、唐突にその両眼が光り始めた。その直後、男は内臓を飛び散らせて死んでしまった。

この話を聞いた人間の元にはバーニシャルの老婆が姿を現す。その際には老婆の出現と共に「バーニシャル」と三回唱えねば、老婆の目が光り出して内臓が飛び出して死んでしまうという。

マイバースデイ編集部編『わたしのまわりの怪奇現象1000』にある老婆の怪。話を聞くと現れるという出現要素や呪文を三回唱えて撃退するという話から、「ババサレ」を始めとする老婆の怪異の一種かと思われる。この系統の怪異はバハーサル(当該項目参照)など、なぜか山に出現するとされるものが多い。

バハーサル 山小屋

死んだ登山隊が残した謎の言葉

雪山に出現したとされる怪異。

ある雪山において登山隊が行方不明となった。何日もの捜索が続いた結果、山奥の壊れかけた山小屋で全員が心臓麻痺で死んでいるのが見つかった。そして彼らの足元には「バハーサル」という言葉が記されていた。

この話を聞いてしまうとそれから一週間後、その人間の部屋の窓ガラスを誰かが叩く。一度でもカーテンを開けてその来訪者を見てしまうと無残な死に方をしてしまう。

不思議な世界を考える会編『怪異百物語3』による。

「バハーサル」という名前は「ババア去る」から来ていると思われる。類似した怪異は現代で多く語られており、「ババサレ」や「バアサレ」と呼ばれるものが一般的。共通する特徴として、「婆」「去る」を連想させる言葉が撃退呪文として設定されている、話を聞くと一定期間内に現れるというものがあるが、この怪異は呪文を唱えて撃退するという性質が失われており、非常に厄介な存在となっている。

ホッピングばあちゃん 山道

驚異のジャンプ力で車を飛び越える

山道を走行中の自動車の目の前に突然ホッピングに乗って大ジャンプし、車を飛び越えて行くという。

並木伸一郎著『最強の都市伝説』にある怪異。どの山に現れるのかは不明だ。

真夜中のゴン

家屋

古屋敷の禁忌をやぶった三人の末路

ある山中の古い屋敷に現れたという怪異。三人の若者が山登りをしていたところ、道に迷ってしまい、さ迷っているうちに古い屋敷に辿り着いた。そこにはお婆さんが一人住んでおり、泊めてもらえることとなったが、お婆さんが言うには「夜中、ノックの音がするかもしれないが絶対にドアを開けてはならない」とのことだった。

しかしその夜、酒を飲んで酔っ払っていた三人はドアが「ゴン、ゴン」とノックされるのを聞いてあまり考えずにドアを開けてしまう。だがドアの向こうには誰もいない。三人は酔っていたためそのまま寝てしまい、朝には何も覚えていなかった。

しかしその帰り道、三人のうち一人は発作を起こして死亡し、さらに一人が車に轢かれ、そして最後の一人は無事に家に辿りついたものの家は火事になっており、家族が死亡していたという。

渡辺節子・岩倉千春著『夢で田中にふりむくな』にある。名称は不思議な世界を考える会編『怪異百物語4』に拠った。

ミッチェル嬢

山道

こぶしほどの頭の異形の女

夜の山道に現れるという妖怪。ある二人の男性が道に迷い、山小屋を見つけてそこに住む老婆に道を尋ねた。老婆は快く教えてくれたものの、「こんな夜にはミッチェル嬢が出るかもしれん。もしミッチェル嬢に出会っても声を上げたり慌てて逃げたりしてはいけない。とにかく無視しなさい」と忠告した。二人は礼を言って山小屋を出たが、しばらく行くと誰かがついてきているような気配がある。しかし振り返っても誰もいない。気のせいかと思い、前方を向いたところ、そこにいつの間にか女が立っていた。

女はレースの白いスカートに青い水玉ブラウスを着ていたが、その頭は握りこぶしほどの大きさしかなかった。この異様な姿を見た二人のうち一人が悲鳴を上げて逃げ出したが、ミッチェル嬢は逃げ出した方を笑い声を上げながらものすごいスピードで追いかけて行った。やがて夜が明け、無事だった方は何とか町に帰ることができたが、ミッチェル嬢が追いかけて行った方は今も行方不明だという。

不思議な世界を考える会編『怪異百物語』による。

竜宮屋敷

家屋

一度しか訪れてはいけない屋敷

大森山という山のどこかにあるという屋敷で、偶然この屋敷を見つけた人間は屋敷の中にある金や銀でできた宝物を持ち帰ることができるが、屋敷に入って良いのは一度だけで、二度目に入った人間は再び戻ることはなかったという。

この噂を聞いたある高校生たちがこの屋敷を探し、ついに発見した。屋敷の中はまるで今まで人がいたかのように鍋が囲炉裏の火にかけられ、庭で鶏が鳴いていたが、人の姿はなかった。

しかし、その屋敷をもう一度訪れてしまった高校生は二度目に屋敷から出てきたときにはまるで何十年もの時を経たかのように服はボロボロになり、顔は皺だらけで髪は真っ白の老人となっていたという。

常光徹著『学校の怪談9』にある怪異。大森山という名前の山は全国に存在するため、特定することはできなかった。その描写は柳田國男著『遠野物語』に出て来るマヨイガ(当該項目参照)に似ているが、マヨイガは再度訪問しようとしても二度と見つけられないのに対し、こちらは二度目でも見つけることができるという違いがある。

その代わり入ってしまうとまるで竜宮城から帰った後、玉手箱を開けた浦島太郎のように老人になってしまう。竜宮屋敷という名前もここから来ているのだろう。

Column

山中他界観

日本人の信仰の中で、山に死後の世界があるという考えは一般的で、広い地域に見られた。その証拠として死者を埋葬する地を「ヤマ」と呼ぶ場合があったり、野辺送りを「山行き」と呼ぶことなどが挙げられる。現代でもこういった死と山を関連させる言葉を使う地域は多い。

その思想は古く日本最初の和歌集である奈良時代の『万葉集』から見られ、死者が山へ向かう内容が記された歌が五〇首近くある。

このため、人々は死者を葬るとき、山へと運ぶことも多かった。また、人の霊魂は死後、山へ向かうという思想も広く見られ、霊魂は山上に留まり、先祖の霊が山から帰ってくるという考えもあった。そのため正月や盆には松や花を家に飾りつけ、先祖の霊を供養した。

そして丁重な供養を受け、三十三年忌を終えた祖先の霊は神となり、山麓の神社に祀られ、氏神とされるようになった。

このように、山は日本人の信仰を語る上で欠かせない役割を持っていたのだ。

五十音順索引

あ

い

う

え

お

か

き

な

に

ぬ

ね

の

おわりに

まずはこの本を手に取って読んでいただき、ありがとうございました。

私は幼い頃から怪異や妖怪と呼ばれるような、怪しいものたちが大好きでした。漫画やアニメ、小説などの創作品で彼らの活躍に興奮したり、資料を集め、過去の文献や伝承に登場する怪異・妖怪たちを集めたりして、楽しんでいました。

その趣味を生かして、今はこうして彼らにまつわる本を書かせていただいております。

そして、そんなたくさんの怪異・妖怪に触れるうち、気付いたことがあります。それが日本の山にはとにかくたくさんの妖怪がいるということです。

もちろん、日本は国土の大部分を山に囲まれた土地ですから、当たり前なのかもしれません。それでも、調べても調べても尽きないほどに怪異や妖怪たちが出てくるのを見ると、楽しい気持ちになるのです。

この本を通し、日本全国の山に、いかにバリエーション豊かな怪異・妖怪たちがいるのか、少しでも知っていただけたなら嬉しいです。

しかし、この本で収録することができたのはあくまで日本に伝わる山の怪異・妖怪たちのほんの一部です。現存する日本最古の文献である『古事記』の時代から、二一世紀を二〇年以上過ぎた現在に至るまで、山にはたくさんの怪異・妖怪たちが語られているのです。その中には過去の時代、記録に残されないまま消えてしまったものもいるでしょう。逆に今この時代に生まれ、まだ文献等に記録されていないものたちもいるでしょう。また、記録に残っているものの、まだ誰も怪異・妖怪として拾い上げていないものもいるはずです。

そんな新たな山の怪異・妖怪たちを自ら探してみるのもまた、面白いと思います。実際に山に赴けば、そこに新たな発見があるかもしれません。もし機会があれば、そんなことを思いながら山を歩いていただけたなら、著者として大変光栄に思います。

最後に、本書の編集を担当していただいた橋詰久史様、阪井日向子様、本書の執筆に当たり、参考にさせていただいた各資料の著者・編者である偉大な先人の方々、この本を手に取り、読んでいただいたすべての皆さまに、深く感謝申し上げたく思います。

二〇二一年五月吉日　朝里 樹

参考文献

『アイヌ伝説集』更科源蔵著　みやま書房
『アイヌ民譚集』知里真志保編訳　岩波書店
『異界と日本人』小松和彦著　角川ソフィア文庫
『猪・鹿・狸』早川孝太郎著　角川ソフィア文庫
『伝染る「怖い話」』別冊宝島編集部　宝島社文庫
『うわさの本』宝島社
『映画「学校の怪談」によせられたこわーいうわさ』ポプラ社編集部・編、渡辺節子・構成　ポプラ社
『江戸怪談集（下）』高田衛編　岩波文庫
『江戸怪談集（上）』高田衛編　岩波文庫
『江戸怪談集（中）』高田衛編　岩波文庫
『オンナノコたちが語り伝える恐怖のホラー怪談』怪奇実話収集委員会著　二見文庫
『怪異百物語1　現代の妖怪』不思議な世界を考える会編　ポプラ社
『怪異百物語2　学校と怪異』不思議な世界を考える会編　ポプラ社
『怪異百物語3　奇人・怪人・不思議人』不思議な世界を考える会編　ポプラ社
『怪異百物語4　夢と金しばり』不思議な世界を考える会編　ポプラ社
『怪異百物語5　家族と霊』不思議な世界を考える会編　ポプラ社
『怪異百物語6　クルマの怪談』不思議な世界を考える会編　ポプラ社

『怪異百物語7　異次元ワールド・メカの怪』不思議な世界を考える会編　ポプラ社
『怪異百物語8　動物の怪・植物の不思議』不思議な世界を考える会編　ポプラ社
『怪異百物語9　人体と食べ物の恐怖』不思議な世界を考える会編　ポプラ社
『怪異百物語10まだまだあるこわい場所』不思議な世界を考える会編　ポプラ社
『学校の怪談「A」小学校の非常階段』常光徹著・楢喜八絵　講談社
『学校の怪談「B」組にきた転校生』常光徹著・楢喜八絵　講談社
『学校の怪談「C」池の伝説』常光徹著・楢喜八絵　講談社
『学校の怪談「D」高原のきもだめし』常光徹著・楢喜八絵　講談社
『学校の怪談「E」丑三つ時の大鏡』常光徹著・楢喜八絵　講談社
『学校の怪談』常光徹著・楢喜八絵　講談社KK文庫
『学校の怪談2』常光徹著・楢喜八絵　講談社KK文庫
『学校の怪談3』常光徹著・楢喜八絵　講談社KK文庫
『学校の怪談4』常光徹著・楢喜八絵　講談社KK文庫
『学校の怪談5』常光徹著・楢喜八絵　講談社KK文庫
『学校の怪談6』常光徹著・楢喜八絵　講談社KK文庫
『学校の怪談7』常光徹著・楢喜八絵　講談社KK文庫
『学校の怪談8』常光徹著・楢喜八絵　講談社KK文庫
『学校の怪談9』常光徹著・楢喜八絵　講談社KK文庫
『学校の怪談大事典』日本民話の会・学校の怪談編集委員会編著　ポプラ社
『学校の怪談文庫K1　先生にあいにくる幽霊』日本民話の会・学校の怪談編集委員会編著　ポプラ社
『学校の怪談文庫K2　放課後のトイレはおばけがいっぱい』日本民話の会・学校の怪談編集委員会編著　ポプラ社

『学校の怪談文庫K３ 保健室のねむり姫』日本民話の会・学校の怪談編集委員会編著　ポプラ社
『学校の怪談文庫K４ 校庭にうかんだ墓地』日本民話の会・学校の怪談編集委員会編著　ポプラ社
『学校の怪談文庫K５ 遠足に幽霊がついてきた』日本民話の会・学校の怪談編集委員会編著　ポプラ社
『学校の怪談文庫K６ 放送室に消えた先生』日本民話の会・学校の怪談編集委員会編著　ポプラ社
『学校の怪談文庫K７ 塾の帰りはおばけ屋敷』日本民話の会・学校の怪談編集委員会編著　ポプラ社
『学校の怪談文庫K８ 学校の七不思議』日本民話の会・学校の怪談編集委員会編著　ポプラ社
『学校の怪談文庫K９ 魔界からのお知らせ』日本民話の会・学校の怪談編集委員会編著　ポプラ社
『学校の怪談文庫K10 真夜中のミステリー・ツアー』日本民話の会・学校の怪談編集委員会編著　ポプラ社
『学校の怪談文庫K11 ３ばんめのトイレに花子さんがいる!?』日本民話の会・学校の怪談編集委員会編著　ポプラ社
『学校の怪談文庫K12 体育館であそぶ霊』日本民話の会・学校の怪談編集委員会編著　ポプラ社
『学校の怪談文庫K13 幽霊によばれた校長先生』日本民話の会・学校の怪談編集委員会編著　ポプラ社
『学校の怪談文庫K14 こっくりさん、きてください』日本民話の会・学校の怪談編集委員会編著　ポプラ社
『学校の怪談文庫K15 夜の理科室でわらうガイコツ』日本民話の会・学校の怪談編集委員会編著　ポプラ社
『学校の怪談文庫K16 １００不思議通信スペシャル』日本民話の会・学校の怪談編集委員会編著　ポプラ社
『学校の怪談文庫K24 学校の怪談スペシャル１ 幽霊は、体育館でキミを待っている…!!編』日本民話の会・学校の怪談編集委員会編著　ポプラ社
『学校の怪談文庫K25 学校の怪談スペシャル２ 「真夜中の金次郎」っていったい何…??編』日本民話の会・学校の怪談編集委員会編著　ポプラ社
『学校の怪談文庫K26 学校の怪談スペシャル３ 八番めの不思議を知ったとき、キミは…!?編』日本民話の会・学校の怪談編集委員会編著　ポプラ社
『神隠し・隠れ里』柳田国男著　角川ソフィア文庫
『神隠しと日本人』小松和彦著　角川ソフィア文庫

『奇談異聞事典』柴田宵曲編　ちくま学芸文庫
『狐の日本史 古代・中世びとの祈りと呪術』中村禎里著　戎光祥出版
『狐をめぐる世間話』松谷みよ子著　青弓社
『京都魔界案内』小松和彦著　光文社知恵の森文庫
『決定版　日本妖怪大全』水木しげる著　講談社文庫
『幻想世界の住人たち⑷〈日本編〉』多田克己編著　新紀元文庫
『現代怪奇解体新書「怪奇」を遊ぶための完全マニュアル』宝島社
『現代民話考1 河童・天狗・神かくし』松谷みよ子著　ちくま文庫
『現代民話考2 軍隊・徴兵検査・新兵のころ』松谷みよ子著　ちくま文庫
『現代民話考3 偽汽車・船・自動車の笑いと怪談』松谷みよ子著　ちくま文庫
『現代民話考4 夢の知らせ・火の玉・ぬけ出した魂』松谷みよ子著　ちくま文庫
『現代民話考5 死の知らせ・あの世へ行った話』松谷みよ子著　ちくま文庫
『現代民話考6 銃後・思想弾圧・空襲・沖縄戦』松谷みよ子著　ちくま文庫
『現代民話考7 学校・笑いと怪談・学童疎開』松谷みよ子著　ちくま文庫
『現代民話考8 ラジオ・テレビ局の笑いと怪談』松谷みよ子著　ちくま文庫
『現代民話考9 木霊・蛇・木の精霊・戦争と木』松谷みよ子著　ちくま文庫
『現代民話考10 狼・山犬・猫』松谷みよ子著　ちくま文庫
『現代民話考11 狸・むじな』松谷みよ子著　ちくま文庫
『現代民話考12 写真の怪・文明開化』松谷みよ子著　ちくま文庫
『古事記』倉野憲司校注　岩波文庫
『怖いうわさ　不思議なはなし　―現代の妖怪と異界―』日本民話の会編著　童心社

『今昔物語集　本朝部（上）』池上洵一編　岩波文庫
『今昔物語集　本朝部（中）』池上洵一編　岩波文庫
『今昔物語集　本朝部（下）』池上洵一編　岩波文庫
『山岳信仰』鈴木正崇著　中公新書
『社寺縁起伝説辞典』志村有弘・奥山芳広　戎光祥出版
『酒呑童子の誕生』高橋昌明著　岩波書店
『女子高生が語る不思議な話』久保孝夫編著　青森県文芸協会出版部
『新・学校の怪談1』常光徹著・楢喜八絵　講談社
『新・学校の怪談2』常光徹著・楢喜八絵　講談社
『新・学校の怪談3』常光徹著・楢喜八絵　講談社
『新・学校の怪談4』常光徹著・楢喜八絵　講談社
『新・学校の怪談5』常光徹著・楢喜八絵　講談社
『新潮日本古典集成　古今著聞集（上）』西尾光一・小林保治校注　新潮社
『新潮日本古典集成　古今著聞集（下）』西尾光一・小林保治校注　新潮社
『新苫前町史』苫前町史編さん委員会　苫前町
『新編　山のミステリー』工藤隆雄著　山と溪谷社
『竹原春泉　絵本百物語―桃山人夜話』多田克己編・京極夏彦本文　国書刊行会
『超・怪奇ファイル　幽霊心霊現象大図鑑ＤＸ』イリサワマコト著　株式会社西東社
『ツチノコの民俗学―妖怪から未確認動物へ』伊藤隆平著　青弓社
『動物妖怪譚（上）』日野巌　中公文庫ＢＩＢＬＩＯ
『動物妖怪譚（下）』日野巌　中公文庫ＢＩＢＬＩＯ

『遠野物語』柳田國男著　新潮文庫
『都市の穴』木原浩勝・市ヶ谷ハジメ・岡島正晃著　双葉文庫
『鳥山石燕 画図百鬼夜行』高田衛監修 稲田篤信・田中直日編　国書刊行会
『逃げろツチノコ』山本素石著　山と溪谷社
『日本怪異妖怪大事典』小松和彦監修　東京堂出版
『日本怪奇物語』平野威馬雄著　日本文芸社
『日本怪談集　幽霊編（上）』今野圓輔著　中公文庫ＢＩＢＬＩＯ
『日本怪談集　幽霊編（下）』今野圓輔著　中公文庫ＢＩＢＬＩＯ
『日本怪談集　妖怪編』今野圓輔著　現代教養文庫
『日本古典文学大系　日本書紀（上）』坂本太郎・井上光貞・家永三郎・大野晋校注　岩波書店
『日本古典文学大系　日本書紀（下）』坂本太郎・井上光貞・家永三郎・大野晋校注　岩波書店
『日本伝奇伝説大事典』乾克己・小池正胤・志村有弘・高橋貢・島越文蔵編　角川書店
『日本の怪獣・幻獣を探せ！』宇留島進著　廣済堂出版
『日本の現代伝説 幸福のＥメール』岩倉千春・大島広志・高津美保子・常光徹・渡辺節子編著　白水社
『日本の現代伝説 ピアスの白い糸』池田香代子・大島広志・高津美保子・常光徹・渡辺節子編著　白水社
『日本の現代伝説 走るお婆さん』池田香代子・大島広志・高津美保子・常光徹・渡辺節子編著　白水社
『日本の現代伝説 魔女の伝言板』近藤雅樹・高津美保子・常光徹・渡辺節子・三原久幸編著　白水社
『日本の憑きもの』吉田禎吾著　中公新書
『日本百霊山』とよだ時著　ヤマケイ新書
『日本妖怪散歩』村上健司著　角川文庫
『日本妖怪大事典』村上健司編著・水木しげる絵　角川書店

『日本霊異記（上）全訳注』中田祝夫　講談社学術文庫
『日本霊異記（中）全訳注』中田祝夫　講談社学術文庫
『日本霊異記（下）全訳注』中田祝夫　講談社学術文庫
『羆嵐』吉村昭著　新潮文庫
『百鬼繚乱』近藤瑞木編　国書刊行会
『風土記（上）』中村啓信監修・訳注　角川ソフィア文庫
『風土記（下）』中村啓信監修・訳注　角川ソフィア文庫
『真夜中の都市伝説 3本足のリカちゃん人形』松山ひろし著　株式会社イースト・プレス
『真夜中の都市伝説 壁女』松山ひろし著　株式会社イースト・プレス
『万葉集　全訳注原文付（一）』中西進　講談社文庫
『万葉集　全訳注原文付（二）』中西進　講談社文庫
『万葉集　全訳注原文付（三）』中西進　講談社文庫
『万葉集　全訳注原文付（四）』中西進　講談社文庫
『未確認動物UMA大全』並木伸一郎著　学研プラス
『民間信仰辞典』桜井徳太郎編著　東京堂出版
『みんなの学校の怪談 赤本』常光徹著・楢喜八絵　講談社
『みんなの学校の怪談 緑本』常光徹著・楢喜八絵　講談社
『山ことばと炉端話』山村民俗の会編　エンタプライズ
『山小屋主人の炉端話』工藤隆雄著　ヤマケイ文庫
『山の神々』坂本大三郎著　株式会社エイアンドエフ
『山の不可思議事件簿』上村信太郎著　ヤマケイ文庫

『夢で田中にふりむくな』渡辺節子・岩倉千春著　ジャパンタイムズ
『妖怪の宴　妖怪の匣』京極夏彦著　角川書店
『妖怪の理　妖怪の檻』京極夏彦著　角川文庫
『妖怪事典』村上健司編著　毎日新聞社
『妖怪談義』柳田國男著　講談社学術文庫
『妖怪百物語絵巻』湯本豪一編著　国書刊行会
『炉辺山話』岡茂雄著　平凡社ライブラリー
妖怪マガジン『怪』各号　角川書店

カバーイラスト　高野謙二
カバーデザイン　谷口 淳（AFETEGLOW）
本文デザイン　川瀬 誠
本文DTP　山本秀一、山本深雪（G-clef）
本文イラスト　磯 良一
編集協力　青木 康（杜出版株式会社）

朝里 樹（あさざと・いつき）

怪異妖怪愛好家・作家。1990年、北海道生まれ。法政大学文学部卒業。現在は公務員として働く傍ら、怪異・妖怪などの研究・収集を行う。著書に『日本現代怪異事典』『世界現代怪異事典』（ともに笠間書院）、『歴史人物怪異談事典』（幻冬舎）、監修書に『日本怪異伝説事典』（笠間書院）などがある。

山の怪異大事典

2021年6月25日　第1刷発行

著者　　朝里 樹

発行人　　蓮見清一

発行所　　株式会社宝島社
〒102-8388
東京都千代田区一番町25番地
電話　（営業）03-3234-4621
　　　（編集）03-3239-0928
https://tkj.jp

印刷・製本　サンケイ総合印刷株式会社

Printed in Japan
ISBN978-4-299-01216-6